中公文庫

クーデターの技術

クルツィオ・マラパルテ
手塚和彰
鈴木　純　訳

中央公論新社

目次

クーデターの技術

解題 『クーデターの技術』その意義について

Ⅰ クーデターはかつても今も、政治上、決定的なトピックである

クーデターは過去において歴史を動かしてきたが、今日においても注視すべき政治的大事件であることに変わりはない。近年では二〇一二年六月、エジプトのムバラク政権崩壊後の混乱のなか起こされた軍事クーデターは、アフリカ諸国への波及を含み、さまざまな政治的課題を生じさせた。また二〇一四年五月二二日、タイで軍事クーデターが勃発した。同じアジアの国で引き起こされたこの事件は、私達に、クーデターとは何かを改めて考えさせるきっかけを与えたはずである。二〇一四年はヨーロッパでも、ウクライナをめぐって、ロシアとEU・米国との緊張が高まった。これがきっかけになって、スターリンが周辺諸国をソ連へ組み込んだ記憶が甦り、いくつかのクーデターや軍事占領、かいらい政権樹立の悪夢が思い起こされることもあったろう。

こうした政治的事件を前にして、現代社会にあっても、クーデターの本質とその歴史を見直すことが、とりわけ政治学や国際政治を論ずるうえで一層、重みを増している。猪口孝『政治学事典』(弘文堂)によれば、クーデターとは、「主として軍事的な手段で国体を急激に変更する試み」をいう。さらに同事典では、「クーデタを成功させるためには、軍隊ないしその一部の動員(とその他の中立化)、主要国家の支持(たとえば米国中央情報局の支持ないし支持的共謀などを含む)を基礎に、大統領府の占領、空港掌握、放送局掌握、銀行掌握が必要といわれる。空港なくして制空権なし、(中略)である」と記されている。

クーデターの経緯と内実を詳しく描き、また論じた名著的作品は多いわけではない。とりわけ、現在でも通じる分析手法、視点をもとにした息の長い作品というと、実はほとんどないといってよい。その中の例外であり、クーデター論の古典中の古典というにふさわしいのが本書、クルツィオ・マラパルテ(Curzio Malaparte)『クーデターの技術』(Technique du Coup d'État, 1931)である。本書は現場をふまえてクーデターの深層を伝え、当事者の意識にまで踏み込んでおり、その完成度は他の追随を許さない。クーデターに関する基礎文献として今日でも世界的に評価が高く、まさしく名著というにふさわしい本である。

本書は、自由を守る立場からクーデターを分析し、それへの批判をしたものとして、世界で広く読み継がれた。それと同時に、政治家や軍人など実務家に繙《ひもと》かれ、注意深く検討されてきた。というのも、本書は政治家や軍人の戦術論のほか、クーデターを起こす側の人物論、心理状態などの描写を豊富に含み、どれもがクーデター時代を生きた著者ならではの豊富な経験と知見に裏打ちされた、示唆に富むものばかりだからである。日本でも戦前、木下半治氏による翻訳（『近世クーデター史論』改造社、一九三二年）が刊行されている。しかし検閲時代のこととて、本としてほとんど意味をなさないほどの伏せ字、削除がなされてしまい、ゆえに長い間、「幻の名著」といわれたくらいであった。「幻」にしたいほど、本書の内容は、ときの軍国政権には危険視されたのだ。

本書の登場は、第一次世界大戦以後の欧州情勢が深く関わっている。第一次世界大戦は、主要国が二つの陣営に分かれて戦われた総力戦であるとともに、大戦中の一九一七年、史上初めての社会主義・共産主義国ソヴィエト・ロシアが成立したことも歴史的に特筆される。戦後は敗戦国を中心として、欧州各国に政情不安と混乱が生じ、その行き着くところ、欧州諸国でファシスト政権が次々に登場した。イタリアのムッソリーニ政権、ヒトラーのナチス政権、スペインのプリモ・デ・リヴェラ政権やポーランドのピウスツキ政権などだが、ほとんどでクーデターという方法が重要な役割をはたした。マラパルテはこうした現象にさらされた同時代人であり、本書は一面文学的な叙述を用いつつも、自らが渦中にあって経験し、あるいは現に起きていた革命やクーデターを驚くべき洞察力をもとに分析しており、その帰趨をも含め、今日の読者が読んでも感動をもたらす内容となっている。

この時代の同時代人の多くは、自らの主義にとらわれ、あるいは、革命・クーデター権力の宣伝や暗示にかかり、現在から見れば噴飯ものというしかないルポや記録や、歴史分析を書き残した。ソヴィエト・ロシア政権に招かれて訪ソしたアンドレ・ジイドのソヴィエト・ロシア訪問記(後述)などがその最たる例である。本書の著者マラパルテは彼等とはあきらかに一線を画す存在だ。マラパルテ自身もソヴィエト政権から招待されたが、彼はこれをきっぱり断っている。そのうえで、本書の第一章、第二章において、ソヴィエト政権樹立に至るレーニン、トロツキーらの権力奪取のためのクーデター(革命)戦略・戦術を分析する。さらに政権樹立後、レーニンの死によるスターリンとトロツキーの対立を俎上に載せ、スターリン勝利に至る過程を当事者の心理に至るまで、独自の見識眼を行き届かせ、ドキュメント風に巧みに分析している点は見事というしかない。

のちの歴史の歩みの中で、レーニンやスターリンらが作り上げたソ連邦は、プロレタリア独裁、共産党の支配を維持しえず、ついに解体された。その決定的な局面こそ一九九一年八月のヤナーエフ副大統領、クリュチコフＫＧＢ（ソ連国家保安委員会）議長、ヤゾフ（国防相）などのクーデター未遂事件であった。このクーデターの失敗について、ソ連研究家として知られたミシェル・エレールは次のように述べている。

「クーデターの首謀者たちは優柔不断でしたが、同様に優柔不断なゴルバチョフには困っていました。彼らは政権を取るために何の手だても打っていません。クーデターの初歩的手段すらも使っていません。一九一七年以来、ボリシェヴィキたちはクーデターの手法をよく知っていたはずです。『クーデターの技術』という本の中でイタリア人作家のマラパルト《ママ》は近代的クーデターのモデルを発明したのはレーニンとトロツキーだと書いています。政府を倒すためには、まず首都の戦略的要所を占拠し、通信を切断し、反対分子を逮捕することです」（エレーヌ・ブラン『ＫＧＢ帝国』森山隆訳、創元社、二〇〇六年、五〇頁）

　失敗の原因を述べる中で、近代的クーデターのモデルを解明した本書が引用されている。欧州では今日も、クーデターをとらえようとするとき、本書の存在が前提とされることの一例だといえよう。

Ⅱ　著者について、そして本書の評価について

イタリア人クルツィオ・マラパルテは、本名クルト・ズッカルト。一八九八年、トスカーナのプラトで、ドイツ人の父とイタリア人の母の間に生まれた。

第一次大戦中の一九一四年、フランス軍に志願兵として入隊する。その後、一九二二年にファシスト党に入党、短期間ではあるが党員として活動している。この間、マラパルテは、バロック的なイタリア賛美の本『野蛮なイタリア：Italia barbara, 1925』を上梓して書き手として認められた。しかし、徐々にムッソリーニへの批判的立場を強めていく。その結果、ついにリパリ島への流刑・追放処分を受けた。その期間は本書で述べられた五年ではなく、実際には、一九三三年から三四年の数ヶ月間だったようだ。本書『クーデターの技術』は、これらの前半において、すなわち流刑に至る激動の生涯の中で執筆、出版された。

処分から復帰すると、ファシズム体制下において、「コリエーレ・デラ・セーラ」紙に〈Candido〉名（マラパルテの名前で発表できず、当局の強制だった）でしばしば寄稿した。そして、戦争をリアルに書いた『壊れたヨーロッパ：Kaputt, 1944』、第二次大戦

中から戦後のイタリア社会を描いた『皮：La pelle, 1949』などを次々と刊行することで作者として高名となった。マラパルテは第二次世界大戦を経て戦後社会まで生き、逝去は一九五七年である。

本書『クーデターの技術』は、マラパルテがヨーロッパ内を取材旅行し、その経験をもとに密かに書いていた原稿を、一九三一年、パリで出版したものである。イタリア本国で本書の出版が認められなかったのは、在外反ファシスト活動の罪からであった。既述のとおり、マラパルテはのち、イタリアのファシスト政権に逮捕され、リパリ島へ流刑されている。

なお、当時、本書が刊行できなかったのはイタリアだけではない。ソヴィエト・ロシアはもちろんドイツでも発行、発売が禁止されたのである。本書がようやく本国イタリアで出版されたのは一九四八年であった。

この書物の出版はファシスト政府のもとでも、共産主義政府のもとでも爆発的な反響を生んだ。ナポレオンからレーニン、さらにはポーランドの英雄ピウスツキに至るまで容赦ない批判がなされているし、ムッソリーニとヒトラーの人物像は予言的ですらある。トロツキーについては、ロシア革命における役割がかなり積極的に評価されているが、唯一の過ちの論拠として自身と側近がユダヤ教徒（要するに同質的な集団に支えられていたこと）であることが指摘されている。

マラパルテより少し若かったものの、ほぼ同時代人としてイギリス人ジョージ・オーウェル（一九〇三〜一九五〇年）がいる。ソ連の当時の独裁制と国民への抑圧を批判し、レーニンとスターリンをモデル（ブタにたとえた）に書いた小説『動物農場』（一九四三年、一九四五年刊）やスペイン内乱についてのドキュメント風エッセイ『カタロニア讃歌』（一九三八年）が代表作だが、当時この作品は自由主義の大国であった英国においてすら、なかなか出版できなかった。英国がソ連と同盟関係にあったからだ。同書に対してさまざまな妨害や嫌がらせが続いたことは、英国においてすら、ソ連の独裁制批判がいかに難しかったか、その事情が察せられる。なお、最近イギリスの公的機関がオーウェルの扱いに対し謝罪した（後掲「文庫版のためのあとがき」参照）。

『動物農場』序文は同書の出版時に発表されず、後に一九七二年九月一五日の『タイムズ文芸付録』で初めて「出版の自由」（岩波文庫『オーウェル評論集』小野寺健編訳、一九八二年に所収）として発表されたが、その文章に当時の事情が記されている。

「一九四一年以来、英国の知識人たちがソヴィエトの政治宣伝をうのみにして口移しに説いていた卑屈さには、ふつうなら一驚のほかはないが、彼らはすでに以前にも何度も同じことをくりかえしていたのだ。ソヴィエトが問題のある見解を何度発表しても、いつも無批判にこれを認め、歴史的事実や思想的誠実さなどまったく顧慮することもなく公表していたのである。一つだけ例を挙げるなら、ＢＢＣは、トロツキーのことにはまったく触れずに、赤衛軍創設二十五周年の祝賀番組を流している。これはネルソンに触れずにトラファルガー海戦の記念番組を流すのも同然の不正確な扱いかただが、だからと言って知識人の非難を受けることもなかったのである。さまざまの被占領国〔注：東欧諸国〕での内乱についても、英国の新聞はほとんどのばあい、ソヴィエトが支持している党派の側に立ち、反対派を中傷した。ときにはそのために重要な証拠を伏せたりもしている」（同書三四九〜五〇頁）

「英国の知識人――すくなくともその大部分は、ソヴィエトにたいしてナショナリスチックな忠誠心を抱くようになった結果、すこしでもスターリンの叡知を疑ったりするのは冒瀆行為だという気持を心の奥に抱くようになった。ソヴィエトでの事件と、それ以外の国の事件とでは、これを判断する基準まで別でなくてはならなかった。一九三六年から八年へかけての粛清における無数の処刑には、生涯、死刑廃止論者だった人びとが喝采を送り、インドの飢饉は公表するのが当然なのに、ウクライナの飢饉は秘密にするのが当然だとされた。そして、こういうことが戦前の事情だとするなら、この知的雰囲

気は今でもいっこうにあらたまっていないのである」（同書三五三〜四頁）

こうした記述からも、ファシストだけでなくソヴィエトの指導者にも仮借ない批判を行った本書『クーデターの技術』が、当時、刊行困難に直面していた事情の一端はわかるだろう。

ファシズムが敗れ、社会主義の限界があきらかになった第二次世界大戦後の社会で、とりわけ欧州においてマラパルテへの関心は逆に高まった。それは現在まで衰えず、近年、評伝が出版されていることからも評価の息の長さを知ることができよう。二〇一一年二月刊のマウリッチオ・セッラ（Maurizio Serra）『マラパルテ――人生と伝説：Malaparte, vies et légendes』である。

そのマラパルテの代表作ともいえる本書は、欧州ではロングセラーである。たとえばフランスでみると、戦後だけでも一九四八年、一九六四年、一九六六年、一九九二年と版を重ね、現在もグラセ出版（Éditions Grasset & Fasquelle）から赤表紙の文庫版（日本での新書サイズ。二一〇頁）として販売されている。これは二〇〇八年五月二八日の版を初版として、最新版は二〇一四年一月となっている（同年九月時点）。

実際欧州では現在でも本書の評価は高い。一例として、一九八四年以来発刊されているパリ第三・新ソルボンヌ大学のイタリア・ローマ研究学部の研究誌“Chroniques italiennes”は、あらゆるイタリアの文化・社会についての研究を掲載しフランスのイタリア研究の中心だといえるが、その最近の評価（Solia Blatmann, La technique du coup d'État : un manuel de l'équivoque）を紹介してみよう。

「（著者は）自身がクーデターの間に感じた興奮や恐怖、感動を共感すべく、読者を歴史の内幕に連れて行こうとした。マラパルテの野望は、リアルで生の文体を通して、クーデターを分析し、そこからクーデターの純粋な機械的で技術的な機能を示すことであった。記述は独特な方法で歴史家の論理に従わず、長い脱線が数頁にわたって続くところもある。分析された事例は、策略の因縁や年代配分によってまとめられておらず、作品は首尾一貫性に欠けている。マラパルテが全て個人的に関係を持つ事例を扱ったのは、ただ直接の目撃者だったからだけではなく、同時にヨーロッパの平和を確保すべく政治的歴史的説明と解決方法を探したからである。『クーデターの技術』の中で、マラパルテは、大きな理想の布教者となることは放棄し、知識人として、きわめて政治的な目撃者として、何に対しても異論を唱える者として、警告を発し、洞察力を持つ者という立場に徹した」

こうした評価に併せて、同論文は、「確かに、一九三一年のヨーロッパは、ファシズムとコミュニズムの間で揺れ、スペイン内戦から一九八九年のベルリンの壁の崩壊まで、ヨーロッパは引き裂かれたことになる」と、その後現在までの歴史を論じている。

さらに、出版社 Scribedit 社の書評を見てみよう。これはジャンルごとに書評が掲載されており、評者はスクリプト・チームとされるが、現在、フランスで権威あるものとされている。本書『クーデターの技術』は政治学のジャンルに分類され、評を要約すると以下のとおりとなる。

「マラパルテは本書を一九三三年のヒトラーが権力につく前に書いているが、その後に起こった出来事はマラパルテの分析の確かさを証明する。マラパルテは、ヒトラーはファシストのふりをしていると評した。実際、ヒトラーは市民戦争を望んでいなかった。実際のところ、彼は法的手段によって権力制覇を目指し、彼が軍事力を用いたのは、法的手段による権力掌握を確かにするためだけであった。彼の軍隊を特徴付けるきびしい規律は、未来の内戦で彼らが勝つためでなく、ドイツ国民が足並みをそろえて進めるよう、統制するためであった。実際、ヒトラーは突撃隊（SA）の本物の革命家を恐れていた。この点が、労働者の組織を押しつぶした後、ファシスト的暴力を再び用いてリベラル中産階級に対抗したムッソリーニと違う点である。マラパルテによれば、ヒトラーは、中産階級の秩序を守ることしか頭になかった。マラパルテはヒトラーについて、根本的に社会主義者ではなく、反動主義者であるとしており、この点でムッソリーニと異なるとしている」

ヒトラー解釈の点からマラパルテの見識に光が当てられるが、こうした論文が登場していること自体、本書が評価に堪えることの証左となっている。

訳者（手塚と鈴木）はかつて、この書を矢野秀のペンネームで訳し、一九七一年にイザラ書房から出版した。これを全面的に改訳して、今回、新版として中公選書に収めることになった。訳は基本的には一九三一年の原著を対象にし、一九四八年版（Juliette Bertrand：ジュリエット・ベルトラン社発行）、及びこの一九四八年版に依拠している二〇〇八年の最新版を参照した。

Ⅲ　各章について

＊〔第一章、第二章〕ロシア革命とレーニン、トロツキー、スターリン

マラパルテの活動した時代、最大のエポックのひとつはロシア革命であったが、これに対する分析は最初の二つの章を使ってなされている。同時進行形の事態で、レーニンとトロツキー、スターリンのロシア革命における役割については、当時はまだ不分明な点が多かったにもかかわらず、マラパルテの見解は一〇〇年後の今日でも輝きを失っていないほど鋭い。

マラパルテは、ボリシェヴィキ革命全体の戦略家はレーニンであり、一九一七年一〇月（現行暦では一一月）のクーデター（一〇月蜂起）については、戦術家はトロツキーであると明快に示している。そして、こうした自分の見方は、主に一九二九年にロシアで関係者と話し合った経験から生じたものだと説明している。一〇月蜂起についてはのちにスターリンがトロツキーの役割を否定しているが、「トロツキーにより組織され、指導された」というマラパルテの見方は、レーニンさえ認めていた、より正統的なものであった。

スターリンは、こうした見方に対抗するかのように、レーニンの戦略こそロシア革命の成功の鍵だとして絶対視し、後継者である自らの権威をレーニンに重ねて高めようとした。すなわち、ロシアには四つの特殊事情があり、ゆえにレーニンの戦略が成功したのだとする。これを論拠とすることによりトロツキーの存在と役割を封じたのである。マラパルテは、逆に、一九一七年の革命は、レーニンがいなくても存在しえたとして、レーニンの戦略の過大評価を否定している。

そして、クーデターにより権力奪取したレーニンのソヴィエト政権について、本書はきわめて醒めた、手厳しい批判を加えている。その点、マラパルテの視座は、ソ連を見聞して手放しでその体制を賛嘆したアンドレ・ジイド（『ソヴィエト紀行』一九三六年）とは決定的に異なり、むしろ対照的である。どちらが歴史的に説得力を持ったのかは、もはやいうまでもない。


第一章でマラパルテは権力掌握の方法を中心にロシア革命を分析する。俎上に載るのはレーニンとトロツキーである。

前提としてロシア社会主義運動の歴史をみていこう。一八九八年ミンスクでロシア社会民主労働党の創立大会が開かれるが、たちまち五〇〇名の活動家が逮捕される。党の活動は一時停止せざるを得なくなった。一方、シベリア流刑から帰還したレーニンらのグループは、機関紙『イスクラ』を武器に理論武装し、組織をととのえた。一九〇三年夏、ブリュッセルでの同党創立第二回大会は、党員を職業革命家に限るとするレーニンらのボリシェヴィキ派と、大衆的労働者政党を目指すマルトフらのメンシェヴィキ派に分裂した。続く一九〇五年、ロンドンでの第三回党大会はボリシェヴィキ派のみで大会を開催する。

一九〇五年一月に血の日曜日事件（首都ペテルブルクで起きた、軍隊によるデモ隊への発砲事件。二〇〇〇人以上の死傷者が出た）が勃発すると、ロシア国内では反政府運動がますます激化する。その中で、当面の革命を二段階革命におくプレハノフと、永続革命を掲げるトロツキー、労農独裁論を掲げるレーニンの路線対立が表面化する。革命勢力は同年一〇月の国会開設に向け、ボリシェヴィキとメンシェヴィキの統一がなされたものの、反革命勢力による弾圧もあり、両派は再分裂して革命勢力の組織は解体していく。

事態を一変させたのは第一次世界大戦の勃発である。メンシェヴィキはケレンスキー臨時政府に参加したが、ボリシェヴィキは武装蜂起の道を選び臨時政府を打倒する。一〇月革命である。主導したボリシェヴィキはロシア共産党と名を変えた。

マラパルテは同時代に革命を経験しつつ、指導者レーニンとトロツキーの手法、役割とその評価について鋭い分析を行っている。しかも第一章冒頭に記すように、革命の関係者に詳しい聞き取りをしたうえで、であった。

一九一七年一〇月（現行暦では一一月）の革命は、トロツキーの戦術（クーデターの技術）——その周到な準備と戦術については、本書一〇九頁以下や一一八頁以下に生き生きと示されている——により成功に導かれたとマラパルテは見ている。トロツキーは、労働者のゼネ・スト等による支援を待つべきだとするカーメネフ、ジノヴィエフの反対を押し切って、少数の専門集団（赤衛軍）による即時蜂起を選択し、時のケレンスキー政府の鎮圧策を打ち破る結果を導いたのである。本書はこの間のレーニン、スターリン、トロツキーの寄与や対立を、クーデター成功に至る視点を中心に見事に描き出しており、その見事さと時代を超えた説得力は名著の名に恥じない。

第一章で権力掌握の方法を中心にロシア革命を分析したマラパルテは、続く第二章で、権力の防御方法について歴史的な分析を行っている。レーニンは、「赤衛軍がウィスワ川に達すれば、ワルシャワでは、プロレタリアートの蜂起が起こるだろうと頭から信じ込んでいた」（本書一五三頁）が、事態はそれ程単純なものではなかった。権力の認識について見通しが甘かったレーニンに対して、これを冷厳にとらえていたのがスターリンであった。一九二三年、最高指導者のレーニンが脳梗塞となり、翌年死亡する。その過程で、功労者トロツキーは、ジノヴィエフ、カーメネフ、スターリンのボリシェヴィキ生え抜きの三人組と対立、この結果、トロツキーは軍事人民委員長を解任され、一九二九年二月には国外追放処分を受けた。これらの過程と最終的なスターリンの権力奪取について、第二章は縦横に分析を行っている。

　スターリン勝利の最大の要因とされたものは、ジェルジンスキーの創設したＫＧＢ（ソ連国家保安委員会。当初はＣｈ《チェ》・Ｋ《カ》：非常事態委員会）であった。スターリンはＫＧＢを駆使して自らの権力維持に努める。社会主義国家維持のためには個人、人間集団（結社、団体）の自由や自治を侵犯してもかまわないという主義・主張を鮮明にしていくのである。ソ連は自国民を徹底的に統制する秘密警察国家となったのである。この組織は国民の一人一人の内面までをコントロールできるとすら、後には考えられた。

　この異常な姿を、社会主義国家建設初期の時代にあっていち早く予言し、はっきり批判したのがマラパルテであり、本書なのである。共産主義、とりわけスターリンの権力奪取とその保持に対するマラパルテの批判的見解は、いかに自由を守るかの観点からなされているゆえに重要であった。スターリンの共産主義国家は、抑圧と強制によって人々を国家へ服従させることを前提に成り立つものだった、とは、のちの時代に自明のものとなるが、本書はごく初期のうちに問題の本質を見いだしている。

　本書が出版当時、スターリンから禁書とされたことをもってしても、批判は核心をついたものであった。その批判の鋭さは一〇〇年後の今日でも色あせておらず、本書が単なるドキュメンタリー作品という評価を超えて、ロングセラーとして、広く読まれている理由でもある。

国民議会による合法的な国家をクーデターによって倒して成立したソ連は、一九九一年一二月、ミヒャエル・ゴルバチョフやボリス・エリツィンにより解体された。共産主義が、一党独裁、KGBの設置などにもとづくプロレタリア独裁国家を維持してきたことにより、人間の尊厳と個人の尊重が徹底的に損なわれた。それでは国家が成り立ち得ないとして、ペレストロイカ（建直し）とグラスノスチ（公開性、情報公開）を旗印にソビエト共産党の改革がまず目指された。しかし、改革は成功せず、ソ連は自壊していく。その過程にあって共産党中枢に近いところにいたA・ツィプコは、「〔一九九一年八月のクーデター未遂事件後の〕共産党の禁止、KGBの崩壊という事態は、われわれの期待の限界を超えるものだった。ソ連でも西側でも、ソ連の共産主義がこんなに急速に思いがけなく投降することを予測した知識人、学者を、私は一人も知らない」（『コミュニズムとの訣別』望月恒子訳、サイマル出版会、一九九四年、一二四頁）と述べている。

ソ連自壊に伴い、東欧諸国もまた体制が崩れていった。東ドイツ（ドイツ民主共和国）は同様に自壊し、ハンガリー、チェコスロヴァキア、ポーランドなど早くから体制批判運動があった国も、次々と共産主義を放棄したのである。一時は核戦争をも予測された東西ドイツのきびしい対立を経て、今日の再統一を成し遂げたかつてのドイツの有力者は、「封建主義から資本主義へ、資本主義から社会主義へという歴史発展の道を描いていたが、社会主義は封建主義になってしまい、結局、資本主義へと回帰した」と話している。

ソ連がついに崩壊せざるを得なかったのは、スターリンの権力保持の方法のすさまじさが最後まで国家を縛っていたからだと見るならば、その方法をいち早く批判したマラパルテの見識に、崩壊に至るソ連の未来が読み取れるのではないだろうか。第二次世界大戦後の世界を東西両陣営に分けた一方のソ連邦が終焉したとき、モスクワ・クレムリンのすぐそばにある「ジェルジンスキー広場」に立つジェルジンスキーの銅像が、レーニン、スターリンの銅像などとともに民衆により引き倒されたことは、マラパルテの見方こそが歴史の流れを見抜いていたことを示して象徴的である。

今日、国民の支持のもとにどのように国の安定を確保していくかはなお課題であり、クーデターが起きうる可能性は、東欧、アジア、アフリカ諸国などで、現在も大きい。その意味でも、マラパルテが本書を「クーデター」への防御のテキストとして読んでほしい、と書いた、その希望は生かされなければならないのである。

＊〔第三章、第六章〕ポーランドの独立とピウスツキ

第三章と第六章では、ポーランドの独立と革命を取り扱っているが、その中心の人物はヨーゼフ・ピウスツキ（一八六七〜一九三五年）である。本書で俎上に載るポーランドの事態に関して、背景を知るために、ピウスツキに焦点を当てて説明しておこう。

ロシア、ドイツ、オーストリアなどのヨーロッパの強国の間にあって、ポーランドは再三列強の間で分割され、二〇年余、三つの強国の支配、影響のもとに置かれてきた。第一次世界大戦後に、ようやくポーランドは独立の第一歩を歩んだ。

一九一八年一一月、ポーランドは独立国家としての統一政府の樹立に向かう。とはいえ当時、ドイツ、オーストリア、ロシアの占領地域ごとに、独立のための諸組織（ワルシャワの摂政会議、パリの国民委員会、オーストリア占領地の清算委員会、ロシア革命とドイツ革命の影響を受けての労働者代表評議会など）が乱立しており、足並みがそろわない状況があった。そうした中、ドイツのマグデブルクで囚われの身だったピウスツキが、ワルシャワに帰還する。ピウスツキは同年一一月一一日に軍最高司令官、さらに一四日には、摂政会議によって「国家主席」に任命された。ピウスツキは、著名なピアニストのパデレフスキを首相に任命し、翌一九一九年一月、普通・平等・秘密・直接選挙による国民議会が選出され、暫定憲法が採択された。

この間、ウクライナ、リトアニア、チェコスロヴァキアなどとの領土をめぐる紛争、戦争を経る。これらの結果、一九二三年三月、ポーランドが実効支配していた地域を領土とすることが連合国により認められた。

しかし、国会に代表を送った政党は三二を数え、いずれも弱体な存在だった。おおまかなグループとして、右派（国民民主党）、中道（キリスト教民主党、農民党ピアスト派、国民労働者党）、左派（社会党、農民党解放派）、そしてピウスツキ派に分かれていた。ピウスツキ派は、軍将校やポーランド軍事組織などのピウスツキへの個人的崇拝者から成り立っていた。

新生ポーランドの船出は、実際、困難をきわめた。バラバラな起源をもつ国の法律、行政機構、市場政策、通貨政策、運輸交通、社会政策などをどうするかという課題を抱えるほか、農地所有（土地所有者の〇・九％にすぎない五〇ヘクタール以上の大土地所有者が全農地の四七・三％を占めていた）、少数民族問題（ウクライナ人一四・三％、ユダヤ人一〇・五％、ベラルーシ人三・九％、ドイツ人三・九％）についての解決策が問われていた。

ポーランドの政権に課せられた政策課題は多岐にわたったが、ピウスツキはもっぱら軍事面での権力奪取に専念していた。しかし、そのリーダーシップは充分ではなく、むしろ限界があきらかになっていくのである。その意味でも、ポーランドの一九二〇年は、第二次大戦中の独ソによる再分割、国家の消滅を予測させるところとなっている。これらの事情を背景に第三章、第六章を見ていくと、マラパルテの見識もより理解しやすくなるであろう。本書の分析眼が、ポーランド問題でも鋭く示されている。

＊〔第四章〕カップ一揆

第四章では、一九二〇年一月一〇日、ヴェルサイユ講和条約が発効し、数十万人の軍の縮小が始まった。これに反対するリュトヴィッツ将軍などと反共和主義者（君主制擁護主義者）のヴォルフガング・カップは、三月にクーデターを起こしている。しかし、その結果、ベルリンの市制を掌握することができたが、当時すでに強大になっていた社会主義政党（社会民主党）や労働組合のゼネ・ストやルール地方での武装労働者の反撃で、全権力掌握に至らなかった。このカップ一揆のクーデターは日本のドイツ史においてはさほど評価されていないが、マラパルテは、後のヒトラーの権力掌握などへの前史として重視し、分析している。

ワイマール共和国の出発にあたって、第一次世界大戦後の処理、ヴェルサイユ体制をめぐり、ドイツ国内の伝統的エリート層、国粋派からの反共和国の動きが、政党レベルでは国家国民党やドイツ国民党の講和反対の動きにつながり、さらには、国民議会の敗戦原因調査委員会での参考人ヒンデンブルク、ルーデンドルフに、ドイツ軍は敗北していなかったのに「背後からの一撃」によりドイツを敗北させたとする、後の『匕首伝説』を最初に唱えさせることになった。

この中で、反共和国勢力を糾合して、共和国を打倒しようとした政治家が、大戦中祖国党を結成し、戦後国民党員となったヴォルフガング・カップであった。彼は、ヴェルサイユで敗戦時五〇万人の暫定国防軍と二五万人の義勇軍を擁していたドイツが、一〇万人に縮小されることになったことを不満とする軍部の一部、ルーデンドルフ将軍やベルリンの軍司令官リュトヴィッツなどと、三月一二日エアハルト海兵旅団などにベルリン進撃を命じ、エーベルト大統領に、国民議会解散・総選挙、専門家政府の樹立、軍の解散命令の撤回などを要求した。これに対し、バウアー内閣の国防相ノスケは、リュトヴィッツの解任、カップらの逮捕を命じたが、ゼークトら軍首脳は兵力の不足と軍同士の戦いを避けることを主張して、政府は一時ドレスデンに、さらには南部のシュトゥットガルトに逃れ、ベルリンでカップは新政府の樹立を宣言した。

結局、クーデター直後、社会民主党と社会民主党閣僚の名のもとにこのクーデターに反対するゼネ・ストを呼びかける声明が出され、左派の独立社会民主党や共産党も同調して、三月一四日から全国的なゼネ・ストが始まり、ルール地方では五万人の労働者武装軍がカップ派の軍をルール地方から武力で放逐した。こうした抵抗の結果カップは三月一七日には退陣したのである。しかし、その後のワイマール体制下においては、社会民主党と独立社会民主党の対立、共産党の共和制への敵対と弾圧などを経て、左派勢力も分裂状況になり、少数政党分立時代を招き、ヒトラーの登場となった。

今日、カップ一揆をとらえてのドイツの状況を後の歴史に結びつけて詳しいものとして、『ドイツ史』第三巻（一九九七年、山川出版社刊）第三章（木村靖二著）などがある。

＊〔第五章〕現代的クーデターの元祖

本書は、議会制を基礎とする近現代国家において、議会制の手続を遵守しているかのような外観をとりつくろいつつ、「いかに政治権力を奪取し、それを守るか」をテーマに、一七九九年のブリュメール一八日のクーデターを念頭に置きながら描かれたものである。本書では、著者マラパルテが実体験したムッソリーニのローマ進軍とファシスト政権、ヒトラーの政権奪取の前過程（一九三一年まで）を中心に、ソヴィエト政権内でのスターリンとトロツキーの争い、スペインのプリモ・デ・リヴェラとポーランドのピウスツキのクーデター、さらには、ヒトラー登場の前段となったカップの一揆（一九二〇年）などがヴィヴィッドに描かれているが、さらに遡って、ナポレオン・ボナパルトのクーデターが、初めての現代的クーデターと位置付けられ、分析されている。

「ブリュメール（霧月）一八日」（一七九九年一一月九日）のクーデターは、ナポレオン・ボナパルトが、フランス革命で成立した国民主権体制の根幹である国民議会——一七九五年公布の憲法で一院制の国民議会に代ってできた、下院にあたる「五百人議会」——、及びそれに依拠する五人の総裁（本書では「五執政官」）を排除して終身統領となった政治的事件である。一一月九日早朝、元老院（上院）はナポレオンに議会と首都を防衛する軍隊の指揮権を与え、翌日サン・クルーに議会が移される旨の決議を行った。これを受けて、ナポレオン・ボナパルトは元老院議会に赴き、演壇に上がって、共和国の危機を救い自由を守ることを宣言した。

マラパルテは、「ブリュメール一八日」のクーデターを、議会手続を利用したクーデターのモデルとして取り上げ、議会の手続を経て共和国に受け容れられたことを強調する。すなわち、共和制下において、クーデターが合法性を装いながら実行されることの先例として、「ブリュメール一八日」のクーデターが、取り上げられている。ただし、このクーデターにおける「合法性」はあくまでも仮装されたものであって、一歩間違えば、ナポレオン・ボナパルトは「法外者」あるいは「公権喪失者」と宣告されかねない危険な状況にあったことも指摘されている。

本書において「ブリュメール一八日」に対比されるのが、カティリナのクーデター

（紀元前六三年）である。カティリナのクーデターは、元老院の合法性の枠外で、実力により権力奪取を意図したものであった。元老院を背景とするキケロの攻撃を受けてクーデターが不成功に終ったこの故事は、本書でも再三言及されている。マラパルテは、コミュニストもファシストもひっくるめて、革命という名のもとに政治的な問題を提起する者を一括して「カティリナ派」と呼んだ。そして、モラル的判断や政治的背景を問わずに、「技術」面から彼らの行動にアプローチしている。

＊〔第七章〕ムッソリーニのクーデター

第七章において、マラパルテが、現場の証人ともいえる立場で詳細に論じたのがムッソリーニのクーデターである。マラパルテは、トロツキーの「戦術」が欧州に入りこんで、これをムッソリーニが取り込んだと看破している。さらには、ムッソリーニが労働者の組織を圧殺した後に、ファシスト的暴力を再び用いてリベラル中産階級に対抗した点に、ヒトラーとの相違を見ている。ヒトラーは権力掌握時には、リベラル中産階級との妥協も否定しなかったのだ。

第七章は、マラパルテの母国イタリアで起きたファシストによるクーデターを、まさに状況のただ中、現場にあって、イギリス人イズラエル・ザングウィルとの対話を交えて、ルポ風に描き出している。その点で、本書の中でもっとも特色があり、注目すべき章である。

一九二二年一〇月二七日深夜から、北西部の各地からファシストが行動を起こし、市庁舎、電話・電信局、鉄道の駅を襲撃し、コムーネ（自治体）を制圧。それと呼応して二八日未明から、黒シャツをまとった約二万人が、おりからの土砂降りの雨の中を三地点からローマ進軍を開始した。首相のファクタから国王に戒厳令発布の要請がなされたが、国王はこれを拒否し、ファシストの部隊がローマ市内にはいる直前に、国王はムッソリーニに組閣命令を発した。マラパルテは、この間、客観的な報道が途絶する中で、どのような虚報、デマ、プロパガンダが発せられていたかを生き生きと描いている。

当時の政治的状況を説明しておこう。一九二一年五月一五日の総選挙で、ムッソリーニを含むファシストグループは、初めて議席を獲得した。しかしその数は五三五議席中、わずか三五議席にすぎなかった。それゆえファシストグループは議会ではなく大衆行動、とりわけ武力闘争に基盤を置き、社会党系のグループやコミュニストの武装防衛隊と、衝突を繰り返してきた。各地でややバラバラであったファシストグループは、一九二一年一一月、ローマで国民ファシスト党を結成、すべての党員が行動隊のメンバーとなる組織を採用した。すなわちファシスト党は、党と軍の同時編成を行ったのである。それは合法的な議会主義の中での権力奪取より、むしろ、暴力的な闘争により権力奪取するクーデターを意図していたからだった。

黒シャツを着て、その胸に髑髏のマークをつけたムッソリーニの突撃隊について、本書の中でマラパルテはザングヴィルに説明している。

「おおまかに言えば、黒シャツ隊の大半の人々は、極左のグループからの出身者です。そうでなければ、四年間にわたって第一次世界大戦を闘い抜き、筋金入りの精神をたたきこまれた古参兵か、純粋な魂に突き動かされている若者達です。このことだけは、どんなことがあっても忘れないで下さい。そして、武器を手にする者の神がいるとすれば、それは暴力の神でしかないことも、決して忘れないで下さい」（三〇九頁）

黒シャツ隊は暴力的な手段によって、交通、通信、エネルギー、兵站の重要拠点を占拠していく。彼らに対抗すべきコミュニストの防衛隊は決定的な力に欠けていた。さらに、ストライキ、なかんずくゼネ・ストといった労働組合の過激な闘争が起こって、首相で自由主義者のジョリッティは事態を収めることができない。マラパルテは、こうした政権側の無能を、カップ一揆に際してドイツのバウアーが行ったクーデターへの対抗策（第六章）と対比している。バウアーの対処は成功したが、ジョリッティの対抗策は失敗したのである。

さらにマラパルテは、この時期のイタリアでは、社会主義革命の可能性がもっとも高まっていたことを指摘、それなのに、イタリアのコミュニストは権力奪取に向かわなかった点につき言及している。その後、ファシストの全国労働組合同盟も組織化された。軍事行動によって対抗組織への徹底した敵対、破壊が繰り返され、ついにムッソリーニの首相就任をみたのである。かくしてファシズムが勝利を収めたのだった。イタリアの立憲君主は、武装解除された政府への忠誠を排して、ムッソリーニへの忠誠を選ばざるを得なかったのである。

ムッソリーニ内閣成立後、党の組織であった行動隊は全国治安民兵隊となり、首相直属の国家機関に編成替えされた。選挙法も改正され、全国で最多得票を得た党が下院の議席の三分の二を獲得するとされた。これらを経て一九二四年四月六日、総選挙の結果、ファシスト党が圧勝することとなった。これらの基盤のうえに、ムッソリーニ政権はファシズムの施策を実行した。

ムッソリーニはマルクス主義者から権力奪取の手法を学んでおり、本書でマラパルテによって、「国民的ボリシェヴィズム」と名付けられている。ムッソリーニはその手法によって見事にクーデターを成功させた。政権獲得後、残存するブルジョアジーと左派の統一戦線もムッソリーニにより個別撃破され、武装解除された。左派労働者の合法的ストライキは、いわば、証文の出し遅れにすぎなかったのだ。

*〔第八章〕ヒトラー

本書はまた、同時代の進行中の事態として、ヒトラーの登場と巨大化に眼を向け、ヒトラーの方法と人間性に対して鋭い批判を加えており、その点でも大いに注目される。本書はヒトラーの政権掌握（一九三三年）の二年前に出版されているが、後年の歴史的過程を先取りした歴史眼には改めて驚かされる。

マラパルテは、ヒトラーがあくまで合法的手段を使って、つまり、ヒンデンブルク大統領からの首相任命という合法的手段によって政権の座につくことを見抜いていた。さらにその後、対立勢力との闘争に使ってきた「突撃隊」を、かえって障害になりかねない存在とみなして暴力的に排除していく事態もまた、的確に予想している。

ヒトラーのナチ革命において、政権獲得までの突撃隊（Sturmabteilung：SA）のはたした役割は小さくなかった。一九二九年恐慌により職場を失い、あるいは、仕事につけない一八～三〇歳前後の若者、とりわけ、青年労働者、職人（見習い）、学生などと、一九三三年四月に帝政主義的在郷軍人団体の「鉄兜団」（Stahlhelm）を突撃隊に編入したことにより、約三五〇万人にその組織が膨れ上がった。

ヒトラーの独裁政権への途上、一方では、突撃隊員をコミュニスト赤衛隊戦闘団と戦わせ、左翼政党・労働組合の解体を進めた。そのトップにいたエルンスト・レームはナチ革命をさらに貫徹するために突撃隊を国防軍の核とし政治化を図り、ナチス革命（第二革命）を成就しようとしたが、国防軍、官僚、警察などは、これを受け容れるところとならず、ヒトラーは一九三四年六月、国防軍及び親衛隊によって、突撃隊の中枢を排除することとした。同月三〇日、バイエルンのバート・ヴィースゼーに集まったレーム以下の突撃隊の中枢を逮捕、当日射殺した。以後、ヒトラーは、親衛隊と秘密国家組織ゲシュタポにより、その独裁を保持していくことになる。

本書が書かれた時期（一九三一年）には、ヒトラーの突撃隊の排除は明確に予測されなかったが、マラパルテは見事にその流れを予測していることには改めて驚かされる。本章のタイトルが「女性・ヒトラー」とされているように、ヒトラーに対するモスクワでのボリシェヴィキの評は、「ヒトラーの精神は根っから女のような精神だ」であった。マラパルテはこれを受けて、ヒトラーに対して、「意思の薄弱な人物である。ヒトラーの残虐さは、彼自身の無力さ、意外なほどの意思の弱さ、病的なエゴイズム、救いようのない高慢さを隠蔽するためのものにすぎない」（本書三八三頁）と厳しい位置付けを行う。そのうえで突撃隊への暴虐な対応を分析しているのだ。

マラパルテの論を進めると、ヒトラーとナチスドイツのその後の進路は、あきらかである。この文学的とも言える表現のなすところは、興味深いものとなっている。当のナチスドイツにより本書が禁書とされたことはすでに述べた。

ファシズム政権に関していえば、本書はムッソリーニ政権の将来や、その他のクーデターにより権力の座についたひとびとの行く末まで予測しきっており、おおむね、のちの歴史の歩みと重なっているのは、驚嘆に値するといっても過言ではない。

先を見通すすぐれた判断力こそ、本書が一〇〇年を越える生命力を持ち、二一世紀になっても息長く読み継がれる決定的な理由となっている。

一九四八年版序

自由の擁護は《引きあわぬ》こと

私はこの本を憎む。心の底からこの本を憎む。この本は名声、世間が名声と呼ぶくだらぬものを私にもたらしたが、同時にまた、この本こそ私にあらゆる不幸をもたらす種だったのである。この本のために、私は何ヶ月もの牢獄生活、何年ものリパリ島流刑、野卑で残忍な警察の迫害を知った。この本のために、私は友人の裏切りを知り、敵の害意を知り、人間のエゴイズムと悪意を知った。私はたんなる一著作家、一芸術家、自分の不幸より他人の不幸を苦にする一人の自由人にすぎない。にもかかわらず、この本にもとづいて、私について、馬鹿げた伝説、つまり「クルツィオ・マラパルテは、皮肉屋で、残酷な男、レッツ枢機卿[1]に姿をかえたマキァヴェリだ」という伝説が生まれた。

この本は、もと一九三一年フランスで（ベルナール・グラッセ書店によりジャン・ゲーノ監修の《書証《レ・ゼクリ》》叢書の一冊として）刊行されたもので、この新版——一九四八年版——は、一八四八年の「共産党宣言」発刊百周年をそれなりに記念しようとするものであるが、一九三一年当時と同様に、今日でも若々しい生命をもつものである。おそらく、この本に対しては、スペイン共和革命、フランコのファシスト革命、スペイン市民戦争、最近のプラハの蜂起あるいはヨーロッパ各地で企てられているクーデターについて、新しい何章かが書き加えられていないという非難は起こるに違いない。

この非難に対して、私はこう答えることができる。本書の刊行後に起こったこれらの出来事は、すべて、現代クーデターの技術にはなんら新しいものを付け加えなかった、と。クーデターの技術は、今も、私が研究し、叙述した当時のままなのである。

しかし、国家権力を防衛するための現代的技術には若干の進歩があった。この功績は、私のこの本に帰すべきものなのであろうか。それとも、むしろ、ここ数年の諸事件の教訓に帰すべきものなのであろうか。私が一九三一年に『クーデターの技術』を一冊寄贈し、献辞に「カウンター戦法の技師ジャン・シャップ氏へ」と書いたシャップ氏は、(2)「この本は自由の敵——右翼か左翼かを問わない——の手に入れば危険だが、民主制のもとで自由を擁護しなければならない責任を負っている政治家にとっては貴重である」と返事を寄こしてきた。さらに、「あなたは、政治家に、現代の革命現象を理解し、予見し、反逆者が暴力で国家権力を奪取するのを防止するやり方を教えている」とも書いてきた。おそらく国家権力の防衛者達は、私の著書からよりは、諸事件の発生の仕方から、はるかに多くの教訓を得たであろう。私のこの『クーデターの技術』の唯一の功績は、自由を擁護する人々に、事件というものをいかに理解し、そこからいかなる教訓をひきだすべきかということを教えたということであろうか。

この本の運命はなんと奇妙なものであったことか。全体主義の政府のもとでは、「完全なる革命家のマニュアル」とみなされて発禁となり、自由で民主的な政府のもとでは、まさに暴力的に国家権力を奪取するためのマニュアルとしてブラック・リストにのせられた。自由で民主的な政府にとって、この本は国家防衛マニュアルどころではなかったのである。トロツキスト及びトロツキー自身からは、ファシズムだとして告発され、また何人かのコミュニストからはトロツキズムだといって糾弾された。何人かのコミュニストというのは、トロツキーの名がレーニンの名と混同されても、もっと極端に言えば、スターリンの名と混同されても、一向に意に介さない、という連中のことである。しかしながら、これ程までに議論をまきおこし、これ程までに相反する情熱をかきたてた本は稀であろう。また、相手が誰であれ、これ程までに万遍なく善用もされれば、悪用もされた本は稀であろう。

それにつけてもひとつ特記しておきたいのは、当時新聞が鳴物入りで書きたてた、次のかなり奇妙な事実のことである。つまり、ドルフス・オーストリア首相の命令により、シュターレンベルク殿下が国家陰謀罪容疑でチロルで逮捕されたとき、殿下の蔵書に、語るだに身震いするこの『クーデターの技術』が一冊発見された、というのだ。ドルフス首相は、このことを理由に、直ちにこの本をオーストリアで発禁にした。しかし、ドルフスがナチスに暗殺されたとき、新聞は、彼の仕事机の上にも同じように一冊の『クーデターの技術』がやはり発見されたと報道した。その一冊は——私は言いたいのだが——、一頁も頁が切ってなかった。もしドルフスが私の本を読み、少しでも役立てていたなら、おそらくあんな死にざまをせずにすんだであろう。

こうして、この本から、私についての伝説が生まれた。それは笑うべき伝説であった。今日及び将来のあらゆる革命の責任を、私におしつけるもので、私は、ヨーロッパのあらゆるもめごとに関係する、ある種の万能神《デウス・エクス・マキナ》であり、現代諸革命の「憂愁の美男」であり、ルネッサンス期のイタリア人特有のシニシズムに、マルキストとファシストのシニシズムを加味した現代的マキァヴェリだ、というのであった。奇妙な伝説ではあるが、それを打消そうとしても無駄である。なぜならば、この伝説は、世間の人々に、私についてのあるイメージを形成させており、このイメージは、今でも、ファウストを追うメフィストフェレスのごとき執拗さで、私につきまとって離れないからである。

ありのままの私を知る人の一人は、私のことを暖房のきいた部屋にいるデカルトにたとえている。私が、書斎のなまぬるさの中で、その経過を見守っている出来事が、私の予言どおりに書斎の窓の下で展開したからといって、それが私の罪であろうか。私が、時たま、他の多くのゆきずりの人達と同様に、現代のいくつかの革命に、ゆきがかりでまきこまれたとしても、それは私の罪であろうか。

私は、私がこの本の中で描いた出来事の証人であり、傍観者なのであって、主役ではないのである。私が、これらの革命劇の中で、主役にならずにすんだのは、おそらくひとえに私の年齢によるものであったろう。一九二〇年、ワルシャワで八月事件にであったとき、私は二〇歳であった。まさにあのクラコワスキー・プルツェドミーシェ通りの歩道に面したブリストル・ホテルの窓には、私とならんで、もう一人の傍観者がいた。それはフランス軍の陸軍少佐で、名をシャルル・ド・ゴールといった。彼も傍観者にすぎなかった。一九二二年、ムッソリーニが権力を奪取したとき、私は二三歳だった。分別もあり勇気もあった。とはいえ、まだ無名で孤独で口の重い若者にすぎなかった私が、尊大で軽蔑すべき英雄達にまじって、いったい、マキァヴェリやレッツ枢機卿の役割を、はたすことができたというのだろうか。いったい、私が二〇歳の当時、世間の欲するような人物であったとしたら、私は、自分が新アレクサンドロス大王や今シーザーになっていないことに驚かなければならない。私は一介の作家にしかならなかったのだから。

私が、密接に、しかも意識的にかかわりあった革命はたったひとつである。それは反ファシズム革命である。とはいっても、この革命における私の役割は地味なものであった。英雄の役を演じることを私は好まない。私は、著作活動により、数年間の牢獄生活と流刑とにより、この革命に協力し、はたまた一兵卒、一戦士として解放戦争に参加することにより、この革命につくした。誰もこの事実を否定できまい。私は、二年間にわたり、ドイツ人とファシストに対して砲火をあびせた。連合軍やポッセンテ隊のパルチザンと一緒に、モンテ・カシーノの戦闘に参加し、ローマとフィレンツェの解放戦に参加し、ゴート戦線の闘いにも参加した。私は、英雄として行動したのではない。私は、一人の抵抗者として、私の義務をはたしただけである。他の多くの人達と同じように、イタリア解放軍の一将校として、私の義務をはたしたのである。そして、今日、他の人達のように私が英雄ぶらないのは、単に戦士としての勲功が、一作家としての業績に何かを付け加えたり、何かをとり去ったりするものではないということによるにすぎない。

この本はなんと大きな災厄を私にもたらしたことか。まず猜疑をもって、次には怒りをもって、そしてついにはムッソリーニにより激怒をもって迎えられ、この『クーデターの技術』はイタリアで発禁処分をうけた。ドイツでも、一九三二年、すなわちヒトラーの政権奪取より大分前に出版され（『クーデターについて』タール書店、ライプツィヒとウィーン、一九三二年）、反ヒトラー宣伝に真の貢献をした（私のこの『クーデターの技術』はヨーロッパで出版された最初の反ヒトラー著作である）。一九三二年秋のドイツの総選挙のとき、国中の都市や村の城壁に反ナチ民主戦線のビラが一面に貼られていたが、それには大きな活字で「イタリアの作家クルツィオ・マラパルテはヒトラー及びナチズムをいかに裁いているか」と題して、ヒトラーの章（第八章）から一番猛烈な一節をぬき出して印刷してあった。

私はヒトラーは全然知らないし、近寄ったことすらない。しかし、彼を見破ったのである。ヒトラーについての私の記述は、無気味な予言とぞっとするような真理の洞察を含んでいる。一九三三年に権力を掌握するとすぐ、ヒトラーがザクセン知事令により、私の本を、ライプツィヒの公共広場でナチスの儀式に従い死刑執行人の手で焚書にしたのは、驚くにあたらない。『クーデターの技術』は、もえさかる薪の中になげこまれ、人種的または政治的理由で非合法化された多くの書物と一緒に灰になった。今日からみれば、この結末は、一介の作家が自分の著書に対して望みうる最高の結末である。

一人の聡明な人間が、二〇年間自分の足をなめてきた連中によって足をつかまれ、逆吊りの刑に処せられるなどということはめったに起きることではない。そのめったに起きることのない出来事が起きたのだから、ムッソリーニは間違いなく、聡明な人間の一人であった。しかし、彼の中では、イタリアのすべての庶民と同様に、才気と教養に対する畏敬の念と、知識人に対する猜疑、侮蔑の念とが奇妙に混りあっていた。だから、彼は、時折り、彼のいわゆる知識人という軽蔑すべき連中を、ことごとく苛酷にあつかった。誰かが、作家誰々、文学者なにがしは知識人であると彼に思い込ませると、彼は、この不幸な人物に対し、完全なる平静さでもって弾圧を加えたのである。彼の知識人に対する侮蔑にはおそらく多分に嫉妬が含まれていたのであろう。本書の中で、私は、「独裁とは、嫉妬心のもっとも完成された状態を意味している」と書いた。

しかし、ムッソリーニがこの本に激怒し、私を軽蔑していたとしても、もしヒトラーがムッソリーニに私の抹殺を要求しなかったならば、ムッソリーニは、私を投獄し彼の品位をおとしめるようなことはしなかったであろう。イタリアでも、外国でも、私の投獄に対する驚きは大きかった。それは、イタリアでは、一介の作家が、反逆罪ではなく、その文学的作品のゆえに投獄された最初の例であった。私の弁護をかってで、私個人について生じた出来事を素材として、イタリア文学の現状を批判した「タイムズ」紙と「マンチェスター・ガーディアン」紙に対し、ムッソリーニは、一九三三年一〇月六日のファシスト新聞に回答を掲載させた。いわく、私の逮捕は「通常の行政措置にすぎない」。

かくして、私は逮捕され、レジーナ・コエリの牢獄に入れられ、あらゆる方法で辱かしめをうけ、なぐられさえし、あげくのはては「国外における反ファシスト的行動（一九三三年一〇月一一日付ステーファァニ通信の公式発表）のかどで」五年間のリパリ島流刑を宣告された。有罪の根拠になった証拠物件は、ムッソリーニが自ら告発個所を赤鉛筆でマークした一冊の『クーデターの技術』、あのドイツの反ナチ民主戦線のポスター、数ヶ月前バルボ元帥[3]あてに全イタリアの作家の名のもとに文学・芸術の自由を訴えた私の手紙、そして、「ヌーヴェル・リテレール」紙の一九三三年三月の号に載った私の署名入りの「グィチャルディーニの背徳」という反ファシスト論文であった。

一九三八年に釈放されはしたが、私は、ファシストの牢獄をでたものの、すべての人々が蒙ったあの警察による卑劣でいとも安易になされる迫害を経験した。自分が傷つけた人間に対する劣等意識のゆえに、ムッソリーニは投獄したことを決して私に謝罪しなかった。私としては、すでに彼が死んでしまっている以上、彼を許している。私にはキリスト教徒たる十分な資格がある。

ムッソリーニは、まず私がトスカーナのフォルテ・ディ・マルミにある私の居宅にとどまることを禁じ、私の生まれた町で、家族もいるプラトにとどまることさえ禁じた。プラトへは数時間で行けたのだが、それには警察の特別許可が必要だった。彼は、私の旅券を取上げて、フランスの友人達が呼んでくれているパリへ戻ることを不可能にした。イタリア国内では、国境に接近することが禁じられ、ミラノ、トリノ、ヴェローナより北へゆくことができなかった。ムッソリーニは、彼が署名した命令により、私がユダヤ人か否かを確認しようと審査を始めさせていた。もしユダヤ人であることが立証できれば、ムッソリーニは、自分の良心にてらして、私の行動も説明がつき、彼の行動も正当化できる理由を、さらにひとつ付け加えられると期待していたのであった。これは一九三六年、イタリアで人種差別法が制定される二年前のことである。私にとって、今なお理解不可能な、この奇妙な考えは、ムッソリーニの劣等意識がいかに強烈であったかを示している。

ムッソリーニは、警視総監に個人的に働きかけて、私に関する審査を急がせたが(このことについては証拠書類がある)、審査は、私の哀れな祖先が『クーデターの技術』にはなんの責任もないことを反論の余地なく証明した。にもかかわらず、一九三八年には、ムッソリーニは人種差別法の公布を機会に、もう一度調査をやりなおすよう命じた。それは、この空しい宗教裁判を任された国民文化相ディーノ・アルフィエーリ大使を啞然とさせた。そして、残念ながら、今度もまた、私はユダヤ人でなかった。

ムッソリーニの私に対するこれ程までに執拗な敵意――滑稽であると同時に涙ぐましくさえもある――は、次の出来事から生じたある事実によってしか説明できない。

私達の世代に属するイタリア最高の作家の一人であり、私の友人でもあるジョヴァンニ・コミッソが、ヴェローナ市の歴史に関するエッセイの中で、ヴェネチアの市参事会に関する古文書の中から発見されたある資料を、誤って公表するという出来事があった。資料の公表自体は、ジョヴァンニ・コミッソの軽はずみによるものであったが、その軽はずみは、「ごちそうさま」とでも言いたくなるような甘い果実をもたらした。その資料は「十人委員会」直属の秘書団の中に、ムッソリーニという名前の一人のユダヤ人がいたこと、従ってムッソリーニ家の出自がユダヤ系であることをあきらかにしていたからだ。

コミッソの本は押収され、審査が開始された。しかし、それはコミッソに対してでなく、すでにイタリア文学界のスケープゴートとなっていた私に対してであった。このときディーノ・アルフィエーリは私に耳うちした。「ムッソリーニは何が不満だというのだ。彼がユダヤ人イエス・キリストの後裔であるという事実は、対ヴァチカン政策でまさしく彼を助けるものじゃないかねぇ」。

ムッソリーニは、自分の命令によって私が厳しく監視されるというだけでは満足しなかった。彼は「コリエーレ・デラ・セーラ」(4)紙に寄稿した私のいくつかの文芸評論に私が署名することを禁ずるにいたった。私はカンディドという筆名を用いなければならなかった。ナチスの大物が御機嫌伺いにローマにやってくるたびごとに、「予防措置として」私を逮捕させた。私は危険分子なのであった。そして、私の方はこれを知らないのであった！　ヒトラーやゲッベルスやゲーリングやあるいはヒムラーあたりがムッソリーニを訪問している際には、私は、レジーナ・コエリ監獄やリパリ島の古い同志――その大部分はコミュニストの労働者達である――とともに、しばしば投獄された。仕方なく、私はカプリ島に退避した。この島は、ローマから遠いことはもちろん、ブレンネル峠をこえる汽車がローマへ下ってくる際に通る地方からも、遠いのである。

一九三九年、「コリエーレ・デラ・セーラ」紙は私にエチオピア旅行をすすめた。同紙の編集長のアルド・ボレルリ氏は私を見棄てなかったのみか、私を狙ったあらゆる迫害を減殺すべく、あらゆる努力をしてくれた人物だった。ファシスト政府とこのアルド・ボレルリ氏との間で長い折衝が続けられた後、やっとのことで、私はエチオピアへ出発する許可を獲得することができた。それでも、ムッソリーニは、警視コンテ博士と一名の刑事を私に随行させるよう命じ、この二人は、三千キロにおよぶエチオピア旅行中、私から一歩も離れなかった。ムッソリーニは、私がひそかにポートサイドに上陸しはしまいか、あるいはジブチからフランスに渡りはしまいかと恐れていたのだ。往きも帰りも、ポートサイドやスエズに近づくと、私は、船室に軟禁され、出航まで監視されていた。私は、コンテ博士が定期的にムッソリーニに送付していた報告書を手に入れている。それは、私が口にした事柄をいちいちすべて彼に報告し、私を逃亡させないようにするうえで有益と思われる警戒措置をもれなく知らせたものである。

この旅行の最中、おかしな事件が起きた。この旅行で、青ナイルの水源であるタナ湖から騒乱中のゴッジャムを通ってアディス・アベバへ行った（それはロバの背で一千キロという旅だった）が、そのときわれわれは反乱軍に包囲されたデブラ・マルコスの守備隊救援のため進軍していたエリトリア大隊と一緒になった。ある晩、われわれは二千人余のエチオピア軍ゲリラに襲撃された。私には武器はなかったので、私は防戦しようにも方法がなかった。私は、警視コンテ博士に、私のすぐ側で戦死したばかりの兵士のカービン銃をひろう許可を求め、彼はそれを許した。私は二人の守護天使——コンテ博士と一名の刑事——に両側から守られて、その銃をとってゲリラと戦ったが、この二人の護衛は反乱軍に発砲する間も私から目を離さなかった。この血なまぐさい事件でわれわれがとった行動のかどで、コンテ博士と私は、従軍十字勲章を授与された。私は、フィリアス・フォッグ――ジュール・ヴェルヌの『八〇日間世界一周』の主人公――のように、この「八〇日間エチオピア一周」の旅をした。その間中、私は一人では足らず二人もの警官によって護衛されていた。そして、私が今日なお生きているのは、おそらく、この二人のおかげである。あの時、もしコンテ博士が私に死体から銃をひろわせるかわりに手錠をかけていたら、『クーデターの技術』というような本を書いた私の軽率さはさだめし高くついたことであろう。

私は、これまで語ってきたことがすべて真実であることを立証することができる。私は政府の証拠書類をもっているからである。それは、必要なら、私が異議なきまでに私の証言の正しさを証明できるようにといって、駐イタリア連合軍司令部が、まるで写真にとったように正確なコピーを私にくれたものである。

私は一九三三年から一九四三年のムッソリーニの没落までの一〇年間に蒙った滑稽でしかも憂うつな迫害のことを述べた。それは単に『クーデターの技術』のために私が蒙ったさまざまの憂き目を示すためだけではなく、なにも知らないで、ご丁寧にも軽々しくリパリ島流刑以後私がムッソリーニの寵愛を取戻したなどと公言してはばからない連中の鼻を明かすためでもある。

一九四〇年、年齢や戦傷にもかかわらず、私はアルプス猟歩兵隊大尉として召集された。私は直ちに国防省に抗議した。政治犯だということでファシストの法律によって「市民生活上の権利喪失者」にされていたからである。この抗議で私が指摘したのは次の事実、つまり、市民生活上、権利を剝奪されている以上、軍人となる権利をも喪失していると考えるのが論理的である、ということである。国防軍最高司令官兼国防大臣ムッソリーニは、私を召集解除にするかわりに、作家、ジャーナリストで編成された戦時報道員部隊付――陸軍将校の制服を着用し、戦闘部隊の将校と同じ軍律に服さなければならない――に任命して私を危地に追い込もうとした。事態を単純に受けとめた人々は、私が戦時報道員であったという事実は、ムッソリーニが私に特別な好意をもっていたことをあきらかにする新証拠であると考えた。確かに、ムッソリーニの私に対する好意こそまったく特別のものであった。その「特別の好意」のおかげで、私は、長くみじめな生活を強いられたのだから。

こうして、他の多くの新聞特派員と同じ資格で、私は「コリエーレ・デラ・セーラ」紙の戦時特派報道大尉としてロシア戦線に送られた。特派員の中には、身の安全のため、枢軸側の宣伝部のコミュニケを潤色して電送するだけの連中がいた。いまではコミュニストの英雄のようなポーズをとっている者の中にそういう連中がまじっているのを、私は知っている。私はといえば、まったくきわどい目にあった。ドイツにとって、はっきり不利な報道をしたため、一九四一年に、ロシア戦線イタリア軍司令官メッセ元帥の抗議にもかかわらず、私はドイツ軍によりロシア戦線から追放され、イタリア国境まで連行された。とにもかくにもそれまでは私に論文の発表を許していたムッソリーニによって、私は、四ヶ月の禁錮を申し渡され、刑期を終えると今度はフィンランド戦線に送られた。一九四三年七月、ムッソリーニが没落したとき、私は、北部戦線戦時報道員の仲間とともにイタリアに帰ってきた。長いみじめな生活はやっとこうして終りを告げた。

一九四三年から四五年まで私がメッセ元帥の組織するイタリア解放軍に入って戦ったこと、解放軍はこの後私を連合軍最高司令部との連絡将校に任命したこと、きわめて難しい状況のもとで、フィレンツェ解放のための流血の闘いの中で、私が連合軍の諸部隊とポッセンテ隊――イタリアのパルチザン――との連絡を確保したこと、この行動により私が連合軍最高司令部より表彰を受けていること、これらはすでに御承知のとおりである。

一九三三年からムッソリーニの没落まで、私が蒙った災厄のすべては、この『クーデターの技術』の故である。私はこの本を憎む。この本は私に不幸をもたらしたのである。

イギリス、アメリカ、ポーランド、スペイン——といっても、一九三一年の共和国スペインのことだが——では、『クーデターの技術』は一致して好評をもって迎えられた。この本の幅広い重要性とその「自由防衛教本」たる性格が一般にみとめられたわけである。「ニューヨーク・タイムズ」紙から「ニューヨーク・ヘラルド」紙、「タイムズ」紙、「マンチェスター・ガーディアン」紙から「ステイツマン・アンド・ネイション」紙にいたるアングロ・サクソン系の自由で民主的な新聞各紙さえ、私がこの本のあらゆる頁で擁護している主張について深刻な異論を提起したものの、この本の「道徳的目的」を賞讃するほかなかったのである。私の擁護した主張というのは、論旨を要約すれば、「いかなる手段も自由を圧殺するものとなりうるし、またそれと同様にいかなる手段も自由を防衛するものともなりうる」ということになるだろう。一九三三年、私がロンドンへ行ったとき、イギリス人は自由人にのみむける共感をもって私を迎えてくれた。

フランスでも、シャルル・モーラスやレオン・ドーデからジャック・バンヴィルまで、ピエール・デカーヴからエミール・ビュレまで、「アクション・フランセーズ」紙から「ユマニテ」紙まで、「レピュブリック」紙から「ポピュレール」紙まで、「クロワ」紙から「フィガロ」紙まで、「エコー・ド・パリ」紙から「ラ・ゴーシュ」紙等々までが、ニュアンスの違いこそあれ、この本に対し、ひとつの不協和音もなく一斉に讃辞を寄せた。

極右の方は、私の本を根拠に、「ドイツやスペインが危険な状況にある」とことさらに強調したり（ジャック・バンヴィル、一九三一年七月三一日付「アクション・フランセーズ」）、自由で民主的な国家の脆弱さを声高に指摘したりしていた（アンリ・ドケリリス、一九三一年八月五日付「エコー・ド・パリ」）。おかしなことに、私の本を材料に、ポール・ヴァレリーを「書斎で深刻ぶっている阿呆、海辺の墓地向きの脳水腫病者」と非難するものすらあった（レオン・ドーデ、一九三一年八月一二日付「アクション・フランセーズ」）。他方で、極左の方は、レオン・トロツキーを攻撃するために私の本を利用した。

パリ駐在ソ連大使は、本書を出版した書店を介して、モスクワ政府が私をロシアへ招待したいと伝えてきた。それは、ロシアへ行って六ヶ月間滞在し、ソヴィエトの生活を身近に研究してほしいというものであった。私はこの招待を丁重におことわりしたが、その理由は容易に了解していただけるであろう。ドイツからの亡命者達（初期の亡命者だが）、たとえば「フランクフルター・ツァイトゥング」紙の編集長のジモン氏やテオドール・ウォルフ氏は、反ナチ・ドイツ人として、感謝の挨拶をパリの私に届けてきた。この『クーデターの技術』に関する評論はヨーロッパとアメリカのほとんどいたるところで発表された。私が特筆しておきたいことは、あの高名な『ヒトラーは語る』の著者であるドイツ人の作家ヘルマン・ラウシュニング(5)が、『ニヒリズムの革命』と題する重要な著作の中で、私が本書の中で擁護している主張を論じてくれたことである。

この讃辞の斉唱の中にも、ただひとつ不協和音があった。それはレオン・トロツキーのものであった。彼は一九三一年一〇月コペンハーゲンのラジオ放送で行った講演で激しく私を攻撃した。コーカサス追放後、トロツキーはロシアを離れ、イスタンブールに近いプリンキポ島に身を寄せていた。一九三一年秋、トロツキーはパリ定住を決意したが、フランスでの居住許可が拒絶されたためメキシコへ出発することになっていた。ヨーロッパを去るにあたって、彼はコペンハーゲン放送局の招きを受諾した。放送局はスターリンからの非難に公開回答を与える機会を彼に提供したのである。

これは、一〇月革命以後、トロツキーがヨーロッパ人に対してヨーロッパで話しかける最初の機会だった。それだけに予告された彼の講演への期待はまことに大きかった。ところが、なんたることか、彼はスターリンと私のことしか語らなかった。スターリンもそうだったろうが、私は講演にいたく失望した。講演の大部分（全文はトロツキストの機関紙「ラ・クロシュ」に載った）は私の『クーデターの技術』及び私個人に対する非難であった。彼はスターリンには唾を、私には嘔吐をあびせた。その夜すぐ、私は彼に電報を打った。「スターリント君ノ個人的確執ニナゼ僕ノ名ヤ僕ノ本ヲヒキアイニダスノカ。僕ハ君トモスターリントモ関係ナシ」。彼は電報で直ちに返事をよこした。「君ノタメダ。レオン・トロツキー」。

私の本に対する好意ある評価のうちでとくに貴重だったのは、ジャン・リシャール・ブロック氏のものだった。(6) 一九三一年に私の『クーデターの技術』を自由人の作品だと述べたことを忘れ、今日私を侮辱し中傷する一部のコミュニストに対し、私はこのジャン・リシャール・ブロック氏の言葉をもって答えたい。彼はコミュニストではあったが、党派的でも狂信的でもなく、この本の深い意味を理解し、この本が自由を擁護する人々に提示している問題――それは単に政治上の問題であるだけでなく精神上の問題でもあるのだ――の重要さを理解したのである。彼は、一九三一年に初めて知りあって以来、いつも変わりなく私に共感を示してくれた。さだめし、コミュニストの中には、彼らが「彼らの」自由の敵とみなしている――それは理由のないことではないが――作家に対して共感を示したといってジャン・リシャール・ブロック氏を非難するものがいることであろう。その亡きがらに対し、惜しみない賞讃が捧げられた一人のコミュニスト、(7) 共産党が独裁体制をもたらしたすべての国――スウェーデンやノルウェーを含む――において、自由を守るべく立ちあがった一人の英雄が、一自由人に誠実を尽し得たことなど、どうして共産党が容認することができるだろう。

一九三一年九月二〇日、ジャン・リシャール・ブロック氏は、ポアティエに近いメリゴートから、私に次のような手紙を書き送ってくれた。

「私は、送っていただいた著書を、熱っぽく興味をもって拝見しました。私は、現代が始まろうとしているこの時期――近代が死に瀕している時期――において、知識人がまずなすべきことは、事物を位置づけること、精神の身だしなみをととのえること、精神から死語や使い古された概念や賞味期限ぎれの思考方法を追いだすこと、完全に生まれかわった世界を正確に表現するための概念を獲得する道を開拓していくことだと信じております。そうだとすれば、貴兄はそのような任務を、貴兄なりに、稀にみる名人芸ではたされたわけです」

「革命の綱領と蜂起の戦術――イデオロギーとテクニック――という二つの観念を分離することによって、貴兄は、問題領域をクリアにされたのです。貴兄は、われわれにいくつかの事件を理解することを可能にし、しっかりと把握することを可能にしてくれたのです。新しい時代というものについて、われわれがはっきりとしたヴィジョンをもつことに寄与されたのです。マルキストだけがそれをすることができます。おっしゃるとおり、今日では、クーデターに成功しうるのはマルキストだけです。貴兄の考えをおしひろげて、僕は、マルキストだけが現代の世界に《ぴちっと合った》

――仕立ての悪い服のように、身のまわりでだぶつかない――ロマンないしドラマを書くことができるのだということを付け加えたいのです」

「貴兄がわれわれに考察させる問題は無数です。そして、それはすべてもっとも重要なものばかりです。僕には、貴兄が自由に楽しげにこれらのことを語っているのを味わい深く感じます。そこでは、人間への軽蔑は人間を愛するための武器となっています。いうならば、僕は貴兄の語り口に、イタリア最高の知性で僕のもっとも愛好するもの、もっとも高く評価するものを見出します。僕にはイタリア人ほど深く愛着を感じる国民は多くありません。イタリア人の欠点は空疎な美辞麗句好みだということですが、これはフランス人の感傷好み、ドイツ人のいかがわしい体系好みと同じことです。しかし、イタリア人が洞察力を備えたとなると、その洞察力は世界中の誰にも負けません。僕は貴兄の国以外では、正真正銘の知性というものにであったことはありません。貴兄の国は、いまだによく知られていないし、評価も高いとはいえません。しかし、それでもそうなのです。すなわち、僕は、貴兄の本の中に、僕にとって親しみをおぼえ、かつためになる雰囲気、つまり自由人の息吹を感じます。そもそも、自由を圧殺する手段のみを扱った著作について、こんなふうに書くのはおかしなことなのかもしれません。しかし、自由や独立の抹殺を企てる者達について、これ以上、自由で独立した考察を加えた著作が、他に存在しないことも間違いありません」

「僕が、この本を読んで考えたことの細部に、いま立ち入ることはさしひかえます。それは、おそらく手紙を書くというより、別の一書をものすることになってしまうからです。無数の論点の中でも、ヒトラーに対する痛烈な意見を僕は貴兄と分ちもつ、というだけで十分でしょう。これから起こる出来事は、われわれ、つまり貴兄をも僕をも裏切るかも知れません。いつの日か、われわれはこの誇張癖に冒された術策にたけた小心者のオーストリア人が新しい有効な戦術を用意していたということを思いしらされるかも知れません。なぜなら、歴史においては一連の出来事が繰り返されるということはないからです。いみじくもゲーテがいったように、歴史上の事件は、何かに対応《オモローグ》して起こるということはあり得ますが、何かに似ている《アナローグ》ということはあり得ないからです。一九一四年にわずかながら知り得たムッソリーニについて、僕は、彼の人物評価についてではなく、彼の相対的な価値について見誤っていました。ともかく、僕は、現在、貴兄の見解に大きく傾いています」

「とはいうものの、僕は、貴兄が、ヒトラーによる良心の自由や個人の尊厳や文化に対する迫害、彼による警察的方法と密告制度の実施を、彼の弱さのしるしだとしてヒトラーを非難するのをみて驚きました。ムッソリーニも同じことをしているのではありませんか」

　そうだ、親愛なるジャン・リシャール・ブロックよ、彼ムッソリーニも同じことをしたのだ。この私に対しても、そして私と同じ、否、私に優る他の多くの人達に対しても同じことをしたのだ。おそらく彼は正しかったのであろう。そして現在もなおヒトラーとムッソリーニから解放された、この同じヨーロッパにおいて、自由人や個人の尊厳や精神の独立や芸術や文学の自由を軽蔑し迫害する人種も、おそらくすべて正しいのであろう。だが、私達と同時代を生きる人々は、本当に、知識人、作家、芸術家、自由人が危険かつ無用の人種でもなければ、呪われた種族でもないということを知っているのだろうか。モンテーニュでさえ、「いったい私は何を知っている《ク・セ・ジュ》であろうか」と語っているではないか。

　しかし、現在が最良のものでなく、そして未来がわれわれをおびやかしているからといって、恨みがましい顔を過去にむけて何になるだろう。この本のために私がうけた苦痛や悲惨のすべてを、私は感謝の念をもって思い起こすことになるだろう。昨日そうであり、明日またそうなるであろうように、今日も危機に瀕しているヨーロッパにおいて、この本がたとえわずかでも自由の擁護に貢献したと信ずることができたなら。

ジョナサン・スウィフトは、「自由の擁護は引きあわない」と言ってなげいている。だが、その言葉は、いかなる意味においても真実ではない。自由の擁護は引きあう。たとえそれが自己の隷属状態を意識することにすぎないとしても。自由人が他から識別されるのはまさにその点においてだからである。人間の本質は一九三六年に私がリパリ島から書いたように、「自由の中で自由に生きることではなく、牢獄の中でも自由に生きること」にあるのだから。

クルツィオ・マラパルテ

一九四八年五月パリにて

初版序

私の課題は、いかにして現代の国家権力を奪取し、またいかにしてそれを防御するかについて述べることにある。これは、ある意味でマキァヴェリが扱ったのと同じ問題である。だが、本書は『君主論』のイミテーションではない。マキァヴェリの『君主論』を模倣しようとしても、本書で扱うテーマは、あまりに現代的なもの――言い換えれば、少しもマキァヴェリ的でないもの――だからである。『君主論』が描き出している時代――『君主論』の中でなされている議論や、そこでの事例やモラルと密接に関係している――にあっては、公私の自由が衰退し、市民の品位や人間の尊厳がおとしめられていたことはあきらかだから、現代ヨーロッパがわれわれに喚起しているもっとも重要な諸問題のいくつかを論じるのに、あの有名な著作からヒントを得ているとしたら、それはこの本の読者の人格に対して非礼をおかすことになるであろう。

ここ一〇年間の政治史は、一見すると、ヴェルサイユ条約の適用史、第一次大戦の経済的結着史、ヨーロッパに平和を保障するための諸政府の努力史が混然一体となったもののように見えるかも知れない。しかし、最近一〇年間のヨーロッパの政治の真相は、このような説明ではあきらかにならない。それは、自由とデモクラシーの原理の支持者、つまり議会制国家を防衛しようとする者と、これに敵対しようとする者との間の闘争の中に見出されるのである。諸政党の態度は、この闘争の政治的な側面以外の何ものでもない。ここ数年間に生じた多くの出来事を理解したいと思うなら、またヨーロッパ国家の国内情勢の今後の進展を予測したいと願うなら、この観点から、そしてこの観点からのみ、諸政党の態度を考察しなければならない。

ほとんどの国家では、議会制を擁護し、内部均衡政策すなわち自由で民主的な政策をとる意思を表明している諸政党（自由主義右派から社会主義左派にいたるあらゆる保守主義者がこれに属する）とならんで、国家の問題を革命という領域で提起している諸政党がある。それは、極右、極左の政党、つまり「カティリナ派[1]」、すなわち、ファシストとコミュニストである。右翼カティリナ派は無秩序を恐怖する。彼らは、政府の弱体、無能、無責任を告発する。彼らは強固な国家組織、政治・社会・経済生活全般にわたるきびしい統制を主張する。彼らは国家という虚像の崇拝者であり、絶対国家の信徒である。彼らが、秩序と自由の唯一の保証、コミュニズムの危険に対する唯一の防壁を見出すのは、中央集権的で権威主義的な国家、反自由・反民主国家においてである。「すべてを国家の掌中に、国家の外には無を、国家に反抗する者に対しては死を」とムッソリーニは断言する。左派カティリナ派は労働者・農民の独裁をうちたてるために、国家権力を奪取しようとする。「自由あるところに国家なし」とレーニンは断言する。

ムッソリーニの定式もレーニンの定式も、左右両翼のカティリナ主義者と自由で民主的な国家を防衛しようとする人々との間の闘争の様相とその結果にかなりの影響を与えている。

おそらく、ファシストの戦術とコミュニストの戦術とが存在するであろう。しかし、次のことに注意しておくのが妥当である。すなわち、今日まで、カティリナ主義者も、国家を防衛しようとする人々も、この二つの戦術が何に存するかを知っていたとは思われないし、二つの戦術の性格をあきらかにし、その差異や――それがもしあるとして――類似点を明確にすることを、決してなしえていないということである。ベラ・クン(2)の戦術には、ボリシェヴィキの戦術とはなんの共通点もない。カップやプリモ・デ・リヴェラやピウスツキのクーデターは、一種の伝統的戦術の諸原則に従って計画され実行されたもののように思われる。彼らのクーデターはファシストの戦術とはなんら共通点がない。ベラ・クンは右の三人に比べればより近代的な戦術家であり、より優秀な技術者であり、従って、一番危険であるように思われよう。その彼にしてからが、国家権力の奪取という問題を提起しながら、現代的な蜂起戦術についてのみならず、クーデターの現代的技術の存在について無知であったことを暴露した。

ベラ・クンはトロツキーの真似をしているつもりなのだ。彼はパリ・コミューンにもとづいてカール・マルクスがうちたてた諸原則のうえにとどまっていることに気がつかなかった。カップはワイマール議会に対してブリュメール一八日を再現することが可能だと信じていた。プリモ・デ・リヴェラやピウスツキにいたっては、現代の国家権力を奪取するのに立憲政府を暴力で倒しさえすればいいと考えていた。

あきらかなことは、どんな政府もどんなカティリナ主義者も、まだ次の問題を提起していないということである。すなわち、現代的なクーデターの技術というものがあるか否か、あるとすればその基本原則はどのようなものか、という問題である。カティリナ主義者の革命戦術に対して、政府は、近代国家権力の、奪取及び防御法のもっとも初歩的な原則について無知であることを暴露している。政府は、警察的手段にもとづいた防御戦術を対置していこうとしているにすぎない。かかる無知は危険である。だからこそ、このことをよく説明するために、私は、私自身が目撃し、かつある程度は当事者でもあった諸事件を実例として思いおこそうとするのである。それらは、一九一七年二月ロシアに始まり、ヨーロッパでもまだ結末をみていないあの革命の季節の中で、私が体験した出来事である。

第一章

ボリシェヴィキ・クーデターとトロツキーの戦術

1

ボリシェヴィキ革命の戦略家がレーニンであるとするならば、一九一七年一〇月のクーデターの戦術家はトロツキーである。私は一九二九年の初めにロシアに滞在していたので、異なった階層に属する多くの人々と、トロツキーが革命においてはたした役割について議論する機会に恵まれた。この点についてソヴィエト連邦では、スターリンによる公式テーゼがある。ところが、方々で、ことにトロツキーのグループが他の場所よりも強力であったモスクワとレニングラードで、私はスターリンのテーゼと異なった評価がトロツキーについてなされているのを耳にした。私の色々な疑問に答えてくれなかったのはルナチャルスキーただ一人で、カーメネフ夫人だけは客観的な立場からスターリンのテーゼを擁護すべく意見を述べてくれた。これは、彼女がトロツキーの妹であることを思い起こせば、驚くにはあたらないであろう。

今ここでは、「永続革命」論や一九一七年一〇月のクーデターの中でトロツキーがはたした役割に関するスターリンとトロツキーとの間の論争に立ち入ることは差し控えておこう。スターリンはトロツキーが一九一七年一〇月のクーデターを組織したことを否定している。スターリンは、一九一七年一〇月のクーデターの功績は、スヴェルドロフ(4)、スターリン、ブブノフ(5)、ウリツキー(6)、ジェルジンスキー(7)によって構成されていた委員会(8)に帰せられると主張している。レーニンもトロツキーもこの委員会のメンバーでなかったことは間違いない。だが、この委員会は、トロツキーが議長を務める軍事革命委員会の完全な一部会であったことは忘れてはならないだろう。いずれにせよ、スターリンと「永続革命」論の理論家——トロツキー——との間の論争は、一〇月蜂起の歴史を変えるものではない。一〇月蜂起は、レーニンが認めているとおり、トロツキーにより組織され、指導されたものである。レーニンは、ロシア革命の戦略家でありイデオローグであり、鼓吹者であり、万能神《デウス・エクス・マキナ》であった。しかしながら、ボリシェヴィキ・クーデターの技術を創造したのは、トロツキーその人である。

現代のヨーロッパにおいて、各国政府が共産主義の脅威に対し防衛体制を構築しなければならないとすれば、それは、レーニンの戦略に対するものではなく、トロツキーの戦術に対するものでなければならない。レーニンの戦略は、一九一七年の時点でロシアが置かれていた諸状況を離れては理解することができない。これに対し、トロツキーの戦術は国内の諸状況に一切左右されない。トロツキーの戦術を実際に適用するに際しては、レーニンの戦略にとって不可欠な諸状況の有無は、まったく影響を及ぼさない。トロツキーの戦術には、そのような特質があるため、ヨーロッパのいかなる国においても、コミュニストによるクーデターが常に危険視されなければならないのである。言い換えれば、レーニンの戦略は、西ヨーロッパのどの国であれ、革命に有利な状況にある地域で、しかも一九一七年のロシアが置かれていたのと同じ状況にある地域に対してしか適用できない。レーニン自身「共産主義における左翼小児病」[9]の中で、一九一七年のロシアにおける政治状況の特異性は、四つの特殊な事情に求められると述べている。そして、この特殊事情は、現在の西ヨーロッパには存在していないし、おそらくは将来もこれと同じ、あるいはこれに類似したものすら、決して存在することはないだろうと指摘している。ここでは、その四つの特殊事情を説明する必要はないだろう。一九一七年のロシアにおける政治状況の特異性がどのようなものであったかについては、よく知られているからである。それ故、レーニンの戦略は、ヨーロッパの諸政府にとって、差し迫った危険を意味しない。ヨーロッパの諸政府が、現在も、そして将来にわたって永遠に直面しなければならない危険は、トロツキーの戦術である。

スターリンは、「一〇月革命とロシア共産主義者の戦術」の注記の中で、もしドイツにおける一九二三年秋の事件[10]について判断を下そうとするならば、一九一七年のロシアにおける特殊事情を忘れてはならないと書いている。スターリンは、「同志トロツキーは、一〇月革命とドイツ革命を完全に同一視し、ドイツ共産党が犯した誤りについて、その真偽を問うことなく、これを非難している。だが、同志トロツキーは、一〇月革命が一九一七年のロシアにおける特殊事情によって成功したものであることを忘れてはならない」とまで付け加えている。スターリンは、一九二三年秋にドイツでの革命の企てが失敗に終った理由を、レーニンの戦略を適用するのに不可欠な特殊事情が存在していなかったことに求めている。彼は、トロツキーがその失敗をドイツ共産党の責任にしたことにあきれかえっている。しかし、トロツキーにとっては、革命の企てが成功するためには、一九一七年のロシアに存在したものと類似した条件が存在することは必要ではない。一九二三年秋のドイツ革命が失敗に終った理由は、レーニンの戦略を適用するうえでは必要不可欠とされていた前提条件が欠けていたことにあるわけではない。ドイツ共産党の許しがたい失敗は、ボリシェヴィキの反乱戦術を適用しようとしなかったことにある。ドイツ共産党が、クーデターに着手しようとすらしなかったことについては、いかなる理由があれ、これを正当化することはできない。

トロツキーの異説はあまりにも偉大だった。そのため、レーニンが死亡するや、トロツキーの異説は、レーニン主義の信奉者達の間に亀裂をもたらす危険な存在となっていった。トロツキーは運の悪いプロテスタントのようなものである。このルターは海外に追放された。そして、えせルターとも言うべきトロツキーの支持者達は、後悔先に立たずとばかりに、いち早く当局側に寝返っていった。その変り身の早さは、当局側からみても、あまりに早すぎたが……。しかしながら、私は、ロシアにおいて、批判精神を失わず、またスターリンの論理に対して意外な評価を下そうとしている異端者達にしばしば出会った。ケレンスキーの存在が、一九一七年のロシアにおける特異な状況の中で主要な要素を構成していると考えるならば、ケレンスキーがいなければ、レーニンも存在しえなかっただろうという結論にもなるだろう。しかしながら、トロツキーにとっては、ケレンスキーは決して必要な存在ではなかった。シュトレーゼマン、ポワンカレ、ロイド・ジョージ、ジョリッティ及びマクドナルドの存在と同様、ケレンスキーの存在は、トロツキーの戦術を適用するにあたって、格別有利な影響も不利な影響も及ぼさなかった。ポワンカレがケレンスキーに代ってその際にいたとしても、ロシアにおける一九一七年のボリシェヴィキのクーデターは、すべからく上首尾に遂行されたであろう。私は、モスクワでもレニングラードでも「永続革命」という異端の理論の支持者に出会ったが、彼らは、トロツキーはレーニンがいなくても存在しえたであろうし、またボリシェヴィキのクーデターを成功させていただろうと自信をもって語っていた。すなわち、彼らは、一九一七年の一〇月に、もしもレーニンがスイスにとどまり、ロシア革命において何の役割もはたさなかったとしても、トロツキーが権力を掌握しただろうと断言していたのだった。

たしかに、これは大胆な断言ではある。しかし、この断言を、独断とか偏見と評価する者がいるとすれば、それは革命における戦略の重要性を過大に評価している者だけだろう。重要なことは反乱の技術であり、クーデターの技術である。共産主義革命においては、レーニンの戦略は反乱技術を応用するうえで必要不可欠のものではない。レーニンの戦略だけでは、国家権力の奪取は不可能である。一九一九年から一九二〇年にかけて、イタリアにおいて、レーニンの戦略が完全に適用されたことがある。イタリアは、実際にその時点で、ヨーロッパの諸国の中でもっとも共産主義革命の機が熟していた国であった。そして、クーデターのためのすべての条件がととのっていた。だが、イタリアのコミュニスト達の頭の中にはクーデターは存在しなかった。彼らは、当時のイタリアが置かれていた状況からすれば、クーデターによることなく権力を奪取することは十分に可能だと考えていた。なる程、当時のイタリアが置かれていた状況、すなわち労働者大衆の中に醸成されつつあった暴動熱、疫病のように蔓延したゼネ・スト、政治・経済システムの麻痺、労働者による工場占拠、農民による農耕地への居坐り、軍隊・警察・官僚組織の混乱、役人のやる気のなさ、有産階級のあきらめや政府の無能さ、こうした状況を踏まえるならば、いつ労働者が権力を掌握してもおかしくないように見えた。

議会は左翼政党の支配下にあり、議会の動きは労働組合組織の革命への衝動を加速させていた。イタリアのコミュニスト達は、権力を奪取する意思を欠いていたわけではない。だが、彼らには権力を奪取するための技術に関する知識が欠けていた。革命は、権力獲得のための戦略によって疲弊《ひへい》させられていった。権力獲得のための戦略とは、言ってみれば、決定的な攻撃を実行に移す際、その決定的な攻撃の背景を構成している要素にすぎない。彼らは、誰一人として決定的な攻撃に至る術《すべ》を知らなかった。それ故、人々は、イタリアという王国（当時のイタリア王国の状況から社会主義者があふれた王国と呼ばれている）の中に、決定的な攻撃を実行するうえで、何か重大な障害物があるのではないか、と疑いを抱き始めた。左派からなる議会の多数派は、労働組合運動に没頭していた。そして、議会内の多数派が労働組合運動に没頭するという構図があったため、議会内多数派は、議会の外において、あるいは議会に対抗して、権力が掌握されることを極度に恐れていた。労働組合組織は、議会手続の枠内の行動を信頼していなかった。議会手続の枠内の行動は、労働者階級のための革命を、中産階級の利益を図るための内閣の交替に変容させてしまう可能性があったからである。どのようにすればクーデターを組織することができるのだろうか。これが一九一九年から一九二〇年の間、イタリアのみならず、ほとんどすべての西ヨーロッパ諸国が直面していた問題であった。トロツキーはこう語っている。「コミュニスト達は、一九一七年一〇月の出来事の教訓を利用する術《すべ》を知らない。一九一七年一〇月の出来事が残した教訓とは、革命戦略の教訓ではなく、反乱戦術の教訓である」。

これまで述べてきたトロツキーの考察は、一九一七年一〇月のクーデター戦術、すなわちコミュニスト・クーデターの技術がどのようなものかを理解する際、きわめて重要である。

2

このように言うと、読者の中には、クーデター戦術は、革命戦略の一部であって、革命の結果にすぎない、と言って反論する向きもあるだろう。だが、この点に関するトロツキーの答は、きわめて明解である。すでに見てきたとおり、彼によれば、反乱戦術の成否は、その国が置かれている一般的な状況や、反乱あるいは革命に有利な状況の有無に左右されない。だから、ヨーロッパで、もっとも政情が安定し、治安がゆき届いた国であるオランダやスイスで、一九一七年一〇月の戦術を用いるとしても、ケレンスキー政権下で反乱を起こした時とまったく同質の困難を惹き起こすだけのことなのである。なる程「共産主義における左翼小児病」の中でレーニンがあきらかにしたロシアにおける四つの独特な条件（すなわち、第一に、ボリシェヴィキ革命と、この革命により帝国主義戦争をおわらせることを、結びつけることができる状況にあったこと。第二に、もし、戦争がなかったならば、ボリシェヴィキ革命に対して共同して戦ったであろう二つの強国グループの間の戦いを、一定の期間利用することができるような状況にあったこと。第三に、国土の膨大な広さと交通機関の不備のおかげで、比較的長期にわたる国内戦をもちこたえることができたこと。第四に、プロレタリアートが権力を握ることによって、農民の諸要求を直ちに実現できるほど根強いブルジョア民主主義的革命運動が農民のうちにあったこと）は、一九一七年におけるロシアの特徴を良く物語ってはいる。しかし、これらの条件がなければ、コミュニストによるクーデターが成功しないというわけでは決してない。仮に、レーニンの戦略どおりの条件がなければボリシェヴィキの反乱戦術が成功しないというのなら、ヨーロッパ各国で、実際に、コミュニストによる危険など起こるわけがないではないか。

レーニンは、戦略論の中では、現実感覚を喪失しているように思われる。つまり、彼の議論の中では、現実にいかなる手段を取るべきか、はっきりとは述べられてはいないのだ。彼は革命戦略を、クラウゼヴィッツの流儀にならい、科学ないしは技術というよりも、哲学として考えていた。レーニンの死後、愛読書の中から、クラウゼヴィッツの主要著書である『戦争論』が発見されたが、そこにはレーニン自身の手書きによるコメントが書き加えられていた。マルクスの『フランスの内乱』の余白にレーニンが書き込んだ注釈を見れば、トロツキーが、その競争相手であるレーニンの戦術的才能に対してもっていた不信感が根拠のあるものであることが理解できる。もし、トロツキーと闘う必要上という理由でないとしたら、何故に、ロシアで、あれ程までに公式にレーニンの革命戦略が重視されているのか、誰にも理解できないことになるだろう。レーニンが、一〇月革命で演じた歴史的役割を考え合わせるなら、レーニンを、とりたてて、偉大なる戦略家と位置付けなければならない理由などまったくない。

一〇月蜂起の直前、レーニンは楽観論者であると同時に即行論者であった。トロツキーがペトログラード・ソヴィエト議長及び革命軍事委員長に選ばれ、モスクワ・ソヴィエトの過半数を獲得したと聞くや、七月以来レーニンを悩まし続けてきた「ソヴィエトで過半数を制することができるだろうか」といった懸念も、一挙に吹きとんでしまった。けれどもレーニンは、別の意味で第二回ソヴィエト会議を気にかけないわけにはゆかなかった。(11) それはもう目前の、一〇月下旬に迫っていたからだ。(12) トロツキーは「ソヴィエト会議で過半数を取る必要はない。たとえ多数を取っても、権力奪取の際には何の役にも立たないのだから」と語っていた。このトロツキーの見解は、間違っていなかった。レーニンも、「絶対多数を取るまで、待機しているなど、愚の骨頂だ」と言って、トロツキーの意見に賛成していた。この時レーニンの頭の中にあったのは、ケレンスキー政府に抗して民衆の蜂起を準備し、ロシアをプロレタリアートの渦にまき込み、ロシアのすべての民衆に「蜂起！」の指令を下し、第二回ソヴィエト会議に出席し、メンシェヴィキの二大指導者であるダンとスコベレフを抑え込み、「ケレンスキー政権打倒！　プロレタリア独裁樹立！」を宣言する、ということだけであった。

レーニンは、蜂起戦術のことなど全然考えておらず、ただ革命戦略のことしか頭になかった。この時、トロツキーが口をはさんだ。「だが何よりもまず、都市を占拠し戦略的に重要な地点を奪取しなければならない。そして政府を転覆しなければならない。そのためには、反乱を組織的に準備し、特殊攻撃部隊を作り、これを訓練しなければならない。この部隊は、多勢いても何の役にも立たない。ごくわずかの人々によって構成されれば、それで十分なのだ」。

だが、レーニンは、ボリシェヴィキによる反乱がブランキズムとして非難されるのを好まなかった。彼はトロツキーにこう指摘する。「反乱は陰謀や党によって起きるものではない。それは、進歩的階級によって起こされるのだ。この点を、まず第一に押えておかなければならない。また、蜂起は、すべての民衆から生まれた革命への圧力によってなされなければならない。これが第二のポイントだ。そして第三に、蜂起は、革命運動が昇りつめた時点で起こさなければならない。マルキシズムをブランキズムから区別するのは、この三つの点なのだ」。

トロツキーは、こう反論する。「なる程。だが、反乱を起こすためには『すべての民衆』は多すぎる。冷静、果敢な蜂起戦術にたけた小部隊があればそれで十分なのだ」。

レーニンは答える。「そのとおりだ、同志トロツキー。だが、まず第一に、われわれはすべての部隊を、工場と兵営に、差し向けなければならない。そこが彼らの持ち場であり、そこには、急所があり、革命への第一歩がある。そこでは、徹底した激しい討論によって、われわれのプログラムを説明し、納得のゆくまで議論しなければならない。そして最後にこう問うのだ、『このプログラムをすべて承認するか、それとも蜂起か、諸君はどちらを選ぶのか！』と」。

トロツキーは反論する。「なる程。だが、たとえ大衆がわれわれのプログラムを承認したとしても、やはり、蜂起を組織的に準備しなければならないことには変わりない。工場、兵営からは、どんなことがあっても動揺しない信頼できる分子を集めなければならない。われわれが必要としているのは、労働者や、脱走兵、腰抜けの寄せ集めではなく、選抜突撃隊が、どうしても必要なのだ」。

レーニンは答える。「そのとおりだ。だが、マルキストによる反乱、つまり技術的に組織された反乱を起こす際に忘れてはならないことがある。しかも、これは一刻の猶予もなく、すべてを同時に遂行しなければならない。それはつまり、反乱軍に司令部を設置し、連隊に分割する。そして忠実な連隊を、重要地点に差し向ける。ある部隊は、アレクサンドラ劇場を包囲し、ピエール・ポール要塞を占拠しなければならない。また、ある部隊は、軍首脳及び政府閣僚を逮捕する。そしてまた、都市中心部に敵が入る前に、士官候補生や辺境地区のコサック兵に対しても、最後の一兵まで身を挺して突撃する分遣隊を差し向けることが必要となる。さらに、武装した労働者に、この至高の戦いに参加するよう呼びかけ、これを動員しなければならない。電信・電話の中心部を同時に占拠し、中央電話局には、反乱軍司令部を置き、この司令部と、戦闘状態にあるすべての工場、すべての連隊との電話連絡を確保するのだ」。

「なる程、しかし……」とトロツキーが言いかけると、レーニンは、機先を制して、こう語った。「今言ったことは、およそのことにすぎない。だが現時点では、反乱を、ひとつの技術と見なさぬ限り、誰もマルクス主義あるいは革命に忠実であることはできない。私はそのことを言いたかったのだ。君は、マルクスが挙げた反乱技術の原則を知っているだろう。この原則をロシアの現状にあてはめれば、次のようなことになるだろう。第一に、ペトログラードに対して、外部、内部、労働者地区、フィンランド、レーヴェル、クロンシュタットのどこからも一斉に、できるだけ不意かつ迅速に攻撃を開始すること、第二に全海軍を攻勢に決起させること、第三に政府の準備する二万人の部隊（士官候補生及びコサック）よりも、はるかに優勢な兵力を集結すること、この三つの措置が必要となるだろう。そして、われわれの三つの主要戦闘部隊である海軍、労働者、軍隊内細胞を結合し、まず最初に電信・電話、駅、橋を占拠し、どんな犠牲をはらっても、これらを守り抜かねばならない。また、労働者、水兵から不屈の意思を持つ者を選びだし、分隊を構成しなければならない。この分隊には、重要地点を占拠し、決定的な作戦に参加する任務が課せられる。さらに、小銃と手榴弾で武装した労働者班を組織しなければならない。この班は敵陣、すなわち士官学校、中央電信電話局に進軍し、これらを包囲する。ロシア革命、否、同時に世界革命の成否は、まさに、この二、三日の戦闘によって決せられることになるだろう」。

トロツキーはこう答える。「おっしゃることは、すべて正しいが、あまりにも込み入っている。作戦計画としては規模が大きすぎるし、戦術としても、あまりにも色々な領域、多様な人々を対象としすぎている。こうなっては、もう蜂起というより、戦争としか言いようがないだろう。ペトログラード占拠の計画をたてるのに、フィンランドの話から始める必要はないだろう。あまり遠くから話を進めると、大抵の人は途中で落伍してしまうものだ。アレクサンドラ劇場を奪取するため、レーヴェルやクロンシュタットから二万人の部隊による攻撃を開始すると言われるが、二万人では多すぎて、かえって役に立たない。襲撃を起こすための人員としては多すぎる。戦略的に言うなら、マルクス一人でもコルニーロフと闘えるだろう。必要なことは、こうした戦略から、戦術を導き出し、限られた分野で、わずかな人々と行動を開始し、この力を主要な対象に集中し、狙った対象は正確に、しかも持続的に攻撃することだろう。これはさほど難しいことではない。一見危険に思える仕事は、きわめて簡単だというのが世の常なのだから。勝利を得るためには、困難な状況に絶望してはならないし、そうかと言って、有利な立場に甘えるのもまずい。敵の腹を打つように、音を立てずに、しかも敵の息の根を止めるような攻撃を展開しなければならない。蜂起とは、言ってみれば、音をたてない機械のようなもので、余程好条件がそろっていなければ、あなたの戦略は実行に移せないと思う。反乱には何の条件も要らないのであり、反乱は反乱として無条件に達成できるはずなのだから」。

レーニンは最終的にはこのように応じた。「なる程、君の戦術はきわめて単純だ。どんな手段を使おうと勝利さえすればよいのだから。君はケレンスキーよりもナポレオンの方が好きじゃないのかね」。

3

これまで、レーニンの口をして語らせてきたことは、決して筆者が勝手に想像したものではない。それは、すべてレーニンが一九一七年一〇月にボリシェヴィキ党中央委員会に宛てた手紙の中で語っていることなのだ。レーニンの著作、中でも一九〇五年のモスクワ一二月蜂起に関する考察を読んだことのある人が、一九一七年一〇月の間際《まぎわ》の彼の蜂起技術、戦術を知ったならその稚拙さに驚くだろう。だが、七月蜂起の失敗を噛みしめながらも、革命戦略の主要目標、すなわちクーデターを見失わなかったのは、トロツキーと彼だけであったことを忘れてはならない。ルナチャルスキーに言わせれば、レーニンは、何度か迷った挙句（七月には、ボリシェヴィキ・グループの目標はたったひとつ、しかもそれはきわめて議会主義的なものであり、ソヴィエト内で多数を占めること、これだけだった）、蜂起への思いに駆られて、すべての活動を開始したようだ。だが、七月以降、レーニンはケレンスキーの追手から逃れるために、フィンランドに亡命せざるを得なかったため、彼の活動は、理論的に蜂起の計画を進めることに限られてしまった。このような事情を知らなければ、たとえ、赤衛軍も都市内部から、この攻撃に呼応して援護体制を敷くことになってはいたとしても、彼のペトログラード軍事攻略計画が、どうして、あれ程稚拙なのか理解できないだろう。また、本当に彼の計画にそってペトログラードを攻撃したなら、無残な大敗北を喫することは必至だったし、赤衛軍の屍《しかばね》は、ペトログラードの街路を埋め尽し、彼の蜂起戦術は破産を宣告されていただろう。

祖国を離れて一連の出来事を見守る他なかったレーニンは、ロシアの置かれた状況を正確に把握することができなかった。しかし、彼は即時蜂起案に反対した党中央委員よりは、はるかにはっきりとした革命の展望を持っていた。彼はペトログラードとモスクワのボリシェヴィキ委員会に宛てた手紙で、「待機は犯罪だ」とまで言い切っている。フィンランドから帰国したレーニンも参加している一〇月一〇日の会議で、党中央委員会は、カーメネフとジノヴィエフを除く満場一致で即時蜂起を決定した[13]。だが、何人かの委員達は、公けにはしないものの、この決定に対する不満をくすぶらせていた。公けに即時蜂起反対の立場をとっていたのは、カーメネフとジノヴィエフだけだった。だが、この二人の反対意見は、多くの委員がくすぶらしていた不満を代弁したものだった。レーニンの即時蜂起という決定を内心心好く思っていない者達は、トロツキーに対し、「虫の好かないトロツキー野郎」と言って敵意をあらわにしていた。古くからレーニンに従ってきた者達は、トロツキーがボリシェヴィキへの新入党員という事情もあって、その傲慢さに不安を感じ、次第にトロツキーをねたみ始めた。

ちょうどこの頃、レーニンは、ペトログラードの郊外に身を隠していた。レーニンは、一方では、全体的な状況の分析を怠らなかったが、同時に、反トロツキー派の動向にも、注意深く気を配っていた。この時点で、一瞬でも迷いを起こしたら、革命には致命的な結果を及ぼすことになるからだ。一〇月一七日に党中央委員会に宛てた手紙で、レーニンは、ことさらにトロツキーの誤りを暴露しようとしていたカーメネフとジノヴィエフのトロツキー批判を激しく非難している。カーメネフとジノヴィエフは、次のようにトロツキーの誤りをあきらかにしようとしていた。「大衆の協力もなく、ゼネ・ストによる援助もなければ、蜂起を起こしたところで、失敗に終るのが落ちだろう。トロツキーの戦術は、ブランキズムにすぎない。いやしくも、マルキシズムを標榜する党は、蜂起の問題を軍事的陰謀論とすりかえてはならない」。

レーニンは、一〇月一七日の手紙で、トロツキーを弁護してこう言っている。「トロツキーの戦術は決してブランキズムではない。なる程、ある特定の階級を代表する党によって組織されたものではなく、一般的には国内の政治情勢、特殊的には国際状況も考慮に入れずに、軍事的陰謀が計画されたなら、確かにそれは、ブランキズムだ。しかし、忘れないでほしいことは、軍事的陰謀――それはどんな観点から見ても非難を免れないが――と武装蜂起の技術とは根本的に異なるということだ」。

だが、この論戦では、あきらかにカーメネフとジノヴィエフの方が有利だった。彼らは、こういう答を用意していたからだ。「トロッキーは常々、蜂起を起こす際には、国内の政治的・経済的条件を考慮に入れる必要はないと主張してきたのではなかっただろうか。いつも、ゼネ・ストはコミュニスト・クーデターを起こす際に、もっとも重要な要素のひとつであると主張していなかっただろうか。それならば、味方につく労働組合もなく、否、労働組合が敵の側にまわってしまった場合、どうしたら労働組合の協力やゼネ・ストを期待できると言うのだろうか。労働組合は、われわれに敵対するためにストライキを打って来るかも知れないのだ。現実に、今われわれは、鉄道従業員組合と連絡すらとれていない。鉄道従業員組合の執行部では、四〇人のメンバーに対し、わずか二人のボリシェヴィキしか獲得できていない。このような状況にあって、組合の援護もなく、支援のゼネ・ストもなく、どうしたら、勝利を得ることができるというのだろうか」。

彼らの反論は、急所を突いていた。レーニンは、断固たる決心をもって対処するしか方法がなかった。だが、トロッキーは、頬に笑みさえ浮べながら、落ち着きはらっていた。トロッキーは、こう語っている。「反乱は芸術作品ではない。ひとつの機械なのだ。機械を動かすためには、技術者が必要なのと同様に、反乱を起こすためには、特殊技術の専門家が必要なのだ。そして、この反乱という機械を食い止めることができるのは、この特殊技術の専門家だけなのだ」。

4

トロツキーの秘密攻撃部隊は、多数の労働者、兵士、海兵から成り立っていた。この部隊の中核は、プチロフやウィボルグの工場労働者、バルティック艦隊の海兵、ラトヴィア連隊の兵士から募られた。一〇日間というもの、この部隊、すなわち赤衛軍は、都市のまんまん中で、アントノフ・オフセインコ(14)の指揮のもとに、一連の「見えない機械」作戦の演習を行ったのだ。脱走兵の群が街路にあふれ、政府宮殿、内閣、首相官邸は大混乱をきたし、中央郵便局、中央電信電話局、兵舎、主要各駅――言い換えれば、首都の神経組織――が麻痺状態に陥っている中を、彼らは、公然と、武装もせずに、蜂起戦術の演習を行ったのだ。そして、わずかばかりの人数（三、四人）

で構成された戦闘分隊は、誰にも気付かれずに、この演習をやり終えたのだった。「見えない機械」作戦の戦術にしても、反乱活動の演習にしても、トロツキーが一九一七年一〇月のクーデターのために初めて考案したものだったが、第三インターナショナルでは、これらは正式に革命戦略の一部とされるようになった。コミンテルン史録を読めば、トロツキーの編みだした原則が、各所に敷衍《ふえん》され、詳述されていることに気付くであろう。また、モスクワの中国人大学では、たくさんの講義課目の中に、「見えない機械」作戦の戦術が開講されていた。これはカラカンがトロツキーの経験に基いて、さらに巧妙に上海の場合に適用したものだった。

モスクワのヴォルコンカ通りのサンヤットセン大学では、中国人学生が、ドイツ・コミュニストが、毎日曜、ベルリン、ドレスデン、ハンブルクの官憲や人のよさそうな市民の目の前で、白昼公然と、反乱戦術の演習を行うために実行した原則まで学んでいた。

5

一九一七年一〇月、クーデターを目前に控えた数日間というもの、反動派、自由派、メンシェヴィキ、社会革命党などの新聞は、ボリシェヴィキ・グループが公然と蜂起の計画を進めていると言って休むことなく世論に訴え続けていた。彼らは、レーニンとトロツキーが、あの民主的な共和制を打倒し、プロレタリア独裁政権を樹立しようとしているとして、攻撃していた。ブルジョア新聞は、次のように書きたてていた。「トロツキーとレーニンは、この犯罪的な計画を、秘密裡に進行させているわけではない。プロレタリア革命は、白昼公然と組織されつつあるのだ」。ボリシェヴィキ幹部達は、工場や兵営の無数の兵士を前にして、「準備はすべて完了している。革命の日が、刻一刻と近づいている」とまで公言していた。政府は何をしていたのだろうか？　政府は、何故、レーニン、トロツキー、その他の党中央委員を逮捕しないのだろうか？　政府は、ロシアをボリシェヴィキの危険から守るためにどんな策を講じたというのだろうか?

だが、ケレンスキー政府は、国家防衛のために、必要な措置を講じなかったと考えてはならない。ケレンスキーもまた——彼を弁護してやるのは当然であるが——、クーデターに対抗するために、できる限りの措置はとったのだ。ポワンカレ、ロイド・ジョージ、マクドナルド、ジョリッティ、シュトレーゼマンでも、やはり同じことをしただろう。ケレンスキーの防衛策は、警察組織を使うことだった。警察組織こそ、いつの時代でも、そしてまた現代でも、絶対主義政府であれ、自由主義政府であれ、各政府がもっとも信頼している機関なのだ。ケレンスキーを、先見の明がなかったとか、十全の策を講じなかったとか言って攻撃するのは正しくない。何故なら、近代的な蜂起戦術に対しては、警察組織というものは、もともと、国家防衛には、まるで何も役に立たない代物《しろもの》なのだから。国家の防衛を警察の仕事と考えている政府は、ケレンスキーと同じ誤りを犯すことになるだろう。

ケレンスキーを、先見の明がなかったとか、十全な策を講じなかったと言って非難する人々は、彼がどれ程敏腕で勇気のある政治家なのかを知らないのだ。それは、七月に労働者、脱走兵が暴動を起こした時、また、八月に、コルニーロフらの反革命的冒険主義者が、反乱を開始した時、彼のとった態度が立派に証明してくれる。八月、コルニーロフの反乱の際、彼は、二月革命によって勝ちとられた民主制を防衛するため、ボリシェヴィキにまで支援を要請したのだった。この報を聞いたレーニンは驚いてこう言った。「ケレンスキーを警戒せよ。彼は決して無能な政治家ではない」[15]。読者諸氏は、レーニンほどに、ケレンスキーに対し公平な判断を下して欲しい。確かに、彼は、ごくありふれた策、つまり警察によって国家を守ることしかできなかった。トロツキーの言葉を借りれば、一国を守ることができるか、できないかは、そこで用いる方法によって決まるという。だが一九一七年一〇月には、それ以外の策を講じようにも、講じようがなかったのだ。何しろ、たったひとつの方法、つまり警察によって国家を防衛するという古くさい方法しか知られていなかったのだから。ロイド・ジョージでも、ポワンカレでもノスケでも、やはりケレンスキーと同じことをしたであろう。

6

危機に直面したケレンスキーは、冬宮、トーリッド宮殿、各省庁、中央電信電話局、首相官邸等に、もっとも忠勇な士官候補生とコサック兵を配置し、襲撃に備えた。また首都においては、信頼するにたる二万人の兵士が、戦略地点、すなわち国家の政治・官僚機構の中枢部を守るため動員された（トロツキーは、まさに、こうした防衛策の裏をかこうとしたのだ）。他の信頼できる連隊は、周辺地域、すなわちツァルコイエ・セロ、コルピノ、ガッチナ、オブクホワ、プルコワなどに集結し、ボリシェヴィキ・クーデターが窒息死しないためには、必ずや打ち破らなければならない鉄の環のごとき防御体制ができていた。政府の安全を保障するため、必要と思われる措置はすべてとられ、そのうえ、士官候補生からなる分遣隊が、一日中、都市の警護にあたっていた。十字路や主要幹線道路の端やネフスキー大通りに沿った家々の屋根には、民衆が接近するのを防ぐため、それぞれ機関銃隊が配置された。群集が集まると、パトロール隊の兵士は、その回りをとりかこみ、装甲車が徐行しながら接近し、長いサイレンの音で威嚇して、雑踏を蹴散らした。ペトログラードは、どうしようもない大混乱に陥っていた。ネフスキー大通りの渦のような人の流れを指さして、トロツキーはアントノフ・オフセインコにこう言った。「あれが、俺の言ったゼネ・ストさ」。

だが、ケレンスキーは、警察による防衛策だけに頼り切っていたわけではない。彼は、すべての政治組織を利用しようとした。右派分子を結集させようとしたばかりでなく、どんなことをしてでも左派からの援助を確保しようとしたのだ。左派の中でも、彼が特にあてにしていたのは労働組合だった。労働組合幹部が、必ずしもボリシェヴィキと統一見解をもっていないという情報を彼は入手していた。カーメネフとジノヴィエフが、トロツキーの即時蜂起論に反対した理由はこの点にあったのだ。

確かに、ゼネ・ストが、蜂起の際、不可欠な要因であるには違いない。ゼネ・ストがなければ、ボリシェヴィキは安心してクーデターを起こすことはできないだろう。トロツキーも、蜂起を定義してこう言っている。「蜂起とは、機能麻痺を起こした国家への最後の一撃だ」。つまり、蜂起を成功させるためには、是非とも、ゼネ・ストによってペトログラードの生命を麻痺状態に追い込む必要があったのだ。だが、労働組合幹部を掌握することもできないまま、現実に、どうやって彼らはゼネ・スト状態を招来しようとしたのだろうか。

なる程、ボリシェヴィキは、労働組合幹部と意見の一致をみることはできなかった。だが、下部組合員は、大衆的、組織的にレーニンの意見に従おうとしていた。ケレンスキーは、こうした大衆を無視して、組合幹部を掌握しようとし、彼らと取り引きを行い、最終的には、やすやすと「労働組合の中立」を確約させたのだった。この報を聞くや、レーニンはトロツキーにこう打ち明けた。「やはり、カーメネフの方が正しかったようだ。ゼネ・ストによる支援がなければ、君の戦術が坐礁するのは必至だ」。これに対し、トロツキーはこう答えた。「今、ここには、あの大混乱があるではありませんか。この大混乱の方が、ゼネ・ストなどより、はるかに有効です」。

トロツキーの計画を理解するためには、その当時のペトログラードの状況を把握しておかなければならないだろう。二月革命の最初の頃から、無数の兵士達が塹壕を捨てて脱走し、自由の王国を荒らすかのように、首都に流れ込んでいた。半年も前から、不潔でこの連中が、広場や道路のまん中に住みついていた。彼らは、ぼろをまとい、不潔でみじめですきっ腹を抱え、酒くさい息を吐きながら、何かにおびえながらも狂暴な目つきで市内を徘徊していた。この脱走兵達は、いつ暴徒と化してもおかしくなかったし、またいつ散り散りとなってもおかしくはなかった。彼らは、政府への復讐心に燃え、同時に平和を待ちこがれていた。ネフスキー大通りの歩道の上にペタリと坐り込み、ゆっくりとそして騒がしく通り過ぎる人の流れの傍らで、脱走兵達は、延々と列をなして、武器や宣伝文書やひまわりの種を商っていた。

モスクワ駅のすぐ前にあるズナメンスカヤ広場は、なんとも名状しがたい大混乱に陥っていた。群集は、官憲によって壁に押しつけられてひしめき合い後退するが、また勢いを得て衝突する。そして、アレキサンダー三世の像のまわりをとりかこんでいた荷馬車、トラック、市電に次々と、怒濤のごとく襲いかかっていた。ズナメンスカヤ広場の耳をつんざくような叫び声は、遠くで聞いたら、何かを大量虐殺しているように思えただろう。フォンタンカ橋の向こう側、ちょうどネフスキー大通りとリトウニイ大通りが交差する地点では、売り子が、声を限りに、その日のニュースを叫びながら、新聞を売っていた。それには、ケレンスキーの鎮圧策や軍事革命委員会、ソヴィエト、市議会などの布告が掲載されたこともあれば、ペトログラード軍管区司令官ポルコヴニコフが、脱走兵を逮捕・拘禁するため、あるいはデモ・集会・論争を禁止するために命じた諸指令が報じられたこともあった。街角には、いつともなく、兵士、労働者、学生、サラリーマン、水兵等が集まり、新聞をのぞき込んでは、大きな身ぶりで、声高に論争していた。どこへ行っても、カフェの中でも、食堂の中でも、人々は、ポルコヴニコフ大佐の命令をこきおろしていた。彼は、ペトログラード在住の二〇万人の脱走兵を逮捕し、論争を禁止するとまで公言していたからだ。冬宮の中には、七五ミリ野砲が二門配置され、士官候補生が、長外套を着て、不安そうに、大砲のうしろ百歩のところで控えていた。軍司令部の前には、装甲車が二列縦隊に集結していた。また海軍省の横のアレクサンドラ庭園では、婦人部隊が、叉銃《さじゅう》された銃の周囲で、地べたに坐り込んで待機していた。

一方マリンスカヤ広場は、ぼろをまとい、青ざめた顔をした、労働者、水兵、脱走兵で埋めつくされていた。共和国評議会のあるマリア宮殿の入口では、耳もとまでかかる黒い騎兵帽をかぶったコサック兵分遣隊が警護にあたっていた。彼らは、煙草を吸いながら、大声で談笑していた。イザアク聖堂の円屋根にのぼれば、西の方に、あたかも蜂起を予見するかのような、厚い雲がプチロフの工場から立ちのぼるのが見えたかも知れない。プチロフ工場、そこでは、いつでも決起できるよう、肩に銃をかけて労働者が働いているはずだった。さらに向こうにはフィンランド湾が見えるだろう。ロティヌ島の後には、クロンシュタット要塞、いわば「赤いクロンシュタット要塞」があるはずだ。そこでは、子供のように目を輝かせた水兵達が、ディベンコから行軍開始の指令が下されることを、今か今かと待ち望んでいた。ディベンコからの行軍開始の指令、それはトロツキーを支援し、士官候補生をせん滅する指令となるはずだ。

またその反対側、ウィボルグの下町では、無数の煙突を圧するかのように、赤い煙――それは、ボリシェヴィキ・クーデターの前兆だったのかも知れない――が立ちのぼっていた。そこには、熱っぽい、青ざめた顔をしたレーニンが、かつらで、旅役者のように変装して潜入しているはずだった。この、すっぽりとかつらをかぶったひげのない男を見たところで、誰も、これがあのロシアを震撼させているレーニンだと気付くはずもなかった。また、そのウィボルグの工場こそ、トロツキー配下の赤衛軍が、アントノフ・オフセインコからの蜂起指令を受けるべく待機している場所だった。

下町のおかみさん連中は、いつになくきびしい目つきで、何か悲し気な様子をしていた。夜が近づき、道路が闇に包まれるや、女達の一団は、武器を手に手に、都市中心部へ歩き始めた。

とうとうプロレタリアートの大移動の日々が始まったのだ。巨大な人の塊りが、ペトログラードの端から端までを移動した。彼らは、何時間にもわたり、集会を開いたり、デモ行進をしたり、官憲と衝突したりすることを繰り返しながら、ペトログラードの街から街へと歩き回り、ようやく彼らの住む地域や路地に引き返すのであった。兵舎や工場そして広場では、集会に次ぐ集会だった。「すべての権力をソヴィエトへ！」——弁士達はこのように叫んでいた。だが、その弁士達のしゃがれた声も、赤旗のはためく中では、いつしかかき消されていった。機関銃によりかかりながら屋根の上に陣どったケレンスキーの兵士達は、ひまわりの種をかじっては、その食べがらを街中から集まった群集に投げつけていた。だが、この兵士達の耳にも、群集の叫び声、すなわち「すべての権力をソヴィエトへ！」という叫び声がどんどん大きくなってゆくのが、はっきりと聞きとれていた。

やがて、ペトログラードの町に夜のとばりが下りると、それは、この町に死を宣告する雲のように思われた。あの広大なネフスキー大通りでは、脱走兵の群が海軍省の方に向かって押しよせていった。カザン聖堂の前では、何百人もの兵士達、女達、労働者が、路上に横たわって、その夜を明かそうとしていた。町は、どこへ行っても不安と混乱と錯乱が渦巻いているように思えた。そして突然、ナイフを持った男達が、夢遊病者のように群集から離れ、冬宮の警護のために配置された婦人部隊員や、士官候補生によって構成されたパトロール隊員に襲いかかってゆく光景がみられた。また他のある者は、金持の家に押しかけ、無理やり中に入り、寝込みを襲ったりしていた。蜂起の興奮が、ペトログラードを眠りからさましたのだ。マクベス夫人のように、この町はもはや安らかな眠りにつくことはできなかった。そこでは、血の臭いのしない夜はなかったのだから。

7

蜂起の一〇日前から、トロツキー配下の赤衛軍は、蜂起のための周到な準備を、ペトログラード市内で開始した。この準備計画には、都市中心部での活動さえもが含まれていた。これまでの訓練の総仕上げとも言うべきこの準備活動は、アントノフ・オフセインコが指揮をとり、白昼堂々と群集のまっただ中で展開され、そのうえ、政府の官僚・政治機構が集中する、戦略的にはもっとも重要な建物の周辺で行われたのだ。警察と軍部は、プロレタリアートが突発的に蜂起を起こすと考え、その場合の対策に悩まされていたため、アントノフ・オフセインコの部隊の動向にはまったく気付かなかった。だが、この時のペトログラードの混乱状況を考えれば、武器を持たない労働者、兵士、水兵達のグループが、どんな活動をしようと気付かない方があたりまえだったのかも知れない。彼らは中央電信電話局、中央郵便局、各省庁、参謀本部の廊下に忍び込み、事務機能の配置図、電灯・電話の配線図を写し取り、建物内部の配置を、目と記憶に焼きつけ、急襲計画を綿密に検討していた。また、襲撃の際の成功率、失敗率を測定評価したうえ、軍部、警察の抵抗等々まで研究しつくし、敵の防衛体制のもっとも弱い部分を調べ上げていた。ペトログラード全体が混乱に陥っていた。そのような混乱の中で、道に迷ったふりをした労働者、一組の兵士達、三、四人の水兵達――彼らはすれ違ったときも、互いに素知らぬふりをしていた――が建物の周囲をうろつき、建物の内部の廊下や階段に侵入しようと、誰もが気にとめなかっただろう。だが、国家防衛の戦略地点を攻撃目標とするクーデター計画を実行に移すため、彼ら一人一人に詳細な任務が与えられ、彼らがこれを確実にはたしていたことは疑う余地がない。赤衛軍は、もうその前から、来たるべき戦いに備え、誰にも気付かれずにこの訓練を受けてきた。だからこそクーデターの際には、彼らの襲撃は間違いなく成功するはずだった。

トロツキーは、とうとう、都市の心臓部の見取り図を手に入れた。ディベンコ指揮下の水兵達は直ちに、二人の技師と専門労働者の協力のもとに、地下に埋設されている水道、ガス、電線、電信・電話線の配管を調べ上げ、このうち二人が、参謀本部の建物の真下を通っている下水道を見つけ出した。ある地区、ないしは一団の建物を、数分のうちに分離し孤立状態に追いやる手段がとられなければならない。そのため、トロツキーは、ペトログラードの町をいくつかの地区に分割し、それぞれの地区に戦略地点を定め、地区ごとに専門労働者と兵士からなる班を配置し、各々にその遂行すべき任務を指令した。クーデターを起こすためには、兵士ばかりでなく、攻撃目標に精通した専門家が必要だった。モスクワ駅攻撃計画も、二五名のラトヴィア兵士と、二名の水兵と一〇名の鉄道員からなる二分隊が担当することになっていた。またワルシャワ駅は、水兵、労働者、鉄道従業員の各班が、合同して六〇人体制で占拠する手はずになっていた。ディベンコは、その他の駅にも、それぞれ二〇名よりなる分隊を配置し、鉄道の動きを監視するため、各分隊に一人の割合で電信手を参加させた。

一〇月二一日、アントノフ・オフセインコは、こうした準備がととのったと見るや、直ちに蜂起を指令、各班は、予定どおり駅を占拠し、あの総訓練の結果を、完璧かつ正確に実現した。同じ日、三人の水兵が、港の入口近くの発電所に向かって歩いていた。この発電所は、公共部門に属していたが、守備隊は配置されていなかった。三人の水兵が発電所に着くと、所長はこう尋ねた。「あなた方が司令長官にお願いしておいた方達ですか。いや、もう五日になりますかな、必ず守備隊を派遣するとお約束いただいてから」。この三人の水兵達は、政府軍を装ったボリシェヴィキだった。この時、彼らはぬけぬけとこう言い放った。「よろしい。蜂起の際、赤衛軍を撃退するため、しばらくこの発電所に滞在しよう」。同様にして、他の三つの発電所も、水兵からなる分隊が占拠した。

ケレンスキー指揮下の警察や軍首脳部は、何をおいても国家の政治・官僚機構、つまり各省庁、マリア宮殿——共和国評議会の所在地——、トーリッド宮殿——ロシア国会の所在地——、冬宮、参謀本部を防衛するのに必死だった。トロツキーは、この防衛対策の裏をかき、政府や自治体の神経組織だけを攻撃したのだった。彼にとっては、蜂起とは、いかにして組織的に技術を使うのか、という問題にすぎなかった。トロツキーはこう語っている。「現代において、国家権力を奪取するためには、専門家を含む秘密攻撃部隊を組織しなければならない。この部隊は、権力機構に精通した蜂起専門家とも言うべき人間の指揮のもとで、武装した分隊より構成される」。

8

トロツキーは、合理的にクーデターを組織しようとしたが、これに対しボリシェヴィキ党中央委員会は、プロレタリア革命を大衆的に組織しようとした。この委員会は、スターリン、スヴェルドロフ、ブブノフ、ウリツキー、ジェルジンスキーなどほとんどが、公然たる反トロツキー派で構成されており、トロツキーのクーデター計画に反対し、すべての国民を巻き込むような全社会的な反乱を計画していた。彼らは、トロツキーによって組織された反乱には、まったく信頼をおかず、後にスターリンは、一九二七年には一〇月蜂起の功績をトロツキーから簒奪《さんだつ》し、彼らに与えたのだった。彼らの論旨は、たかだか千人の人間を集めたところで、トロツキーに何ができる、というものだった。彼らはこう考えていた。「士官候補生を蹴散らすだけなら、大した苦労は要らない。政府を転覆させるために必要なのは、プチロフやウィボルグの何千人、否、何万人という労働者なのだ。それればかりではない。何万人という脱走兵や、ペトログラード防衛隊に潜入したボリシェヴィキ分子の協力が必要不可欠なのだ。全社会的な反乱への気運を、まずもって解放してやらねばならない。トロツキーがクーデター計画に固執している限り、トロツキーは無用なばかりか危険な分子にすぎない」。

党中央委員会にとって、革命を成功させることができるか否か、またケレンスキーにとって、革命を阻止することができるか否かは、すべて警察力の問題にかかっていた。おもしろいことに、この委員会の中に、後にゲー・ペー・ウーと呼ばれたチェカ、(16)すなわちボリシェヴィキ警察の創始者、ジェルジンスキーが含まれていた。彼は、いつも青ざめた、不安気な顔をしており、この時はケレンスキー政府の防衛対策を調べ上げ、官憲への攻撃計画を練っていた。反トロツキー派の中でも、彼はもっとも恐れられ、また誰からも信用されない男だった。彼の熱狂的な反トロツキー論は、もはや婦人の貞操のようなひたむきな性格を帯びていた。彼を、決して自分の手をみない苦行僧にたとえてもおかしくないだろう。この後、一九二六年、彼は反トロツキー演説をぶっている最中、演壇上で卒中発作に襲われ、そのまま死んだのも無理からぬことだった。

クーデターの前日、トロツキーは、ジェルジンスキーにこう語った。「赤衛軍は、ケレンスキー政府の存在を考慮に入れてはならない。機関銃で政府と闘っても大して意味はない。大切なことは、国家権力を奪取することだ。戦術的な観点からみれば、共和国評議会、各省庁、ロシア国会は、武装蜂起の対象としては、まったく意味がない。国家権力の中枢は、政治・官僚機構、つまりトーリッド宮殿、マリア宮殿、冬宮にあるわけではなく、国家の神経組織、すなわち発電所、鉄道、電信・電話、港湾、ガスタンク、水道にある」。

だが、ジェルジンスキーはこう答えた。「蜂起の際は、敵の先手をとって敵の中に攻め込み、敵陣で敵をたたかなければならない。われわれが攻撃の対象として選ぶのは、やはり政府でなければならない。敵が防衛体制を構築したその場所で戦闘を開始すべきだ。敵が、内閣、マリア宮殿、トーリッド宮殿、冬宮に集中的に防衛隊を配置するというならば、戦闘はそこで行われなければならない」。そしてジェルジンスキーは、こう結んだ。「国家権力を奪取するためには、労働者大衆によって組織された大部隊を政府に差し向けなければならない」。

革命委員会は労働組合が中立的な立場をとっていることを考慮に入れて、その戦術をたてていた。革命委員会は、ゼネ・ストによる援助なしで、国家権力を奪取できるのだろうか。党中央委員会及び革命委員会は、こう答えるだろう。「否、ゼネ・ストを待っているのではなく、労働者大衆を反乱の渦の中に巻き込み、ゼネ・ストの気運を盛りあげなければならない。今必要なのは、労働者大衆を反乱やゼネ・ストに誘導するための戦術なのであって、一揆主義的なクーデター戦術ではないのだ」。

だが、トロツキーはこう答える。「ストライキの気運を盛りあげる必要はない。ストライキよりも、ペトログラードに氾濫している混乱の方がはるかに有効なのだ。現実に、この混乱のために、国家の機能は麻痺状態に陥っているし、政府が反乱を防止しようとしても、ほとんど不可能に近い状態だ。ストライキを打たずに、この大混乱を利用しようではないか」。

この間の事情に関して、トロツキーの戦術が、あまりにも情勢を楽観視したものであったがために、革命委員会の支持が得られなかったと説明する人もいる。だが実際には、トロツキーは、かなり悲観的なものの見方をしていた。この時の状況にしても、人が考えているよりもはるかに深刻に受けとめていた。だからこそ彼は、民衆を信頼せず、ほんのひと握りの人間達によって蜂起を起こそうと考えていたのだ。労働者大衆を政府に対する武装闘争に巻き込みながら、ゼネ・ストを呼びかけるという考え方は、彼にとっては幻想にすぎなかった。ほんのひと握りの人間達が参加してこそ、初めて蜂起が可能になるのだと考えていた。彼は、もしゼネ・ストが起これば、それは間違いなくボリシェヴィキに敵対するものになるだろうし、このゼネ・ストを避けたいと思うなら、直ちに権力を奪取しなければならないと確信していた。

その後の事態の進展は、トロツキーの予見が正しいことを実証した。鉄道員、郵便局員、電信・電話局員、国家公務員、現業職員が仕事を放棄した時は、もう手おくれだった。トロツキーは、ストライキの腰を砕き、レーニンはすでに権力の座についていた。

党中央委員会及び革命委員会は、トロツキーの戦術に反対したが、この結果、蜂起の成功を危うくしかねない逆説的な事態が生ずることになった。クーデターの前夜、ボリシェヴィキ内部では、二つの指導部、二つの蜂起計画、二つの目的が錯綜し合っていた。革命委員会は、労働者、脱走兵を大衆的に動員し、彼らの力を借りて政府をたたき、その結果として国家権力を奪取することを目論んでいた。他方、トロツキーは、千人あまりの秘密部隊員の力を借りて国家権力を奪取し、その結果として政府をたたくことを目論んでいた。マルクスだったら、この時の状況は、トロツキーの計画よりも、革命委員会の計画の方に有利だと判断しただろう。だが、トロツキーは、確信をもって、こう断言していた。「反乱を起こすためには、有利な状況など必要ない。反乱は、状況とは無関係に起こすことが可能なのだから」。

9

一〇月二四日のまっ昼間、トロツキーは公然と攻撃を開始した。作戦計画は、旧帝国陸軍の将校でこの頃は革命家、亡命者であると同時に数学者、チェスの名手として知られていたアントノフ・オフセインコによって詳細に練り上げられていた。レーニンはトロツキーの戦術に言及した時に、「チェスの名人じゃなければ、蜂起など、起こせないんじゃないのかね」と語ったことがある。アントノフ・オフセインコはいつも、憂うつそうな、病み上がりのような顔つきをしていた。彼の肩まで届く、長い髪の毛を見ると、私は、いつも、ブリュメール一八日直前のナポレオン・ボナパルトの風貌を、憶い出したものだった。だが、彼の眼差しは死んだ魚のようににごっており、そして青白い、やせこけた顔には、冷汗をかいているのではないかと思えるほど、不健康な、悲しげな表情がただよっていた。

スモルニー学院[17]の、最上階の一部屋には、ボリシェヴィキ党司令部が設置され、中では、アントノフ・オフセインコが、ペトログラードの地図の上で、チェスを楽しんでいた。彼の足もとの階では、革命委員会の会合が開かれ、蜂起の日取りを最終的に決定しようとしていた。革命委員会の面々は、トロツキーが、すでに攻撃を開始したことを知らなかった。レーニンだけが、まさに攻撃が開始されようとする時になって、トロツキーの突然の決定を知らされた。革命委員会はレーニンの言葉を忠実に守っていた。つまりレーニンは、一〇月二一日に、こう言っていなかっただろうか。「蜂起の日取りは、二四日では早すぎる、かと言って二六日では遅すぎる」と。革命委員会の面々が、蜂起の日取りを最終的に決定するため、会合を開くと、ほとんど同時に、ポドウィスキーが、思いがけないニュースを携えて、会合中の部屋にとびこんできた。それは、トロツキーの赤衛軍が、すでに中央電信局とネヴァ川にかかる橋を占拠したというニュースだった。さらに、ポドウィスキーによれば、都市中心部とウィボルグの労働者居住区の連絡を確保するため、橋で検問を行う必要があるとのことだった。また都市発電所、ガスタンク、駅は、すべて、ディベンコ指揮下の水兵達が占拠していた。

作戦は、驚くべき迅速さで、計画どおりに遂行されていた。中央電信局は、五〇名程の憲兵に守られ、建物の前には、兵士達が、隊列を組んで防衛にあたっていた。しかし、警察の防衛策が不十分であったことは、警察によるいわゆる秩序・公安維持対策を見れば、すぐに理解できる。彼らのとった戦術は、確かに反乱を起こそうとしている大衆には効果があった。だが、建物の内部に侵入した、ほんのひと握りの秘密部隊に対しては、まったく効を奏さなかった。官憲の防衛策は、トロツキーの奇襲攻撃に対しては、まったく役に立たなかったのだ。中央電信局では「見えない機械」作戦に参加し、攻撃目標を知り尽したディベンコ指揮下の三人の水兵達が、防衛部隊の中に潜入し、事務所の中に忍び込み、通りに面した窓から手榴弾をほうり投げ、憲兵と兵士達を蹴散らしていた。一方、海兵隊員は、二班にわかれて中央電信局を占拠し、ここに機関銃を据えつけていた。また、別の班は、向かい側の家を占拠し、突発的に逆襲が起きた場合、逆襲者を背後から狙撃できる態勢を構築していた。装甲車は、都市部で作戦行動中の各部隊とスモルニー学院の連絡のため走りまわっていた。また、主要幹線道路の交差地点付近では、角々の家に機関銃が隠され、遊撃隊は、未だにケレンスキーの側に立つ連隊の兵舎を監視していた。

午後六時頃、アントノフ・オフセインコは、スモルニー学院にあるトロツキーの部屋に、いつもより青ざめた顔をほころばせながら、やってくるなり、こう言った。「うまくゆきました」。この事態に驚いた政府要人は、数個の士官候補生中隊と婦人大隊に守られた冬宮へ避難していた。ケレンスキーもまた逃亡していた。ケレンスキーは、ペトログラード奪還のため、部隊を再編成するため前線におもむいたともうわされていた。人々は、ニュースを渇望して街頭にあふれ出していた。商店、カフェ、レストラン、映画館はすべて開放され、電車は、武装した兵士や労働者でぎゅうぎゅう詰めになっていた。ネフスキー大通りは、河のように、押しよせては砕ける群集でごった返していた。誰もが、見ず知らずの人に話しかけ、議論を始め、政府や、ボリシェヴィキを呪っていた。ありそうもない出来事が、もっともらしく口伝えに広まり、うわさはグループからグループへ伝わっていった。「ケレンスキーは殺害され、メンシェヴィキ・グループの責任者はトーリッド宮殿前で銃殺された！」「レーニンが冬宮のツァーの広間でふんぞり返っている！」などと、もっともらしくふれ回る者もいた。海軍省で交わる三大街路――ネフスキー大通り、ゴロコフスカヤ通り、ヴォスネセンスキー通り――からは、冬宮に赤旗がひるがえっているかどうかを一目見ようとする群集が、アレクサンドラ庭園へ、たえまなく逆流していた。だが、冬宮の警護にあたっている士官候補生の姿が目に入ると、群衆はその歩みを止めた。機関銃と大砲におびえながら、やや遠まきに冬宮を見渡せば、そこには明かりの灯された窓や人気のない広場そして参謀本部の前に一列に駐車している自動車が見えるだけだった。人々には、何が起きているのか、さっぱり理解できなかった。彼らはこう自問していた。「そうだレーニンは……。レーニンはどこで何をしているのだろう。ボリシェヴィキはどこにいるのだろう」と。

反革命主義者、自由主義者、メンシェヴィキ、社会革命党の人々も、何が起きているのか、理解できなかった。ましてや、ボリシェヴィキが、国家権力を掌握したなどとは到底信じられなかった。彼らはこう考えていた。「スモルニー学院の挑発者が意図的に流すうわさには警戒しなければならない。ケレンスキー内閣閣僚が、冬宮に移った理由も、革命が起こったからではなく、彼らが単に慎重策をとったからにすぎないのだ。伝えられた事実が正確なものだとするならば、今起きている出来事は、クーデターではなく、多少とも成功裡に遂行された国家公共機関や首都公共機関に対する陰謀事件（もっとも、この時点では、誰も正確な事実関係を把握していなかったが）にすぎないのだ」。

立法・政治・行政機構は、未だにケレンスキーの手中にある。トーリッド宮殿、マリア宮殿、内閣は攻撃すら受けていない。あきらかに逆説的な事態が生じていた。国家権力を奪取したと宣言しておきながら、現政府へは干渉しないなどという反乱がかつてあっただろうか。ボリシェヴィキは、政府には無関心だと考える者もあった。だが、何故、ボリシェヴィキは各省庁を占拠しなかったのだろうか。行政組織を掌握することなく、国家やロシア政府の主人公となるなどということがあり得るのだろうか。間違いなく、ボリシェヴィキは、国家権力の中枢部を、その支配下に収めていた。だが、ケレンスキー内閣が倒されていたわけではない。確かにケレンスキーは、この時点では、鉄道、発電所、電信・電話、郵便等の公共事業部門、中央銀行、石炭・石油・小麦等の貯蔵施設を、その支配下から失っていた。だが、依然として権力の座にいるのはケレンスキーその人だった。しかしながら、現実には、冬宮に集まった閣僚達は統治能力を失っており、内閣はその機能を喪失していた。政府は、ロシアから完全に浮きあがり、交通・通信機関は、すべてボリシェヴィキの手におちていた。状況は誰の目にもあきらかだった。

郊外の道路という道路は遮断され、ペトログラードの町からは、一歩も外に出ることはできなかった。参謀本部にしても、外部との接触はすべて断ち切られていた。また無線電信基地も、ボリシェヴィキの支配下にあった。ピエール・ポール要塞も、赤衛軍に占拠され、ペトログラード守備隊所属の連隊は、大多数が軍事革命委員会の命令に従っていた。一刻の猶予もなく行動を開始しなければならなかった。何故、参謀本部は、このように無為無策だったのだろうか。一説に拠れば、首都に向かっているクラスノフ将軍指揮下の部隊の到着を待っていたのだともいわれている。だが、政府を防衛するために必要な措置はすべてとられていた。

もしボリシェヴィキが政府攻撃を決断しなければ、それは、彼らに政府攻撃のための十分な力量が備わっているにもかかわらず、彼ら自身が、その力量に自信が持てていないことを自認するようなものだった。それ故に、まだ何も終ってはいなかった。

しかし、翌日、一〇月二五日、スモルニー学院の大ホールで、第二回全ロシア・ソヴィエト会議が開催されている最中、トロツキーは、アントノフ・オフセインコに、ケレンスキー内閣閣僚が退避している冬宮を攻撃するよう命じた。この会議で、ボリシェヴィキは多数を占めようとしていた。だが、ロシア各地から集まった代表達に、ボリシェヴィキが国家権力を掌握したと説明しても、彼らは反乱が成功しつつあるとは信じなかった。だからこそ、代表者達に、反乱が有利な状況にあることを理解させるためには、ケレンスキー政府の要人が赤衛軍の手によって逮捕されたことを知らせる必要があった。トロツキーはレーニンにこう語った。「党中央委員会や、革命委員会に、クーデターが失敗していないことを信じてもらうためには、これ以外の方法はないだろう」。

「だが、君は決心するのが少し遅かったな」とレーニンに言われると、トロツキーはこう答えた。「ペトログラード守備隊が、絶対に政府の側につくことがないと確信を持てる状況にならなければ、政府攻撃に着手することなどできない。また、政府軍兵士を味方につけるためには、若干の時間的猶予が必要だったのだ」。

10

労働者に変装し、かつらをかぶって、ひげをそり落とすと、レーニンは、隠れ家を出発し、ソヴィエト会議に出席するため、スモルニー学院に向かった。彼は、その生涯で、この時程つらい思いをしたことはなかったろう。反乱が成功したという確信を未だに持つことができなかったからである。

党中央委員会や革命委員会、そして大多数のソヴィエト会議代議員と同じく、レーニンもまた政府が打倒され、ケレンスキーの閣僚が赤衛軍の手によって逮捕されなければ、革命が起こったとは考えていなかった。レーニンはトロツキーを警戒していた。トロツキーの思いあがり、確信に満ちた態度、無謀な計画、こうしたものすべてが気に入らなかったのだ。そのうえ、トロツキーは、昔からの彼の側近の一人ではなかった。トロツキーは、その行動に全幅の信頼をおくことのできるボリシェヴィキではなかった。七月事件直後に入党した新参者にすぎなかった。トロツキー自身も、それを認めて、「私は、確かにキリストの一二人の弟子の中には入らない。だが、異邦人に初めて布教したという聖ポールである」と語っている。

レーニンは、トロツキーと多くに共鳴するということはなかった。トロツキーは、すべてに影をもたらすような男だった。彼は雄弁に語ったが、疑惑をおこさせるものであった。彼は、また大衆を動かし、暴動を爆発させる危険な力を持っていた。彼のいる所にはどこでも分裂が起き、異端が生まれた。それ故、一方からは恐れられ、また他方からは必要不可欠な人間として祭り上げられた。久しく前から、レーニンはトロツキーの中に、歴史上の事実を好んで比較する癖があることを見抜いていた。トロツキーが、種々の会合や集会で演説する時、またボリシェヴィキの党会議で議論する時、彼は、必ずと言ってよいほど、クロムウェルの清教徒革命やフランス革命の話を持ちだすのだった。だが、フランス革命当時の人物や出来事によって、ボリシェヴィキ革命における人物や事実を判断し解釈するマルキストは警戒しなければならない。レーニンの記憶には、トロツキーがペトログラード・ソヴィエトにやってきた時のことが焼きついていた。それは、七月事件でトロツキーが逮捕され、クレスチー監獄から釈放された直後の出来事だった。この時トロツキーは、激烈な口調で、ジャコバン党の恐怖政治を再現しなければならないと主張していた。もちろん、メンシェヴィキは「ギロチンへの道はナポレオンに通ずる」と言って、ごうごうたる非難をあびせかけていた。だが、この時トロツキーは公然とこう答えた。「私にとっては、ケレンスキーよりもナポレオンの方が身近な存在なのだ」。レーニンは、この時の彼の答を終生忘れることができなかった。また、何年か後に、ジェルジンスキーは、トロツキーの言葉をこう言い直した。「彼にとっては、レーニンよりもナポレオンの方が身近な存在なのだろう」。

第二回全ロシア・ソヴィエト会議が開かれているスモルニー学院の大ホールの隣室では、レーニンが、書類と新聞でいっぱいになったテーブルを前にして、トロツキーの横に坐っていた。かつらの巻き毛が彼の額にたれていた。トロツキーは、この奇妙な変装を見ると、微笑を禁ずることができなかった。彼には、もうレーニンがかつらをとってよい時期になったように思えた。何故なら、反乱は勝利に終り、危険は去ったわけだし、そのうえ、レーニンはロシアの指導者になったのだから。もう、そろそろ、ひげを伸ばし始め、皆にレーニンであることを解らせるためにも、かつらをとった方がよいように思われた。メンシェヴィキの二大指導者、ダンとスコベレフが、会議の開かれている部屋に行こうと、レーニンの前を通り過ぎた時、二人は互いに目と目を見あわせ、顔色を変えた。このかつらをかぶった地方回りの大根役者のような風態の男が、あの聖なるロシアを恐怖のどん底に陥れた破壊者であることを、この二人のメンシェヴィキは見てとったのだ。この時ダンはスコベレフにこうつぶやいた。

「もう終ったな……」。

一方、会議場にあてられた大ホールの隣室では、トロツキーがレーニンにこう尋ねていた。「何故、まだ変装しているのです？　勝者は逃げ隠れせぬのが世の常です」。レーニンは目を半ば閉じたまま、トロツキーを見つめていた。何か皮肉を思わせるような微笑が、レーニンの口もとに、ただよっていた。「いったい誰が勝者だと言うのかね、それが一番問題じゃないか！」。レーニンはそう言いたげだった。時々大砲の号音と、機関銃のカタカタいう音が、遠くから聞こえてきた。ネヴァ川に錨を下ろした巡洋艦オーロラ号が、赤衛軍の攻撃を援護するため、冬宮へ攻撃を開始したのだった。その時、突然ディベンコがやって来た。ディベンコは目が青く澄み、顔には、絹のようなブロンドのひげをたくわえ、〝巨人ディベンコ〟と呼ばれた水兵だった。その少年のような素直な目と、野性味の故に、彼は、クロンシュタットの水兵やコロンタイ夫人に愛されていた。ディベンコは、ニュースを知らせにきたのだった。「アントノフ・オフセインコ指揮下の赤衛軍が、冬宮を急襲、占拠し、ケレンスキー内閣閣僚はすべてボリシェヴィキの手によって逮捕、投獄され、政府は打倒されました！」。「とうとう、やった！」。レーニンはこう叫んだ。「二四時間だけ遅れましたけれどね」――トロツキーはこう答えた。レーニンは、やっとかつらをとり、額に手をやっていた。ウェールズによれば、レーニンの頭はバルフォアの頭のような形をしていたそうだ。「さあ行こう」。レーニンはこう言って会議場へ向かった。トロツキーも、黙ってレーニンの後を追った。トロツキーは、少し疲れたようだった。トロツキーの中にあった何ものかが眠りに落ちてしまったのか、あの鋼のような目も和らいでいた。ルナチャルスキーは、その著作の中で、「トロツキーは、反乱の間中、ダイナモのように激しく活動した」と語っている。だが、もうこの時は、政府は打倒され、レーニンは、人が仮面を脱ぐように、かつらをとっていた。クーデターを勝利に導いたのはトロツキーだった。だが、国家権力はレーニンのものだった。新たなる指導者、独裁者、勝利者、それはレーニンにほかならなかった。

トロツキーは無言のまま、微笑を浮べてレーニンの後を歩いていた。だがこの時の曖昧な微笑は、レーニンが死ぬ時まで、トロツキーの頰から消えることがなかった。

第二章

失敗せるクーデターの歴史

トロツキーとスターリンの対立

1

スターリンは、一九一七年一〇月の教訓を生かすことを知っている唯一のヨーロッパの政治家だった。もし、ヨーロッパのすべての国々のコミュニストが、トロツキーから権力奪取の方法を学ばなければならないとするならば、自由で民主的な国の政府は、コミュニストによる反乱戦術、言い換えればトロツキーが編みだした戦術に対抗するために、スターリンから国家防衛の術《すべ》を学ばなければならないだろう。

スターリンとトロツキーとの間の抗争は、最近一〇年間のヨーロッパ政治史の中で、もっとも示唆に富んだエピソードである。この二人の抗争の先触れは、公式には一九一七年の一〇月革命をはるかに遡った時点にあるとされている。トロツキーがレーニンの考えと明確な一線を画したのは、一九〇三年のロンドン大会(1)の際のことで、そこではレーニンとマルトフとの間に、つまりボリシェヴィキとメンシェヴィキとの間に分裂が生じ、トロツキーは、自ら「マルトフを支持する」と宣言こそしなかったが、ボリシェヴィキのテーゼよりもメンシェヴィキのテーゼの方により近い立場をとっていた。しかし、実際には、これまでなされた個人的な、あるいは理論的ないきがかり、たとえば「レーニンの思想を解釈するに際しては、トロツキズムの危険性、すなわち偏向、歪曲、異端の危険性と闘わなければならない」と説くようなやり方は、トロツキーに対する敵意を正当化する表向きの口実にほかならない。トロツキーに対するこのような敵意は、その根拠と動機を、ボリシェヴィキ幹部の心理や労働者・農民・大衆の感情や利害、レーニン死後のソヴィエト・ロシアの政治的・経済的・社会的情勢の中に深く根ざしていたように思われる。

スターリンとトロツキーとの抗争は、トロツキーによる権力奪取の試みと、それに対抗するスターリンやオールド・ボリシェヴィキによる国家防衛の歴史にほかならない。それは破産したクーデターの歴史そのものと言うべきだろう。トロツキーの「永続革命」論に対し、スターリンはレーニンのプロレタリア独裁のテーゼを対置した。この二つのグループが、レーニンの名のもとに、死にものぐるいで闘ったことがわかるだろう。しかし、この闘いから生まれた陰謀、論争、詭弁の陰には、レーニンの思想の解釈をめぐる誹謗中傷の投げ合いよりも、はるかに重要な出来事が潜んでいたと思われる。

争われたのは権力なのだ。レーニンが死去するはるか前、つまり、彼の病気の最初の兆候以来、懸案の課題であったレーニンの後継者問題は、単なる思想上の問題とは異なっていた。個人的な野心が、理論上の問題の背後に隠されているのであって、論争の表向きの口実に欺かれないようにしなければならない。この論戦の中で、トロツキーは、レーニンの道徳的・知的遺産の私心のない守護者、一〇月革命の基本原則の擁護者、党の官僚主義的な腐敗やソヴィエト国家の中産階級化を断乎として排する非妥協的なコミュニストとして振舞うことに心を砕いていた。これに対し、スターリンは、この論戦の中では、他国のコミュニストに対してであれ、自由や民主主義を信奉するヨーロッパの資本家に対してであれ、この闘争の真の姿――レーニンの弟子達つまりソヴィエト・ロシアを代表する人達が、党の中枢で展開した権力闘争――をひた隠しに隠すことに腐心していた。トロツキーは、国家権力を奪取するために闘い、スターリンは、国家権力を防衛するために闘った。これが事の真相である。

ロシア人には、特有のいくつかの性格があると言われている。たとえば、物事に対する無関心さや幸不幸に対するけじめのないあきらめ、世話好きとも言いうるが、つかみどころがなく騒ぎ好きで、時として意地の悪い行動にすら及びかねないおせっかい性、あるいは邪心がないとも言いうるが、時として残忍な行動にも至る人の好さなどである。だが、スターリンには、これらのロシア人特有の性格が欠けていた。彼はロシア人ではなくグルジア人だったからだ。彼の政治的手腕は、忍耐力と権力に対する意思、そして素朴な良識によって支えられていた。彼は、楽天家であると同時に、頑固者でもあった。彼に敵対する者達は、その無学と無知を激しく非難したが、しかし、それは間違っている。なる程、彼は決して教養人ではなかったが、教養人とは、言って見れば、詭弁や、心理学的な感情のひらめきとかに冒されたヨーロッパ人にすぎない。スターリンは、レーニンを信奉する者達の用語に従えば、野蛮人と言われても仕方がない。言い換えれば、それ程、彼は西ヨーロッパ世界の文化や心理や道徳とは無縁な存在だった。またその知性は本能のまま、野性のままに働いた。それは文化や道徳といった固定観念に煩わされない、自然のままの知性だった。

人はその歩き方を見れば、その人の人格がわかると言われている。一九二九年五月、全ロシア・ソヴィエト会議がモスクワ大劇場で開かれた時、私はスターリンが歩いているところを見かけたことがある。彼は、舞台の上の演壇に通ずる階段をのぼっていた。舞台の上に二列に並んだ人民委員、ソヴィエト中央執行委員、党中央委員達の背後から彼が現れた時、私はちょうど、フットライトのすぐ下の、オーケストラ・ボックスのあたりにいた。身なりはとてもつましく、着ているものといえば、軍服風の作りの灰色の上衣と、足もとには、長靴に黒ラシャのズボンが無造作に突っ込まれているという有様であった。彼は、ずんぐりした小柄な体を揺さぶりながら、コツコツとゆっくり、しかも重々しく歩いていた。肩は、いかり肩で、大きな頭には、まっ黒な縮れ毛がふさふさとしており、眼は黒い眉毛のために一層細長く見え、口ひげが逆立った顔は赤黒かった。うつ向き加減で腕をぶらぶらさせている彼の様子は、農夫、否、あの頑丈で我慢強く片意地な山岳農民を思わせた。熱狂的な拍手喝采に応えることもなく、彼は、ゆっくりと歩き続け、ルイコフ(2)とカリーニン(3)の後の席についた。そして昂然と頭を上げ、拍手を送っている膨大な数の聴衆をまっすぐに見据えるかのように、そのどんよりとした眼差しを正面に向けた。彼は、背中を丸めたまま、微動だにしなかった。ただ、二〇人程のタタール人の代表者達、すなわちバシキール自治区、ブーリアット・モンゴール自治区、ダーゲスタン自治区、ヤクート自治区から派遣されたソヴィエト共和国代表達だけが、身じろぎもせず、無言のまま、舞台脇の桟敷席に座っていた。これらタタール人は、黄色や緑色をした絹のカフタンをまとい、長い漆黒の髪を銀刺繡のタタール風の頭巾《ずきん》でおおい、革命の雄たる独裁者スターリン、西欧の宿敵たるスターリン、脂肪ぶくれした、文明開化されたヨーロッパ・ブルジョアジーの敵スターリンを、その小さな横目で眺めていた。聴衆の熱狂的な興奮が静まり始めるとすぐに、スターリンは、ゆっくりとタタール人代表の方を振り向いた。モンゴル人の視線と独裁者スターリンの視線とがぶつかり合ったのだ。そして、スターリンのうなるような大声が会場を圧した。それは、赤色アジア、つまり、アジアの草原、砂漠、大河に住む人々に対する、ロシア・プロレタリアートからの挨拶だった。あらためて、スターリンは満場の人々の方に振り向き、泰然とした表情で会場を見渡した。どんよりとした視線で真正面を見据え、背中を丸めたまま、身じろぎひとつしなかった。

2

スターリンの強みは、物事に動じない態度と、忍耐力とにあった。彼はトロツキーの一挙手一投足を監視し、研究し、その農夫のような鈍重な、ゆっくりした足取りで、トロツキーのす早い、不安定なそして神経質な足跡を追っていった。スターリンは、片意地で冷淡な、そして頑固な男だった。それに対し、トロツキーは、野心と空想の塊りのような、うぬぼれの強い、激情的なエゴイストだった。それは、大胆不敵で挑戦的な激しい性格の持主だった。トロツキーの話になるとスターリンはトロツキーを「みじめなユダヤ人」と呼んだし、トロツキーはスターリンを「あわれなキリスト教徒」と評したといわれている。

一〇月蜂起の際、トロツキーは、国家の中枢部を掌握するため、党中央委員会にも、革命委員会にも通達することなく、突然に、赤衛軍を出動させた。しかし、この時、スターリンは、遠くから事の成りゆきをじっと見守っていた。彼は、トロツキーの弱味と欠点を知り尽し、物事の結果を予見することのできるただ一人の人間だった。レーニンが死ぬと、トロツキーは敢然として、政治的・経済的・理論的分野における後継者問題を提起した。だが、その時には、すでにスターリンが党の中枢部を掌握し、党の指揮命令系統をその支配下に収めていた。トロツキーは、スターリンがレーニンの生前から後継者問題を有利に進めるような罠を仕組んでいたと言って彼を非難したが、この非難は、誰も反駁できない正論であった。しかし、スターリンを党の中でも特権的な地位に就かせたのは、病床にあったレーニンその人だった。スターリンが、レーニンの死後必ずや起きるに違いない諸々の危険に備えておくことは自らに課せられた責務であったと語ったとき、トロツキーは、スターリンに非難の集中砲火をあびせた。だが、優位に立っていたのはスターリンだった。「おまえはレーニンの病をうまく利用したな」とトロツキーが非難すると、スターリンは「おまえがレーニンの死を利用するのを阻んだだけだ」と答えたという。

トロツキーは、その著作の中で、非常に巧妙に、スターリンとの抗争を物語っている。だが、彼の著作のどこを読んでも、この二人の争いの真の姿を見抜くことはできないだろう。彼は世界のプロレタリアートに対して、さらに言うならばロシア・プロレタリアートに対して、自分は人が非難していうような人間ではないこと、人々が思い描いているような人間ではないこと、どんな冒険をもやりかねないボリシェヴィキのカティリナではないということを弁解するのに懸命だった。トロツキーの異説と呼ばれるものは、トロツキーに言わせれば、レーニンの教義に関するひとつのレーニン主義的解釈の試みにすぎなかっただろう。トロツキーの「永続革命」論にしても、党のイデオロギー的統一にとっても、国家の安全にとっても、危険になるほどのものではなかった。トロツキーは、ルターになろうとも、ボナパルトになろうともしていなかった。トロツキーが歴史に対し強い関心を示してきたことは間違いないが、それは純粋に論争の成りゆき上の話にすぎない。トロツキーもスターリンも、暗黙の了解があるかのように、本来は権力闘争にすぎないものに思想闘争の様相を与えようと努めた。世界中のプロレタリアートに対し、「ロシア革命はブルジョア的堕落に瀕している。そのもっとも明白な徴候がボナパルティズムである」との非難が、声高になされたことがある。だが、そのような中にあっても、公式にトロツキーに対しボナパルティズムに陥っているという非難が加えられたことは一度もない。スターリンは、「一〇月に向けて」と題されたパンフレットの序文で「永続革命論はメンシェヴィズムのひとつの変種である」と書いている。つまりトロツキーは、メンシェヴィキの邪説に陥ったということで非難されているのだ。しかし、トロツキーとスターリンとの抗争の真の姿を、世界のプロレタリアートに隠し通せたとしても、ロシアの民衆に、真実を隠し通すことはできない。スターリンがトロツキーと闘うのは、トロツキーがレーニンの教義の解釈に関する迷宮に迷い込んでしまったメンシェヴィキ的意見の持主だったからではなく、トロツキーが赤色ボナパルトであり、レーニンの死をクーデターに利用し、反乱によって後継者問題を解決することのできるただ一人の人間だったからなのだ。

一九二四年の初頭から一九二六年の終りにかけて、スターリンとトロツキーとの抗争は、「永続革命」論を信奉するグループと、官許のレーニン主義の守護者達——トロツキーによれば、彼らはレーニンのミイラの管理人である——との間の論戦の様相を帯びていた。陸海軍人民委員長の職にあったトロツキーは、軍隊と、トムスキーを指導者とする労働組合を掌握していた。そして、このトムスキーは、労働組合を党の統制下に置いたスターリンの綱領を不満に思い、国家との関係においては組合活動の自治を主張していた。一九二〇年以来、レーニンの頭からは赤衛軍と労働組合との間で同盟関係を築きたいという思いが離れたことはなかった。そして、レーニンの死後、トロツキーとトムスキーとの間の個人的な合意が実を結び、中産階級や農民による革命の腐敗——トロツキーの言い方に従えば、スターリンによるテルミドール——に対する兵士と労働者の統一戦線が結成された。この統一戦線の中に、あのブリュメール一八日のような危機が醸成されつつあることを見抜いたスターリンは、ゲー・ペー・ウーと、党及び国家の二つの官僚組織を掌握した。トロツキーという名前を取り巻く広範な人気、ユデニッチ、コルチャーク、デニキン、ウランゲリ戦での数々の戦績による栄誉、冷徹さと無謀さを兼ね備えた傲慢さ、こうしたものがトロツキーに赤色ボナパルトのような風情を与えていた。そして、この赤色ボナパルト——トロツキー——は、その配下に、赤衛軍やトムスキーの指揮下にある労働者大衆、そしてレーニン主義の旧き守護者や聖職者面した党官僚への反逆心に燃えた若いコミュニスト達を従えていた。

あの有名な「トロイカ」、すなわちスターリンとジノヴィエフとカーメネフは、陰謀、偽計、罠を仕掛けるため、巧妙な計画を実行に移し始めた。それは、大衆の面前でトロツキーの名誉を傷つけ、仲間に不和を生じさせ、支持者の間に疑惑と不満をまき散らし、トロツキーの言動、行動、意図のすべてに不信と疑念を投げかけさせるためのものだった。ゲー・ペー・ウーの指導者であった、熱狂的な反トロツキー主義者ジェルジンスキーは、トロツキーの周囲に、スパイとおとりを網の目のように配置した。あの恐ろしい、謎に包まれたゲー・ペー・ウーの組織が、敵のアキレス腱をひとつひとつ裁ち切るために回転し始めたのだった。

だが、ジェルジンスキーが暗闇の中で行動したのに対し、トロツキーは白昼公然と行動した。「トロイカ」が彼の威信を足もとから揺さぶり、人気を汚し、彼に破産した野心家、革命の便乗者、レーニンの遺徳を汚す者などの汚名を着せようと躍起になっている時に、トロツキーは、公然とスターリン、ジノヴィエフ、カーメネフを攻撃し、党中央委員会、レーニズムの老いた守護者、党の官僚達を非難したのだった。トロツキーは、中産階級と農民によるテルミドールの危機がやってくるに違いないと説いて回り、若いコミュニスト達に、聖職者面した一〇月革命の守護者達の専制に抗し、決起するよう訴えかけていた。

「トロイカ」は激しい中傷でこれに反論した。あらゆる宣伝機関は、スターリンの命令に従った。徐々にトロツキーは孤立していった。気の弱い者は戸惑い、逃げ腰になり、トロツキーの陣営からは遠ざかっていった。もっとも意思が固く好戦的な人々、もっとも勇敢な人々は、昂然と戦いを挑んだものの、孤立無援に戦っただけで、仲間内での連絡は途絶えていった。彼らは、やみくもに戦ったものの、「トロイカ」が張りめぐらせた陰謀、偽計、裏切りの網の目にからめとられ、結局は、互いに疑心暗鬼に陥っていった。兵士と労働者達の中には、トロツキーは赤衛軍の創始者であり、あのコルチャーク戦とウランゲリ戦での勝利者であり、組合の自由の守護者であり、ネップ政策と農民による反動に抗して戦った労働者の味方だと思い込んでいる者もいた。こうした人々は、一〇月蜂起の指導者たるトロツキーに忠実に従っていた。しかし、彼らは、トロツキーの思想に忠実ではあったものの、行動的ではなく、ただ指示を待ちながらじっとしているだけの存在であり、トロツキーの激烈で挑戦的な賭けの中では、単なるお荷物となってゆく他なかった。

この抗争の初期には、トロツキーは、党内に分裂を起こすことが可能だという幻想を抱いていた。軍隊と労働組合の援助のもとに、「トロイカ」を打倒し、ブリュメール一八日とも言うべき「永続革命」によって、スターリンによるテルミドールを事前に阻止し、彼の完全な共産主義のプログラムを実現するために、党と国家の権力を奪取しようとしたのだった。だが、党内の分裂を決定的にするためには、レーニンの思想のトロツキー流の解釈に基く演説、パンフレット、論争だけでは不十分だった。彼は行動しなければならなかったのだ。トロツキーは行動開始の時期を選ぶだけでよかった。状況は彼の計画にきわめて有利だった。というのは、久しく前から、スターリン、ジノヴィエフ、カーメネフ間に不和が生じていたからだ。どうして、トロツキーは行動を開始しないのだろうか。

トロツキーは、時を逸したのだ。反乱活動の現場に身を置くため、論争を中断し、行動を開始しなければならなかったにもかかわらず、トロツキーは、イギリスの政治・社会情勢について研究したり、イギリスのコミュニスト達に国家権力奪取の方法を教えたり、クロムウェルの清教徒軍と赤衛軍の間に共通点を求めたり、レーニン、クロムウェル、ロベスピエール、ナポレオン、ムッソリーニを相互に比較したりしていた。トロツキーは、その著作の中で、こう語っている。「レーニンは、ナポレオン・ボナパルトともムッソリーニとも比較することができない。彼と比較することのできるのは、クロムウェルとロベスピエールだけだ。レーニンは、二〇世紀におけるプロレタリアートのクロムウェルということができるだろう。このように評価することは一七世紀の中産階級にすぎないクロムウェルに対する最高の讃辞となることだろう」。スターリンに対し直ちに一九一七年一〇月の戦術を用いなければならないにもかかわらず、トロツキーは、イギリス海軍の海兵隊員や水兵達、ボイラーマンや修理工、電気技師達に、労働者が国家権力奪取のために立ちあがったときに、彼らがはたすべき役割を教えるのに懸命になっていた。トロツキーは、イギリスの陸海軍兵士が労働者に対する発砲命令を受けたとき、どのような反応を示すのかを知るために、兵士達の心理分析を試みた。まず兵士達の中に生ずる混乱のメカニズムを分析し、兵士達の行動を、スローモーション映画を見るように、ゆっくりと観察し、これを次の三つに分類した。第一は労働者に対し発砲することを拒む兵士達であり、第二は発砲をためらう兵士達であり、第三は発砲を拒む仲間の兵士達に容赦なく発砲しようとする兵士達である。トロツキーは、これを反乱の際に生ずる、もっとも基本的な三つの運動と考えた。では、この三つの運動のうち、どれが反乱の成否を決するのであろうか。この時、彼の念頭にはイギリスの場合しかなかった。彼は、スターリンよりもマクドナルドに没頭していた。彼は、その著作の中でこう言っている。「クロムウェルは軍隊を創設したのではない。彼が創り上げたのは党なのだ。彼の軍隊と呼ばれるものは、武装した党といった方が似つかわしい。だからこそ、あれ程大きな力が生まれたのだ。また、だからこそ、戦場で、クロムウェルの兵士達は『鉄騎軍』と呼ばれたのだ。『鉄騎軍』を保有しているということは、革命の場合にも常に有効に機能する。だから、イギリスの労働者達は、クロムウェルから多くのものを学ばなければならない」。

では何故、トロツキーは決断しなかったのだろうか？　何故、彼はスターリン・グループに、彼の「鉄騎軍」とも言うべき赤衛軍を差し向けなかったのだろうか？

トロツキーは、ためらっていた。そして彼の敵達が、これを利用した。トロツキーは、まず陸海軍人民委員長の職を解かれ、赤衛軍の主導権を剥奪された。その後、間もなくトムスキーも組合組織の仕事からはずされていった。あの偉大なる異端者たるトロツキー、敵からはカティリナのように恐れられたトロツキー、その彼も、もはや武装解除されてしまっていた。トロツキー――ボリシェヴィキのボナパルト――のブリュメール一八日の企ての両輪となった、赤衛軍と労働組合も、彼に背を向けていった。ゲー・ペー・ウーは、次第に彼の名声を汚していった。彼の曖昧な指導と、説明しがたい線の細さに失望した支持者達は、用心深く、彼から遠ざかり、散り散りになっていった。トロツキーは、病をわずらい、モスクワを捨てた。一九二六年五月、イギリスのゼネ・ストとピウスツキの蜂起の知らせは、ベルリンで病床にあったトロツキーを熱狂させた。ロシアに帰らなければならない、闘いをあきらめてはならない。トロツキーの信条によるならば、「すべてが失われていない限り、何も失われていない」のだから。

ゲー・ペー・ウーの創設者で、あの残虐で熱狂的なジェルジンスキーは、一九二六年七月、党中央委員会席上で、激烈な反トロツキー演説をぶっている最中、卒中発作に襲われ、そのまま死んだ。カーメネフとジノヴィエフによる反スターリン同盟の結成は、三者の同盟内部の分裂——それは「トロイカ」結成の頃からすでに醸成されたものだった——を、突如として、暴露してしまった。「レーニンのミイラの管理人」の地位に、しかつめらしくしがみついていた三人の間でも内部闘争が始まったのだ。スターリンは、ジェルジンスキー亡きあとゲー・ペー・ウーの後継者となったメンジンスキー[5]を味方につけ、ジノヴィエフとカーメネフはトロツキーの陣営についた。とうとう、行動すべき時がやってきたのだ。反乱の潮流は、ごうごうとクレムリンをその渦の中に巻き込もうとしていた。

3

トロツキーは、反スターリン闘争の初期においては、イギリスの場合を引きあいに出しながら、革命は恣意的に起こされるものではないと考えていた。彼はこう語っている。「もし革命を理性的な道筋に従って起こすことができるなら、革命を回避することもまた十分可能になるだろう」。ところが、革命を、理性的な道筋に従って起こそうと試み、近代の反乱戦術を原則化・法則化したのは、他ならぬトロツキーその人であった。そして、一九二七年、スターリンは、このトロツキーの教訓を、逆手にとって利用した。スターリンは、コミュニストによる反乱の危険に抗し、ブルジョア国家を防御することが可能であることを、全ヨーロッパの政府に示したのだった。

スイスとオランダは、ヨーロッパの中でも、もっともうまく統治され、健全な秩序を保った国と言われている。この二国の治安は、政治的・官僚的な組織の産物でなく、生来の国民性ともなっている。だが、スイスとオランダに、コミュニストによる反乱戦術を適用するとしても、それは、ケレンスキー政権下のロシアで反乱を起こすよりもたやすい。何故に、これ程逆説的な話が成立するのであろうか。その理由は、近代のクーデターの成否は、ひとえに、組織された反乱技術によって決せられるからである。トロツキーはこう述べている。反乱はひとつの機械のようなものだ。機械を作動させるには技術者が必要であるのと同様に、反乱を起こすにも、特殊技術の専門家が必要なのだ。そしてまた、反乱を食い止めることができる者は、やはりこの特殊技術の専門家だけなのだ。反乱という機械が回転するか否かは、一国の政治的・社会的・経済的な条件によって左右されることはない。反乱は、大衆の力によって起きるものではなく、ほんのひと握りの人達——どんな場合でも動揺せず、反乱技術にたけ、迅速かつ持続的に国家の専門機関の心臓部を攻撃するよう訓練を受けた人間達——によって起こされるのだ。この攻撃部隊は、国家の「固有の機能」を知り尽した「専門家」の指揮に従う特殊な労働者——機械工、電気技師、電信技師、無線電信手——から構成されなければならない。

一九二三年、コミンテルンの席上でラデックは、ヨーロッパのすべての国々に、国家権力を奪取するための特別軍団を組織することを提唱した。彼は、前々から、十分に訓練を積み、経験に富んだ一千人の人々からなる部隊があれば、ヨーロッパのどの国であろうと――イギリス同様フランスでも、ドイツでは、スイスやスペインと同様に――権力の奪取が可能であるとの見地に立っていた。ラデックは、他国のコミュニストによる革命の質をまったく信じていなかった。彼は、第三インターナショナルの理念に基く人間も、方法も、徹底的に批判し、ローザ・ルクセンブルクやリープクネヒトの名声にさえも容赦しなかった。一九二〇年、トロツキーのポーランド遠征に際して、赤衛軍がウィスワ川に達し、クレムリンではポーランド制圧の報を今か今かと待ち望んでいる時、ラデックだけは、こうした楽観的な風潮に異議を唱えていた。トロツキーの勝利は、ポーランドのコミュニストの助力いかんにかかっていた。レーニンもまた、赤衛軍がウィスワ川に達すれば、ワルシャワでは、プロレタリアートの蜂起が起こるだろうと頭から信じ込んでいた。この時ラデックは「ポーランドのコミュニスト達に頼ってはならない。彼らは、確かにコミュニストには違いないが、決して革命家ではない」と語ったという。この後しばらくして、レーニンはクララ・ツェトキンにこう打ち明けた。「ラデックは、われわれの先を越して、何が起こるか見通していたのだ。トロツキーのポーランド遠征の時には、私は本当にラデックに対して腹をたて、彼を敗北主義者扱いにした。だが、彼の言うことの方が、もっともだった。彼の方がロシア以外の国、特に西欧諸国の国情に通じている」。

だが、ラデックの特殊部隊を組織するという提案は、レーニン、そしてすべてのコミンテルン参加者の間でごうごうたる非難をまきおこした。レーニンはこう言って反対した。「われわれが他国のコミュニストの権力奪取に協力したいと思うなら、ロシアにおける一九一七年の条件と類似のものを、ヨーロッパに作り出さなければならない」。レーニンは、あまりにも、彼の戦略論に固執したがために、ポーランド事件の教訓を忘れてしまったかのように思われた。トロツキーだけが、ラデックの提案に対して好意的な意見を述べていた。トロツキーは、コミュニストに専門的な革命技術を教える教育機関をモスクワに設立し、ここで教育を受けたコミュニストを世界各国に派遣し、権力を奪取するための特殊部隊を組織する任務にあたらせるべきだと提言していた。その後間もなく、ヒトラーはトロツキーの計画を採用し、ミュンヘンにこの種の教育機関を設置し、突撃隊員を養成すべく、目下建設中である。トロツキーは、「ベルリンの労働者からの志願兵と一千人程の統制のとれたロシアのコミュニスト達からなる特殊部隊がいれば、ベルリンを二四時間以内に陥落してみせる」とまで豪語していた。トロツキーは、反乱に際して、民衆の蜂起が起きるとも考えていなかったし、プロレタリアートが、大衆的に反乱に参加するとも思っていなかった。「なる程、武装した大衆が反乱に参加すれば大きな力になるに違いない。だが、それは第二の段階のことであって、反革命派の攻撃を鎮圧しなければならないときのことである」。彼はまたこう付け加えていた。「ドイツのコミュニスト達が、思い切って、一九一七年一〇月の戦術を採用しない限り、彼らは絶えず、ドイツ警察とドイツ国防軍からの攻撃にさらされなければならないだろう」。トロツキーとラデックは、ベルリンにクーデターを起こす計画までたてていたのだった。一九二六年五月、トロツキーが喉の手術を受けるためドイツの首都に赴いた時、彼はコミュニストによる反乱を起こすためにやってきたという理由で非難された。だが、一九二六年にはすでに、トロツキーは、他のヨーロッパ諸国の革命にはまったく関心がなかった。イギリスのゼネ・ストとポーランドにおけるピウスツキのクーデターの知らせを受けるや、彼は興奮し、モスクワ帰還の時期を早めたのだった。トロツキーを、それ程までに——ルナチャルスキーの言い方に従えば、ダイナモのように——興奮させたのは、あの偉大な一〇月革命の熱狂の記憶だった。モスクワに帰ったトロツキーは発熱し、青白い顔のまま、直ちに、スターリンを打倒すべく、そして国家権力を奪取すべく、突撃隊の組織化に着手した。

4

だが、スターリンは、一九一七年一〇月の教訓を生かすことを知っていた。ゲー・ペー・ウーの新任長官であるメンジンスキーの助けを借り、スターリンは国家防衛のための特殊部隊を組織した。この特殊部隊の本拠は、ゲー・ペー・ウーの本部であるルビアンカ(6)に置かれていた。メンジンスキーは、国営企業に従事する労働者の中から、この特殊部隊員として選び出されたコミュニスト達——その中には鉄道員もいれば、機械工、電気技師、電信手もいた——を自ら監督した。彼らの携帯する武器は、機動的に任務を遂行するため、手榴弾とピストルだけに限られていた。この特殊部隊は、一班が一〇人によって編成される班が一〇〇班と、この護衛にあたる二〇台の装甲車から構成されていた。また、いくつかの班より構成される分隊には、それぞれ機関銃小隊が一小隊ずつ配備されていた。オートバイ部隊は、各所の班とルビアンカとの連絡網を確保した。この新組織の直接指揮権を掌握したメンジンスキーは、モスクワを一〇の地域に分割し、各地域は、ルビアンカにまで達する秘密電話網で、互いに連絡をとりあっていた。メンジンスキーの他に、この秘密電話網の存在とその経路を知っている者は、電話網の設置工事にあたった作業員しかいなかった。こうして、モスクワの専門機関の心臓部はすべて、電話線によってルビアンカに結びつけられた。各地域の戦術的に重要な地点にある家々には、膨大な数の細胞組織が設けられ、これらが核となり、トロツキー・グループに対する監視、取締り活動、妨害工作が行われた。各々の細胞組織が、鎖の輪のようにつながって、この組織の神経系統を形作っていた。

この特殊部隊の戦闘単位は班であった。各班は、他の班とは独立に、割りあてられた分野で任務を遂行するための訓練を受け、構成員は自らの所属する班の任務を正確に理解し、同一地域の他の班の新たな任務もまた知り尽していなければならなかった。この組織は、メンジンスキーの言い方に従えば「極秘かつ不可視」でなければならなかった。そのメンバーは軍服を着用せず、外見をみただけではそれとわからないようにされていた。それればかりではない。組織に加盟したのかどうかさえ、秘密にされていた。専門的な軍事教育以外にも、彼らは政治教育を受け、一〇月革命に公然とあるいは隠然と敵対する者達、すなわちユダヤ人、トロツキー・グループの者達への憎悪を徹底的にたたきこまれていた。ユダヤ人は、この組織への加入を許されていなかった。それは反ユダヤ主義のための学校と言った方が正確だったかも知れない。そして、この学校で、特殊部隊のメンバーが、トロツキーの反乱戦術に対抗して、国家防衛のための技術を身につけたのだった。

これまでヨーロッパでもロシアでも、スターリンの反ユダヤ主義の内容やその原因について、何度も論じられてきた。

スターリンの反ユダヤ主義については、政治的な判断に基いて、農民の大衆的な反ユダヤ感情に同調しようとしたのだと説明する者もあれば、トロツキー、カーメネフ、ジノヴィエフ——たまたま三人ともユダヤ人だった——に対するスターリンの闘争から生まれた単なるエピソードにすぎないと考える者もいた。だが、スターリンは、革命の原則——反ユダヤ主義は、反革命的所業として糾弾され、この原則によって、きびしく罰せられた——を破った、といって、彼を非難する者は、次の二つの事実を忘れていると思われる。まず第一に、スターリンの反ユダヤ主義を裁くにあたって、国家防衛の任に当たらねばならなかった彼の立場を考慮に入れなければならない。そして第二に、スターリンの反ユダヤ主義が、トロツキーの反乱戦術に対抗するための政策の一環であったことも考え合わせなければならない。

革命後一〇年経たのち、あのストルイピン時代の「反ユダヤ主義国家」とも比肩すべき政策を実施したスターリンの意図は、彼の三人のユダヤ人への嫌悪――トロツキー、ジノヴィエフ、そしてカーメネフへの嫌悪――だけでは説明できない。スターリンによる反ユダヤ人闘争の原因を、宗教的な熱狂や、伝統的な偏見に求めてはならないことだけははっきりしている。それは、スターリンが、トロツキー・グループの危険な傾向と闘わなければならなかったからこそ、とられた政策なのだ。メンジンスキーはトロツキー、カーメネフ、ジノヴィエフのグループの中で、もっとも目立った活動をする者は、すべてユダヤ人であることに気付いていた。赤衛軍でも、労働組合でも、ユダヤ人達はすべてトロツキーを支持していたし、モスクワ・ソヴィエトでは、カーメネフが過半数を握り、レニングラード・ソヴィエトでは、大半がジノヴィエフの賛同者だった。つまり、反スターリン活動の神経組織は、ユダヤ人によって構成されていたのだ。トロツキー、カーメネフ、ジノヴィエフの三者からモスクワやレニングラードの労働者をひきはなすためには、ロシア人の根強いユダヤ人への偏見、本能的とさえ言える憎悪をかきたてさえすれば、それだけで十分だった。

スターリンは、「永続革命」と闘うに際して、「クラキー」と呼ばれる富農達の中産階級特有のエゴイズムや、遺伝的とも言える反ユダヤ感情に凝り固まった農民大衆の無知を巧みに利用した。スターリンは、トロツキズムの危険に対抗するため、反ユダヤ主義を利用して、労働者と兵士と農民よりなる統一戦線を結成しようと目論んでいた。メンジンスキーは、トロツキー・グループをたたくうえでは有利な地位にあった。トロツキーが権力を奪取するために作り上げようとしている秘密組織のメンバーをあぶりだしていたのだ。メンジンスキーは、ユダヤ人の中から、異端と思われる者を狩りだし、嫌疑を加え、迫害していった。こうして、トロツキー・グループに対する闘いは、国家的な反ユダヤ政策の様相を帯びていった。ユダヤ人達は、順々に、赤衛軍から、労働組合から、国家の官僚機構から、党から、そして商工業トラストの理事会から排斥されていった。政界、経済界、国家官僚組織にまで根を張っていたトロツキー・グループも、徐々に分解していった。

ゲー・ペー・ウーの迫害を受けたユダヤ人達は、職業も仕事も給与も奪われ、中には投獄、迫害を受けたまま、家族も散り散りになり、ソヴィエト社会とは無縁の所で暮さなければならぬ憂き目にあった者もいた。こうした人々の中には、トロツキーの権力奪取計画とはまったく関係のない人々も多数含まれていた。メンジンスキーはこう語っている。「あのユダヤ人達は、トロツキー・グループのために犠牲にされたのだ。だが、そのトロツキー・グループの者達も、すべての人々のためにいけにえにされたのだ」。スターリンの戦術に対してトロツキーは、もはや、なす術《すべ》がなかった。ユダヤ人に対する、あの民衆の本能的な憎悪に対し、身を守る術もなかった。かつてのロシア人の偏見がすべて、トロツキー――タタール人のように大胆かつ狡猾と言われたカティリナのような人物――にふりかかってきたのだ。ロシアの民衆の、この本能的な偏見など思いもよらなかったトロツキーに、いったい何ができるというのだろう。もっとも献身的で忠実な彼の仲間達、一九一七年一〇月以来、彼と共に歩んできた労働者達、コルチャークやウランゲリでの対コサック戦勝利の際、彼の配下にあった兵士達も彼から離れていってしまった。もはや、民衆の目に映ったトロツキーは、単なる一人のユダヤ人にすぎなかった。

ジノヴィエフとカーメネフもまた、トロツキーの激しい性格、頑強な意志、思いあがり、裏切り者への嫌悪、敵に対する侮蔑を恐れ始めた。ジノヴィエフよりも、意思が弱く、優柔不断で、臆病だったカーメネフは、トロツキーを裏切ることはしなかった。カーメネフは、トロツキーを見捨てたのだ。反スターリン・クーデターの前日、トロツキーに対して振舞った。カーメネフは、ちょうど一〇月革命の前日、彼がレーニンに対して振舞ったように、活動に自信が持てなかったのだ」。トロツキーは、カーメネフは、後日、こう言いわけした。「私は反乱裏切り行為にも自信が持てなかったのだ」と評したと言う。トロツキーは、カーメネフのことを「あいつは、公然と裏切ることもできない人間を決して容赦しなかった。だが、ジノヴィエフは、トロツキーを見捨てなかった。反スターリン・クーデターが失敗に終る最後の瞬間に、ジノヴィエフは、トロツキーを裏切ったのだ。トロツキーはこう語っている。「ジノヴィエフは、卑怯な男ではない。ただ危険を前にして、自己保身を図ったにすぎない」。

トロツキーは、危険が身に迫っている中で、ジノヴィエフのような人物を身近に置いておきたいとは思わなかった。そのため、トロツキーは、ジノヴィエフに対し、モスクワ蜂起が成功したとの知らせを受けたならば、直ちに、レニングラードで都市中枢部を掌握するための労働者班を組織するよう命じた。

だが、レニングラードの労働者大衆の中で、ジノヴィエフは、もはや、かつての人気を保ってはいなかった。

一九二七年一〇月、党中央委員会が旧首都——レニングラード——で開かれていた際、党中央委員会歓迎のためのデモは、思いもよらないことに、トロツキー賛美のデモのような様相を呈し始めた。もし、ジノヴィエフが、レニングラード労働者の中で、かつての影響力を保持し続けていることができたなら、このエピソードは、反スターリン暴動の端緒となったであろう。後日、ジノヴィエフは、この反スターリン暴動に発展しかねなかったデモを組織した功績は自分にあると公言してはばからなかった。だが、実を言えば、ジノヴィエフもメンジンスキーも、このような事態をまったく予想していなかった。いや、当のトロツキーでさえ、この事態に驚いている有様だった。トロツキーは、賢明にも、このレニングラード・デモを利用しようとはしなかった。レニングラードの労働者大衆は、もはや、一〇年前の彼らではなかったのだ。一九一七年一〇月には赤衛軍隊員であった者達が、どうしてこれ程までに変わってしまったのだろうか。

トーリッド宮殿の前では、党中央委員の席の下を、労働者や兵士達が、口笛を吹きながら隊列を作って行進していた。この隊列は、トロツキーの席に近づくと崩れ始め、あの一〇月蜂起の英雄、赤衛軍の創始者、労働組合の自由の擁護者であるトロツキーに拍手喝采を送るため、押しあいへしあいの状況となっていた。だが、この労働者や兵士達は、スターリンに、トロツキーの秘密組織のもろさをさらけだしているようなものだった。

ほんのひと握りの断固たる意志を持った人々がいたならば、この時点で、難なく、旧首都の中枢部を掌握することができただろう。だが、労働者班と、反乱攻撃部隊を指揮するのは、アントノフ・オフセインコではなく、ジノヴィエフであった。ジノヴィエフ指揮下の赤衛軍兵士は、彼らの指揮官――ジノヴィエフ――に裏切られることを恐れていたのだ。

5

メンジンスキーはこう考えていた。「もしトロツキー・グループがモスクワでもレニングラードと同じくらい強ければ、この勝負はトロツキーの勝利に終ったのだろう」。だが、トロツキーは足もとから揺さぶられていた。久しく前から、同志達は迫害、逮捕、追放を受けて無力となり、トロツキーは、もうなす術もなく、じっとしていざるを得なかった。どんな時にも彼に忠誠と勇気を示した者達さえも、ある者は彼を見捨て、ある者は彼を裏切っていった。彼は孤立無援の闘いに身を委ね、自分の血の中に、迫害されたユダヤ人の抑えがたい傲慢さと、残虐な執念を感じとっていた。状況は絶望的だった。だがトロツキーはあらがおうとしていた。そのため、彼の話を聴く者は、その声の中に、牧師が聖書の中の言葉を引用するときのような響きを感じとっていた。

工場や兵舎の中庭で開かれた各種の集会で、労働者や兵士達は、何かにおびえるように疑い深い表情で、トロツキーの演説に耳を傾けていた。だが、演説中の彼の姿は、一九二二年から一九二四年にかけての、あの洗練された、皮肉のうまい微笑をたたえたトロツキーの姿ではなかった――近眼の目を見ひらき、熱病と不眠症のため、むくんだ青白い顔つきで演説している一人の男の姿にすぎなかった。それは、一九一八年から一九二一年にかけて、一〇月蜂起と市街戦を指導し、ボリシェヴィキのカテイリナと恐れられた頃のトロツキーの顔だった。あのスモルニー学院で、あの戦場でみかけた、偉大なる反逆者の姿だった。モスクワの労働者達は、この激しい演説をぶちまくっている青白い顔をした男を見ると、レーニンの赤い季節の頃のトロツキーを思い出した。

すでに工場と兵舎は、反乱のきざしで満ち満ちていた。だがトロツキーは、彼の戦術に固執した。国家権力の奪取に挑む者は、群集であってはならない。秘密裡に組織された突撃隊でなければならない。トロツキーは、大衆的な労働者の反乱や決起によって、国家権力を奪取しようとは考えていなかった。彼は、科学的なクーデターの技術を身につけた、組織された部隊によって国家権力奪取をはたそうとしたのだった。

数週間にわたって、一〇月革命一〇周年を祝うお祭り騒ぎが続いていた。

第三インターナショナルの各支部代表も、ヨーロッパ各国からモスクワに到着しようとしていた。トロツキーは、ケレンスキー打倒以来一〇年目のこの日を、スターリン打倒によって祝おうと着々と準備を進めていた。トロツキーはこう考えていた。

「ヨーロッパ各国から選出された労働者の代表達は、その面前で、クレムリン宮殿の中産階級によるテルミドールに抗し、労働者階級による革命の炎が燃えあがる光景を目のあたりにすることだろう」。スターリンは、「トロッキーはいかさまをやろうとしているな」と言って苦笑いしたという。スターリンは、その敵対者達の動きを、一部始終監視していたのだ。

昔と変わりなくトロッキーを支持し続けるおよそ一千人ばかりの労働者や兵士達、つまりボリシェヴィキ革命を忠実に信奉する人々は、その偉大な日が到来することを、今か今かと心待ちに待ち続けていた。特殊技能を身につけた労働者と、クーデターの専門家は、この日のために、長期間にわたる「見えない機械」作戦のための訓練を受けてきたのだ。

メンジンスキーによって組織された、国家権力防衛のための特殊部隊の隊員達は、トロッキーの反乱が、機械のように回転し始めたことに気付いていた。無数のきざしが、危険が迫っていることを教えていた。メンジンスキーは、ありとあらゆる手段を用いて、敵の活動を食い止めようと必死になっていた。だが、ボイコット闘争は、鉄道、発電所、電話局、電信局へと拡大し、日一日と、増加の一途をたどっていた。トロッキーの同志達は、いたるところに潜入し、権力組織の中枢部に探りを入れ、時として、組織のうちのもっとも繊細な部分に機能麻痺を生じさせていた。これこそ、まさに反乱の前哨戦であった。メンジンスキーの特殊部隊員は、四六時中、動員態勢下におかれ、国家の神経系統とも言うべき重要機関の作動状況を監視し、その性能をためし、革命の可能性と反革命の可能性とを比較衡量していた。メンジンスキーは、手遅れにならないうちに、トロツキーとその仲間のうちもっとも危険な者達を逮捕しようと考えていた。だがスターリンは、この方針に反対した。一〇月革命一〇周年記念日に、トロツキーを逮捕すれば、民衆と、この祝典に公式に出席するために、はるばるモスクワまでやってきたヨーロッパ各国労働者代表に悪い印象を与えるのではないかと心配したのだった。

トロツキーが、国家権力を奪取するために選んだ時機は、これ以上の好機が考えられないほどの絶好の機会であった。有能な戦術家らしく、トロツキーは安全なところに身を隠したのだ。トロツキーはこう考えていた。スターリンは、暴君のような印象を与えることを避けるため、あえてトロツキーの逮捕に踏み切ることはしないだろう。後でスターリンがトロツキーを逮捕しようとしても、その時は、もう手遅れだ。

革命一〇周年の熱狂は消え去ろうとしていた。そして権力は、もはやスターリンの手の届かないところへ行こうとしていた。

6

反乱を起こすに際しては、まず第一に、国家権力の中枢部を掌握し、次に、人民委員や党中央委員会や革命委員会の幹部を逮捕し、党から追放しなければならない。だが、メンジンスキーは、クーデターを予知し、クーデターを阻止するための準備をととのえていた。トロツキー配下の赤衛軍が、人民委員や党幹部の家を襲ったときは、どの家もすでに空っぽになっていた。スターリンの党の幹部は、全員クレムリンに拠を移していた。そこでは、スターリンが、反乱軍とメンジンスキーの特殊部隊との間でかわされた闘いの結果を、落ちつき払って、じっと待っていた。それは一九二七年一一月七日のことであった。モスクワでは、どの街路も、赤旗で飾りたてられていた。ロシアの辺境、アジアの奥地から、はるばるやってきた人々を含めて、ソ連の各連邦共和国代表は、ヨーロッパ各国の労働者代表が泊っているサボイ・ホテルやメトロポール・ホテルの前で行列を作っていた。赤の広場では、クレムリンの城壁を前にして、無数の赤旗が、レーニン廟のまわりを取り巻いていた。赤の広場の奥では、ヴァシリー・ブランジェンヌイ教会に向かって、ブジョンヌイの騎兵隊員やツカチェウスキーの歩兵隊員——一九一八年から一九二一年にかけて、トロツキーの指導のもとに、すべての内戦の最前線で闘い、勝利を収めてきた古参兵達——が行進していた。陸海軍人民委員ウォルシーロフがソ連軍を閲兵している時に、かつての赤衛軍の創設者であるトロツキーは、およそ一千人ばかりの人々の協力のもとに、国家権力奪取のプランを練っていたのだ。

メンジンスキーは、敵の力量を、隅々まで知り尽していた。彼のとった防衛戦術は、軍隊を総動員し、危険にさらされた組織を守ることではなく、その内部にひと握りの人間を配置し、組織防衛を図るものであった。トロツキーの見えない攻撃作戦に対し、メンジンスキーは見えない防衛作戦で対抗しようとした。メンジンスキーは、戦力を分散するような愚かなまねはしなかった。クレムリン、人民省にも、商工会議所本部にも、労働組合にも、行政府にも、防衛部隊を配置しなかった。ゲー・ペー・ウーから警察を分離させることにより、国家の政治・行政機構の安全を確保する一方で、彼は、特殊部隊の総力を、国家の中枢部を構成する組織の防衛に集中させた。

トロツキーは、メンジンスキーの戦術を予想していなかった。トロツキーが、敵の方がうまく一九一七年一〇月の教訓を利用したのだと気付いたのは、ずっと後になってからであった。電信・電話、鉄道中央駅への襲撃が失敗し、事態が予想もしていなかった不可解な方向へ展開し始めたとの知らせを受けた時、トロツキーは、直ちに反乱活動が警察以外の防衛組織によって妨害されていることをさとった。だが、彼には、まだ、何が反乱を妨害しているのか、事態をはっきりとは理解できなかった。一縷の望みをかけた発電所への襲撃も失敗したことを知るや、彼は直ちに方針を変え、国家の政治・行政機構の占拠に乗り出した。トロツキーの秘密攻撃部隊は、予想もできなかった敵の激しい抵抗に遭い、各所で敗北を喫し、散り散りになっていた。そのため、彼は、もはやこの部隊をあてにすることができず、最初の戦術をあきらめ、残った力を傾注して、最後の賭け――つまり全社会的な反乱――に打って出ようとしていた。

だが、その日、彼がモスクワの労働者や民衆を前にして行った演説も、わずかに数千人の労働者、学生の他は、誰も耳を傾けていなかった。赤の広場では、レーニン廟を前にして、人々が巨大な群となって、スターリンや政府首脳、党幹部そして第三インターナショナルに属する各国の代表達を取り巻いていた。トロツキーの支持者達は、モスクワ大学の講堂を占拠していたが、警察の別働隊をうち破り、労働者や学生からなる隊列の先頭に立って、赤の広場に向けてデモ行進を開始した。

しかし、トロツキーの指導は、人々から浮きあがり、多くの批判をあびせられていた。民衆への訴えも、街頭デモンストレーションも、武器を持たない民衆による決起も、単なる無謀な賭けにすぎなかった。トロツキーは、もはや、あの冷徹な知性、決断を迫られた時は、常に、理性によって奔放な想像力と、無鉄砲な激情を抑えてきた、あの冷徹な知性を失っていた。絶望のどん底にあって、状況判断の能力を失い、激情の流れに身を任せていた。この激情の流れこそが、トロツキーを、暴動によってスターリン体制打倒をはたそうという無謀な試みに向かわせたのだった。配下の者は、次々と彼のもとを去り、彼に絶望した民衆も彼を見捨て、わずかばかりの友人達も彼を見放した。

トロツキーは、自分自身にも、彼を支えてきた「すべてを失わない限り、何も失われていないのだ」という信条にも、自信を失っていた。人々は、トロツキーがレーニンの遺体――クレムリンの城壁のふもとにある、あの陰うつなレーニン廟の中に置かれたガラスの棺に収められていた――を奪おうと企てているのではないかとうわさしていた。人々は、トロツキーが革命の神様とまで言われたレーニンの遺体のまわりに人を集め、スターリン体制の打倒を呼びかけ、レーニン――一〇月革命の指導者――の遺体を、スターリンによる専制と闘うための道具に仕立てようとしている、と言ってトロツキーをののしっていた。あながち戯言《ざれごと》とも言いきれない暗い話だった。トロツキーのまわりでは、彼を罵倒する声がどんどん大きくなっていった。そして学生と労働者からなる彼の小部隊も、彼のもとを離れ、インターナショナルの歌を歌いながら、兵士と民衆でごった返す赤の広場に向かって行進していた。そこでは銃剣が林立し、第三インターナショナルに属する各国の国旗が、炎のようにはためいていた。このとき、一瞬、トロツキーの脳裏を、レーニンの遺体を奪うという常軌を逸した想像がよぎったとしても、少しもおかしくはなかっただろう。

最初の襲撃でトロツキーの部隊は、退却し、散り散りになっていった。トロツキーは自分の身のまわりをふり返ってみた――彼に一番忠実だった人間は、いったいどこに行ったのだろう。部隊の責任者はどうしたのだろう。国家権力奪取の任にあたるべき司令官達はどこに行ったのだろう。ユダヤ人は、接近戦や反乱は不得手なのだ。この闘いの中で、自らの任務を成し遂げたユダヤ人は、トロツキー――偉大なる反逆者、そして、ボリシェヴィキ革命のカティリナと恐れられた男——ただ一人だった。トロツキーはこう語っている。「逮捕状が出され、一人の兵士が私の車を牽引し、私を連行しようとしていた。誰かが手信号で進行方向を指示していた。状況を見る目のある者ならば誰でも、この日——一一月七日——、テルミドール(7)を試みるためにモスクワの街頭に向かっていただろう」。

追放を受け、悲嘆のどん底にあって、トロツキーは、ヨーロッパのプロレタリアートが、彼の意図したクーデターから、何らかの教訓を学んでくれるだろう、と考えた。だが、彼は、この出来事の教訓を利用したのは、他ならぬヨーロッパのブルジョアジーであるとは、露ほども知らなかった。

第三章

一九二〇年
ポーランドの体験

1

ヴェルサイユ軍事高官会議での数ヶ月の任務を終えた後、一九一九年一〇月、私は、駐ワルシャワ・イタリア公使館付参事官に任命された。私が、色々な場面で繰り返しピウスツキ(1)に近よる機会を得ることになったのは、このような事情によるものである。その結果、私は、彼が論理よりも想像力や情念に動かされやすい人間であり、志が大きいというよりもうぬぼれの強い性格であって、結局のところ、知性よりも野心に富んだ人物であると判断するに至っていた。リトアニア地方のポーランド人が皆そうであるように、彼も、自分のことを「異常なまでの偏屈者」と称してはばからなかった。

ピウスツキは、その人生経験の故に、プルタークやマキァヴェリに共感を抱いていたわけではない。革命家としての彼の個性は、ウィルソン、クレマンソー、ロイド・ジョージ、フォッシュなど私が平和会議の際に接し観察することのできた偉大な保守政治家の誰よりも凡庸なものに思われた。私に言わせれば、ピウスツキの革命家としての能力は、あのスタンボリスキー[2]よりも、はるかに劣っている。このスタンボリスキーという人物は、一九一九年当時のヨーロッパ諸国民に向かって、平和と正義について語りかけるなどした男で、私の受けた印象からいえば、倫理感覚がまったくなく、しかも、より大胆かつ破廉恥なカティリナ主義者である。

私が、ワルシャワにある彼の居邸——ベルヴェデーレと呼ばれていた——で初めてピウスツキと面談したときの彼の容貌と態度にはびっくりさせられた。彼は間違いなくブルジョア・カティリナ主義者だった。一方では、その時代とその国民が作り上げた歴史的、文化的な道徳の枠内で可能な限り大胆な計画を構想し実行しようと意を砕きながら、他方では「法外者」あるいは「公権喪失者」の烙印を押されることを極端に恐れ、内心では侵害してもかまわないと思っている法を外見上は尊重してやまないブルジョア・カティリナ主義者の典型であった。事実、一九二六年のクーデターの前後、ピウスツキはマリア・テレサがポーランド政策に適用した格言——「プロシャ風に行動せよ。だが、つねに誠実であるかのように表面をつくろうこと」——を決して忘れることなく行動していた。

ピウスツキが、マリア・テレサの格言を肌身離さず、いつも合法性の外観をつくろうことに意を用いていたとしても、別段驚くべきことにはあたらない。クーデターを基本原則――その基本原則の適用は、議会内外の政治の領域に限られるものではない――どおりに構想し、実行することは不可能に近い（一九二六年の出来事[3]はまさしく、このことを示している）。だからこそ、多くの革命家達は、共通して、合法性の外観をつくろうことに意を用いなければならないのだ。

すべての人の営みには技術が伴っている。そしてクーデターもその例外ではない。だが、偉大な革命家達がすべてクーデターの技術を知っているというわけではない。カティリナ、クロムウェル、ロベスピエール、ナポレオンなど、わずか数人の巨人を引きあいに出しただけでもわかるように、さらにはレーニン自身もそうであったように、彼らとて、クーデターという行為が存在することは知っていても、その技術については何も知らなかった。ブリュメール一八日のボナパルトとブーランジェ将軍との間でクーデターの技術を知る者を挙げるとすれば、それは、リュシアン・ボナパルトだけだろう。

一九一九年の晩秋、すべてのポーランド人の眼には、ピウスツキだけが共和国の運命を担いうる唯一の人物であるように映っていた。当時、彼は大統領であったが、彼の手に委ねられた権力は暫定的なもので、一月の選挙で選出される議員によって構成される議会で制定される予定の憲法を待つ間だけのものでしかなかった。実際には、政党間のかけひきや個人の野心が大統領の権威をひどく制約していた。ピウスツキは、憲法制定議会を目前にして、ちょうど一六五四年九月三日の議会に相対するクロムウエルと同じ状態におかれていた。

世論は、彼が思い切って国会を解散し、権力の全責任をひきうけることを望んでいた。だが世論のこのような期待は無駄だった。この種の独裁者、つまり野蛮でありながらブルジョア的であり、反逆的ではあるが合法性の枠を守ることを最上とし、国民の眼には公平無私にみえるようたゆみなく努力する独裁者、下半身は革命家だが、上半身は反動家という曖昧模糊とした社会主義将軍、内乱とソヴィエト・ロシアに対する戦争のどちらを選択するか迷いながら、毎週のようにクーデターを起こすといってはおびやかし、まだ生まれぬ憲法によって自分自身を神聖化してもらうことが最高の望みであると表明したりする将軍、このような人物であれば、世論の中にも何らかの昏迷や不安が生ずるのも当然であった。社会主義者だけでなく、右翼も、このテセウス(4)が何を待ってるのか不審の念をいだいていた。このテセウスは、国家がさまよっている政治的・財政的迷路から脱出するためであれ、共和国の息の根をとめるためであれ、使うかどうか決心できないまま、一年以上も自分の指の間でアリアドネの糸を撚り合わせていた。このテセウスは、無理矢理に休暇をとったというにもかかわらず、ベルヴェデーレ宮殿——ポーランドの諸王侯の夏の居城——でパデレフスキ首相と権謀術数を張りあいながら、時間を浪費していた。しかし、パデレフスキの方は、ワルシャワの中心部、諸王侯の避寒地となるパレ・ロワイヤルに腰をすえ、ピウスツキの騎兵ラッパに対し竪琴のアリアでもって応じていた。[5][6]

大統領の威信は、国会における論戦や政党間のかけひきによって疲弊し、国民の眼にも、日々低下しつつあるようにみえた。内外の危機的状況を前にして、ピウスツキが説明のつかない曖昧な態度をとり続けていることは、陰謀と追放を共に生き抜いてきた古くからの社会主義者仲間からの信頼を厳しい試練にかけていた。一九一九年一月、反ピウスツキのクーデターが挫折し、その英雄であるサペーハ皇太子が失脚してからというもの、貴族階級は、権力を暴力によって奪取するという考えを放棄していた。ところが、貴族階級は、まもなく、かつての野心的な幻想を思い出した。彼らは、ピウスツキはこれまで、右翼の攻撃から国民の自由を守ることもできなかったし、今[7]

後、国民の自由に対する危険な存在となることもあり得ないと確信するまでに至っていた。

ピウスツキはサペーハ皇太子に対し、恨みを抱いていたわけではなかった。サペーハ皇太子はピウスツキと同じくリトアニア人であるが、言葉巧みでいんぎんな大貴族であり、その優雅な物腰は、偽善的なオプティミズムの域にまで達していた。このように、人を人とも思わない高慢なイギリス風の優雅な物腰は、イギリスで教育を受けた外国人が身につける第二の天性であるとも言われているが、サペーハ皇太子は、まさにそのとおりの人物であった。サペーハ皇太子は、ピウスツキから疑いの眼で見られたり、嫉妬を買ったりするような人間ではなかった。皇太子が企てた革命は、あきらかに素人によるものであり、一介の経験主義者によるものであって、ピウスツキに不安を抱かせるようなものではなかった。反体制的でありながらも慎重でもあり、ポーランドの貴族を蔑視するあまり、ほとんどこれを無視してきたピウスツキは、サペーハ皇太子をロンドン駐在大使に任命することによって復讐をはたした。ケンブリッジで教育を受けたスラとも言うべきサペーハ皇太子は、その学業を完成させるべくイギリスへ戻って行った。

しかし、暴力によって権力を奪取すべく、計画を練りつつあったのは、議会の混乱によってポーランドがさらされている危機を憂慮していた反動ばかりではなかった。フランス戦線で勇猛をはせたのち、戦争が終ってポーランドに帰還したジョセフ・ハーレル[8]将軍は、彼のみに忠誠を誓っていた義勇軍を率いて目立たぬように待機していた。ピウスツキの敵対相手であったハーレル将軍は、ピウスツキの後継者の地位を手に入れるべく、虎視眈々と狙っていた。イギリス軍からポーランドに派遣されたカールトン・ド・ヴィアルト将軍は、戦争で片眼と片腕を失ったために、ポーランドではネルソン提督に似ているといわれていたが、そのカールトン・ド・ヴィアルト将軍は「タレーランのように片足の不自由なハーレル将軍など、ピウスツキは信用しない方がいいだろう」などと公言してはばからなかった。

2

その間にも、国内情勢は日に日に悪化していった。パデレフスキ首相が失脚して後は、政党間の抗争はいっそう激化し、新首相スカルスキは、行政的・政治的混乱、諸グループからの要求、秘かに計画されつつあった陰謀に立ち向かうには力不足であった。三月も終りになって、ワルシャワで開かれた軍事会議の席上、ハーレル将軍はピウスツキの軍事計画に断固反対した。キエフ占領案が決定されると、将軍は田舎に退き、戦略的には十分に説明できない、よそよそしい態度をとって第一線から遠ざかっていった。

一九二〇年四月二六日、ポーランド軍はウクライナ国境を越え、五月八日、キエフに入城した。ピウスツキのあっけない勝利は、ポーランド全土に途方もない熱狂を呼び起こした。五月一八日、ワルシャワ市民は勝利の歓呼で征服者を迎えた。熱狂する人々の中でも事態を単純に受けとめた人々は、おめでたいことに、勝利者であるピウスツキをマレンゴの戦勝者であるナポレオンにたとえたりしていた。そうこうするうちに、六月の初めになると、トロツキーに率いられたボリシェヴィキ軍が攻勢に出、同月一〇日、ブジョンヌイ[9]配下の騎兵隊はキエフを奪還した。この突然の知らせによって、恐怖と混乱が巻き起こり、諸政党は憤激し、野心家達はその野望をかきたてた。スカルスキ首相は、グラプスキ[10]に首相の座をあけわたし、外務大臣パテクは、駐ロンドン大使でありイギリス流の自由主義レッスンによって穏健になって帰国していた、あのなつかしのスラ、サペーハ皇太子と交替させられた。全国民が赤衛軍の侵略に対し武器をもって立ちあがった。ピウスツキの政敵ハーレル自身も、面目を失った政敵を助けようと彼の義勇軍と共にかけつけた。しかしながら、反政府諸グループからの批判は猛勢をきわめ、その喧々ごうごうたる非難の声にかき消されて、人々の耳には、ブジョンヌイ配下の騎兵隊の騎馬のいななきがほとんど届かなかった。

八月に入った時には、トロツキーの軍隊はワルシャワの城門にまで達していた。不安におののく群集は、沈黙したまま、ニュースを求めて街々に殺到していた。その中を脱走兵、避難民、逃亡農民の群が逃げまどっていた。人々の耳には、とどろきわたる戦闘の音がどんどん近づき、大きくなるのが、はっきりと聞きとれていた。新首相グラプスキは失脚し、右翼の悪評を買っていたヴィトス(11)がその後継者の任に就き、政党間の抗争に休止符を打ち、レジスタンスを組織しようと努力したが、それも徒労に終った。労働者居住地区、とりわけワルシャワのユダヤ人地区であるナレフスキー街では、三〇万人のユダヤ人が、戦闘の音に耳をそばだて、すでに暴動の気配がただよっていた。議事堂のロビー、大臣の控室、銀行や新聞社、カフェ、兵営といわず、ありとあらゆるところで、奇妙なうわさがかけめぐっていた。それは、ボリシェヴィキ軍の攻勢を食い止めるために、ヴィトスがベルリン政府に懇請してドイツ軍の介入を求めているというものだった。後に、議会での質疑応答の際、ヴィトスがドイツ側と交渉に入っていたことは事実であることが判明したが、それもピウスツキと合意のうえでのことだったという。人々は、ヴィトスの対ドイツ交渉とウェーガン将軍の着任を天秤にかけ、ウェーガン将軍の着任は、ヴィトスに対する信任取消を意味すると同時に、ピウスツキの評価を失墜させる出来事と受けとめていた。右翼政党は、いつものことながら親フランス政策に執着しており、ヴィトスを二重人格者だとか無能力者だとか言って非難し、強力な政府を要求していた。ヴィトス自身も、騒乱のうちにある諸党派を静めることができず、この破局の責任を左右両陣営に転嫁しようとして、意図しないままに混乱を一層深めていた。

敵は城門に迫っていた。飢餓と暴動はすでに、ワルシャワ市内に及んでいた。場末の街々や、クラコワスキー・プルツェドミーシェ通りの歩道では、人々が長蛇の列となってうごめいていた。宮殿や銀行、貴族の邸宅の前では、脱走兵達がどんよりと濁った目を見あげ、憔悴しきった顔つきで、ものほしそうにうろついていた。

八月六日、教皇大使ラッティ[13]猊下――現在はピオ一一世――は、外交団首席として、イギリス、イタリア、ルーマニアの各公使を伴ってヴィトス総理官邸を訪ね、首都をあけわたす際に政府を移す都市を直ちに決定するよう要請した。この交渉は、その前夜、ローマ教皇大使館で開かれた外交団の会合で、長時間におよぶ議論の末に決定されたものであった。大多数の外国代表は、イギリス公使ホレース・ランボールド卿及びドイツ公使オベルンドルフ伯爵の意見に同調し、外交団をもっと安全な都市、つまりポーゼンとかあるいはチェンストフヴァへ直ちに移転すべきだと主張していた。ホレース・ランボールド卿は、「ポーランド政府に圧力をかけて臨時の首都としてポーゼンを選択させるべきだ」と強硬に主張して譲らなかった。

「最後の最後まで、ワルシャワにとどまる必要がある」と主張したのは、教皇大使ラッティ猊下とイタリア公使トマジーニだけだった。この二人の態度は、会合の席上、激しい批判をあび、ポーランド政府も、この二人の態度を悪く解釈した。というのは、教皇大使とイタリア公使がワルシャワにとどまる案に固執したのは、彼らが、最後の瞬間になって首都脱出が不可能となり、ボリシェヴィキ軍占領中、ワルシャワにとどまらざるを得なくなるよう秘かに願っていたからではないか、と疑われていたからである。このような状態に立ち至れば、教皇大使は、ヴァチカンとソヴィエト連邦政府との間の接触を確立し、両者間で、教会に関する宗教上の諸問題について意見交換することができるようになるだろう。そのような事態が到来することを願って、教皇大使はワルシャワ駐留案に固執しているのだと受けとめられたのである。これまで、カトリック教会は、絶えずロシアの出来事に関心を示しており、東ヨーロッパにその勢力範囲を拡げようと機会をうかがってきた。このようなカトリック教会の動きは、たとえば、チェノッキ神父を教皇巡察使に任命し、ウクライナへ派遣したことからもうかがうこともできるし、教皇大使ラッティ猊下が、レオポリスのギリシャ正教大司教であるアンドレ・シェップチッキを、公然と支持したことなどからも歴然としている、というのである。事実、東ガリシアのギリシャ帰一教会は、ローマ教皇庁から、常に、カトリック教会がロシアを制覇するための天然の橋頭堡とみなされて来た。他方で、イタリア公使トマジーニは、国内政策を顧慮して決定された外務大臣スフォルツア伯爵の指示に、ただ従順に従っているだけではないかと疑われていた。「国内政策を顧慮して」というのは、イタリア社会主義政党からの要求に配慮し、外務大臣スフォルツア伯爵もまたソヴィエト連邦と接触したいと望んでいたからである。もし、ボリシエヴィキ軍がポーランドの首都を占領したなら、トマジーニの存在は、外務大臣スフォルツア伯爵がモスクワ政府と外交関係に入るのに絶好の機会を提供することになるだろう。そのような機会を手にするため、イタリア公使トマジーニは、ワルシャワ駐留案を主張してやまないのだと受けとめられたのである。

外交団首席ラッティ猊下の働きかけは、ヴィトス首相によってきわめて冷たく迎えられた。その結果、ワルシャワが危険に瀕した場合、ポーランド政府はポーゼンに移ること、外交団の移転のための準備をととのえることがとりきめられた。八月八日、つまりその二日後、外国使節団職員の大半がワルシャワを去って行った。

ボリシェヴィキ軍の前衛部隊は、すでに首都の城門に迫っていた。労働者街では銃撃音が響き始めていた。クーデターを試みる時がきていたのである。

3

これらの日々、ワルシャワは、じゅうりんされるがままの都市の姿をさらしていた。

重苦しい暑さが、民衆の声や騒音をおし殺し、深い沈黙が、街路で人間の塊りと化した群集にのしかかっていた。時折り、はてしない市街電車の列が、負傷者達を乗せて、ゆっくりとこの群集をかきわけていった。負傷者達は、窓から顔をつきだし、拳を握りしめながら、ののしり続けていた。長いざわめきが、歩道から歩道へ、街から街へとひろがっていった。騎馬の蹄の間を、周囲を槍騎兵に守られながら、胸に赤い星をつけた、ボロボロの軍服姿のボリシェヴィキの捕虜が、首をうなだれ足をひきずりながら、縦列を作って進んでいた。捕虜が通りかかると、群集は、おし黙って道を開き、重たげな足取りで、その背後から、再び道を閉ざした。あちこちで騒ぎが起きても、すぐさま、群集のうねりがこれをのみこんでしまった。人また人の大海の中を、やせ細って熱病にうかされた兵士達の列によって支えられた黒い十字架が、時折り、空高く掲げられた。民衆は、波のようにゆっくりと進んでいった。街路の真中には、くっきりと潮流が浮びあがり、その潮流は十字架の後に続くかと思うと停滞し、逆流し、ざわめく支流となって消えていった。ウィスワ川の橋のたもとでは、黙りこくった群集が、遠方から聞こえてくる戦闘音——それは雷が落ちるときの音にそっくりであった——に耳をそばだてていた。地平線は、城門が破壊されるときのような大音響をとどろかせながら、揺れ動いていた。そして陽光と埃で黄色く染まったぶ厚い雲が、その地平線をおおい尽そうとしていた。

　中央駅は、昼も夜も、あらゆる人種、あらゆる階層の脱走兵、避難民、逃亡者ら、食うや食わずの人々の群でごった返していた。ただ、ユダヤ人だけが、これら喧騒の日々の渦中にあって、得意然としているように見えた。ワルシャワのユダヤ人居住区、ナレフスキー地区は、喜びにみちあふれていた。慎重さとしきたりから、物ひとつ言わず、ひっそりと暮してきたナレフスキー地区のユダヤ人達は、イスラエルの子孫——ユダヤ人——の迫害者であるポーランド人への憎悪とカトリックを国教とする偏狭な国ポーランドの大きな不幸を眼前にした満足感を、荒々しい暴力行為といたけだかな態度によって表現していた。ユダヤ人達は反抗的になっていた。そして、ポーランド人にとっては、それは、悪いきざし以外の何ものでもなかった。

　逃亡者がもたらす侵略地域のニュースは、暴動の気運を育んでいた。占領下にある町という町、村という村に、ボリシェヴィキ軍は、大急ぎで、その地のユダヤ人から構成されるソヴィエトを設置したというではないか？　これまで抑圧される側にいたユダヤ人達は、今度は抑圧する側に立とうとしていた。自由、復讐、権力、それはナレフスキー地区の虐げられた人々にとっては、これにかぶりつきたいという願望を抑えるには、あまりにも甘すぎる果実であった。今や、ワルシャワより数キロメートルの地点に達していた赤衛軍は、都市人口の膨大な部分をしめるユダヤ人のうちに、自然発生的な同盟軍をみいだし、その同盟軍の数と活力は日々増大するばかりであった。八月上旬の時点で、ワルシャワでは、その数は少なくとも五〇万人に達していた。その頃、私はよく自問自答を繰返し、狂気の域にまで達した憎悪に身を焦がし、自由を渇望する一方で、反乱の気運に満ち満ちたこの巨大な人間集団を抑え得るものはいったい何なのだろうか、その反乱を食い止めることができるものは何なのか、をしきりに考えていた。

国家は解体に瀕し、政府は臨終の苦痛にあえぎ、国土の大部分が侵略され、首都は混乱のきわみにまで達し、すでに包囲された今、死をも辞さぬ確固たる信念をもった男が千人もいれば、それだけで、血を流さずとも首都奪取は十分に可能な状態にあった。しかし、これまでの経験から、私は、たとえカティリナがユダヤ人であったとしても、カティリナ主義者つまりクーデター遂行者がイスラエルの子孫――ユダヤ人――から募られることはありえないと確信するようになっていた。一九一七年一〇月、ペトログラードでのボリシェヴィキ軍蜂起の際のカティリナは、ユダヤ人トロツキーで、ロシア人レーニンではなかった。しかし、蜂起の遂行者はロシア人のカティリナ主義者であった。つまり水夫、労働者、兵士などの大半はロシア人であった。一九二七年、スターリンとの抗争で、トロツキーは、大部分がユダヤ人によって構成される部隊にクーデターの遂行を任せようとすることがどれ程危険なことか、高価な代償を支払って理解したに違いない。

4

外交団は、毎日のように教皇大使館に集まり、情勢を議論していた。私は、イタリア公使トマジーニの随員として、しばしばこれらの会合に出席したが、トマジーニ公使は、同僚達がすべてイギリス公使ホレース・ランボールド卿や、ドイツ公使オベルンドルフ伯の意見に賛成していたので、同僚達の態度にはあまり満足そうではなかった。ただ一人フランス公使ド・パナフュだけは、情勢はもっと危機的であると判断し、外交団がポーゼンへ向かうことは、逃亡の印象をもたらし、市民から憤激を買うことになるだろうと主張していた。そんなわけで、フランス公使ド・パナフュは、教皇大使ラッティ猊下やイタリア公使トマジーニの意見に同調し、最後の最後までワルシャワにとどまるべきであると考えていた。ド・パナフュは、すぐさま首都を見捨てようとするイギリス公使ホレース・ランボールド卿やドイツ公使オベルンドルフ伯の意見は、ポーランドの国内情勢が壊滅状態に陥り、ワルシャワを軍事的に防御することがほとんど不可能となった場合にのみ従うべきものであると考えていた。

だが、ド・パナフュの考え方は、実際には、教皇大使やイタリア公使の見解よりもイギリス公使やドイツ公使の意見にはるかに近かった。というのは、教皇大使ラッティ猊下やイタリア公使トマジーニ――この二人が、万一、ワルシャワがボリシェヴィキ軍に占拠されても、最後の最後までワルシャワにとどまり続けようと考えていたことはあきらかである――は、国内の危機についても軍事情勢についても極端な楽観論に立っており、たとえ外交団が最後の瞬間までポーゼンへの出発を遅らせたとしても、外交団はいかなる危険にもさらされるものではないと執拗に主張していたからである。これに対し、フランス公使ド・パナフュは軍事情勢についてだけは楽観論の立場に立っていた。ワルシャワの防衛は、ウェーガン将軍という一人のフランス人将軍の手に委ねられていたからである。ド・パナフュには、ほんのわずかでも、「同国人であるフランス人将軍を信用していない」と受けとめられかねない態度をとることは許されていなかった。だが、このフランス公使は、軍事情勢については楽観論に立っていたものの、国内情勢については危機を予見していた。だからこそ、ド・パナフュは、実質的には、イギリス公使ホレース・ランボールド卿やドイツ公使オベルンドルフ伯の意見に近い立場に立っていた。

とは言うものの、国内情勢に関するイギリス公使やドイツ公使の見方とド・パナフュの見方は異なっていた。イギリス公使やドイツ公使が何よりも恐れていたのは、ワルシャワがボリシェヴィキ軍の手に落ちることであった。これに対し、フランス公使ド・パナフュが恐れていたのは、ユダヤ人あるいはコミュニストの手によって反乱が起こされることだった。ド・パナフュはこのように語っている。「私が恐れるのはピウスツキやウェーガンに対する裏切り行為である」と。

教皇大使秘書官のペッレグリネッティ卿によれば、教皇大使はクーデターの可能性などまったく信じていないとのことであった。イギリス軍派遣部隊団長カールトン・

ド・ヴィアルト将軍は、笑いながらこう語っていた。「教皇大使は、ワルシャワのユダヤ人居住区や場末でみじめな暮しをしている人々が、わざわざ権力奪取の挙にでるなどと夢にも思わないだろう。だが、ポーランドは、クーデターを起こすとすれば法王と枢機卿しかいないカトリック教会とは違うのだ」。

政府、軍首脳部、指導階層、つまり状況の責任者たるべき人々は、新たに起こりつつある重大な危機を避けようと可能な限り努力しているようには見えなかった。にもかかわらず、ラッティ猊下は、いかなる反乱の試みも失敗に終るだろうと信じて疑わなかった。しかしながら、フランス公使ド・パナフュの議論には、あまりに真に迫るものがあったので、教皇大使の胸中にもなにがしかの不安感が芽生えつつあったのだろう。だから、ある朝、教皇大使秘書官ペッレグリネッティ卿がトマジーニ公使を訪れ、政府がありうべき反乱の企てに対処するため必要なあらゆる手段を講じているのかどうかを確認するように迫ったという話を聞いても、私は別段驚きもしなかった。

トマジーニ公使は、直ちに、イタリア総領事パウロ・ブレンナを呼びよせ、教皇大使の不安をつたえ、ペッレグリネッティ卿のいる前で、政府がとっている混乱防止策、生ずるかも知れない暴動を鎮圧するための予防措置の内容を調べてくるように要請した。この時点では、イタリア軍派遣部隊団長ロメーイ将軍がボリシェヴィキ軍の攻勢がよどみなく進展していると確信したというニュースが届いていた。だが、このニュースも、ワルシャワの運命に関するトマジーニ公使の楽観的な見解に、いささかの動揺をもたらすものではなかった。それは、八月一二日のことであった。その夜、トロツキーの軍隊は、ワルシャワから約三〇キロメートルの地点に達していた。トマジーニ公使はパウロ・ブレンナ総領事にこう語っている。「あまり過大な幻想を抱いてはいけないのだが、ポーランド軍の部隊があと数日間もちこたえてくれれば、ウェーガン将軍の作戦が成功するだろう」。トマジーニ公使は、パウロ・ブレンナ総領事に対し、混乱が懸念される場末の労働者街やナレフスキー地区を現地調査するよう命じた。そしてワルシャワでもっとも不穏な地域で、ウェーガンやピウスツキを守るために、そして突発的に生ずる暴動から政府を守るために、十分な対策が講じられているか否かを、その目で確めるよう命じた。だがトマジーニ公使は最後にこう言った。「一人では行かない方がよい」。そこで、トマジーニ公使はパウロ・ブレンナ総領事にフランス公使館付武官ロラン大尉の同行を求めるよう勧めた。

騎兵士官ロラン大尉は、シャルル・ド・ゴール司令官とともに、フランス公使ド・

パナフユやフランス軍派遣部隊団長アンリ将軍にとって、もっとも誠実で、もっとも教養のある協力者の一人であった。ロラン大尉は、足繁くイタリア公使館に出入りし、トマジーニ公使とは、強い共感と心からの友情を共有しあう間柄にあった。その後、ローマで、一九二一年から一九二二年にかけて、ファシスト革命のさなかに、私はロラン大尉に再会した。その時、彼は、フランス大使館付武官としてファルネーゼ宮にいて、ムッソリーニの革命戦術に対し最大級の賛辞を惜しまなかった。ボリシェヴィキ軍が、ワルシャワを包囲してからは、私は、ほとんど毎日、彼と連れだってポーランド軍の最前線におもむき、戦闘が変化する状況に、もっと間近から接しようとしていた。だが、あの恐るべき騎兵で、もっともほまれ高い軍旗がふさわしい赤色コサック兵のほかは、ボリシェヴィキ軍兵士には、さして危険があるようには思えなかった。彼らは、見るも哀れな姿で、戦火の中を右往左往するだけの存在だった。彼らの風貌は、ひたすら恐怖と飢えに駆られ、ぼろをまとった餓鬼の顔つきそのものだった。フランス戦線、イタリア戦線に参加した私の長い戦争体験からして、どうしてポーランド人が、このような兵士を前に退却することになるのか、私には到底理解できなかった。

このような経緯から、私は、イタリア総領事パウロ・ブレンナ及びロラン大尉に同行することになった。

5

ロラン大尉は、ポーランド政府は現代国家の防衛技術の基本を知らないと考えていた。そのようなロラン大尉の見解は、まったく別の意味において、ピウスツキにもあてはまりえた。ポーランド兵は勇敢であるという評判であった。しかし、防衛技術とはまさに自己の弱点を認識することにあるということを指揮官が知らなければ、兵士の勇気など何の役に立つというのだろうか。ありうべき反乱の企てに対処するため、ポーランド政府がとった警戒手段は、ポーランド政府が現代国家の弱点にどれ程無知であったかを示す何よりの証拠であった。スラ以来、クーデターの技術は著しい進歩をみせている。当然のことながら、ケレンスキーがレーニンの権力奪取を阻止するためにとった手段は、キケロがカティリナの反乱からローマ共和国を守るために用いた手段とはまったく違ったものとなっていなければならなかったはずである。つまり、かつては警察力の問題とされていたものが、現在では技術の問題とされているのだ。警察力を用いる場合の基準と、技術を用いる場合の基準が、どれ程異なっているかについては、一九二〇年三月、ベルリンにおけるカップのクーデターを見れば、誰の目にもあきらかとなるだろう。

ポーランド政府は、ケレンスキーのように行動した。つまり、キケロの経験を継承した。ところが、国家権力を奪取し、あるいは、これを防御するための手法は、国家の性格が変化するのに従って、数世紀にわたって大きく変容している。カティリナの反乱を阻止するためには、ほんのわずかな警察力を用いればそれで十分だったが、レーニンに対抗するためには警察力は何の役にも立たない。ケレンスキーの誤りは、近代都市の脆弱な部分、つまり銀行、駅、電信・電話局を、キケロがローマ共和国で当時もっとも危うい部分、つまりフォロ・ロマーノと呼ばれる中央広場――元老院議事堂や民会議場のあった古代ローマの中心部――とスブーラ地区――古代ローマの悪評高い貧民街――を守るために用いた方法と同じ方法によって防御しようとしたことにある。

一九二〇年三月、カップは、ベルリンに、連邦議会とウィルヘルム通りの行政官庁の他に、発電所、鉄道の駅、無線電信局や工場があることを忘れていた。コミュニスト達は、このカップの死角を、逆手にとって利用した。カップは、憲兵隊を用いることによりクーデターを起こし、国家権力を掌握した。だが、コミュニスト達は、ベルリンの市民生活を麻痺させることによりカップの臨時政権を退陣に追い込んだのだった。一八五一年一二月二日の夜、ルイ・ナポレオンは、まず手はじめに印刷所と時計台を占拠することによりクーデターを開始したではないか。

だが、ポーランドでは誰一人として外国の経験から学ぼうとしないのみならず、自国の固有の経験すら重視しようとしない。ポーランドの歴史は、ポーランド人自身がその創始者であると自負する数々の出来事で満ちあふれている。ポーランド人は、ポーランドの国民生活に生じた出来事が、他国の国民生活にも見出されるなどと露ほどにも思っていない。大事件が初めて生ずるのはポーランド国民の中であって、他国で前例がみとめられることなど決してあり得ないと信じている。ポーランドの人々は、政府を含め、歴史から教訓を学びとろうとしていなかった。

ヴィトス政府がとった警戒処置は、平常時の警察手段に限られていた。ウィスワ川にかかる橋、鉄道橋、プラハ橋などの両端にはそれぞれ四人の兵士しか詰めていなかった。変電所では警戒態勢も敷かれず、監視処置や防御処置はその影すら見あたらなかった。変電所の所長の話によれば、その数時間前、首都軍司令官から電話があり、すべてのサボタージュ及び送電停止は所長個人の責任とみなされるということであった。ナレフスキー地区の先、ワルシャワの境界の位置に設けられた城塞は、槍騎兵や騎馬でごった返していた。ロラン大尉と私は、歩哨から通行証の提示を要請されることもなく、この城塞の中に入れたし、出る時も同様であった。驚くべきことに、この城塞には武器庫も弾薬庫も備えられていた。鉄道駅の混雑ぶりは筆舌に尽し難いほどで、脱走兵は群をなして列車を急襲し、群集は、騒然としてホームや線路上にひしめき合い、酒に酔った兵士達は長々と大地に寝そべり、深々と眠りを貪っていた。ラテン語に通じていたロラン大尉は、その有様を《泥酔者の墓所》にたとえた。ここを墓場と化すには、まさしく手榴弾で武装した一〇人の男がいれば、十分だっただろう。

ワルシャワの中央広場に面し、現在では取り壊されているロシア教会の裏にある軍参謀本部では、平常どおり四人の歩哨が任にあたっていた。毛髪まで砂埃にまみれた将校や伝令が行き来し、建物の入口の内外は人の波であふれんばかりだった。ロラン大尉と私は、この混乱を利用して参謀本部の階段を昇り、柱廊を走り抜け、壁面に地図を貼りめぐらした部屋を通りすぎようとした。その部屋の片隅にはテーブルが置かれており、そのテーブルを前にして、一人の将校が腰かけていた。その将校は顔を上げ、もの憂げな様子で私達に挨拶してきた。さらにもうひとつの廊下を駆け抜けると、待合室のような場所に入った。そこでは、灰色の埃まみれになった数人の将校が、半開きの扉の傍らで、手持ちぶさたな様子で、立ったまま待機していた。私達は、その部屋を通り抜け、階段を降り、再び、参謀本部の玄関口に立った。広場へ出るため、二人の歩哨の前を再び通り抜けようとした時、ロラン大尉は私の方を向いて意味ありげににやりとした。ポーランド政府による防衛策が、穴だらけであることが、はっきりとしたからである。

中央郵便局では、一人の中尉が指揮する兵士達が見張りの任にあたっていた。この中尉が語ったところによれば、暴動が起きた場合に備えて、群集が中央郵便局に近寄ることを阻止する任務を負っているとのことだった。私は彼に、建物の入口にこのように整然と配置された兵士達は、立ち向かって来るのが群集ならば、確かにわけなくこれを追いかえすことができるかも知れないが、たった一〇人の決死隊に強襲されれば、到底防ぎ切れないだろうと指摘した。すると、この中尉は、笑いながら、おとなしく出入りする人々を指さして、私が指摘したたった一〇人の決死隊など、ことによると、すでに別々に入りこんでしまっているかも知れないし、またこの瞬間に私達の眼の前をすり抜け、ぬけぬけと忍び込んでいるかも知れないと答えてきた。最後に、彼はこう語ってくれた。「私達は暴動を鎮圧するためにここにいるのであって、クーデターを阻止するためにここにいるわけではないのです」。

いくつかのグループに分けられた兵士達が、各省庁の前で哨戒態勢をとり、市民や職員の行き来を、詮索するような目で、注意深く観察していた。国会は、憲兵や槍騎兵が取囲み、代議士達は、ひそひそ声を低めて議論しながら出入りしていた。中庭で、ロラン大尉と私は、トゥロンポシンスキーにばったり出会った。この肥満体で、小心者の国会議長は、心ここにあらずといった様子で挨拶してきた。彼は、用心深くて冷淡なポズナニ地方出身の議員数人に取り巻かれていた。トゥロンポシンスキーは、ポズナニ出身の右翼政治家で、ピウスツキに対し敵意をあらわにしており、この頃はヴィトス政権を転覆するため、秘かに画策を重ねているというもっぱらのうわさであった。その日の夜、狩猟クラブで、トゥロンポシンスキーは、イギリス公使館秘書官キャベディシュ・ベンチンクに「ピウスツキはポーランドを守ることはできないだろうし、ヴィトスは共和国を守ることができないだろう」などと語っていた。トゥロンポシンスキーにとって共和国とは議会のことを意味していた。肥満体の人にありがちなように、トゥロンポシンスキーもまた自分の身が十分に守られているとは感じていなかった。

ロラン大尉と私は、一日中、街中をかけめぐり、市の中心部からは一番遠い市と郊外の境界あたりにまで足をのばした。夜一〇時頃、ちょうどサボイ・ホテルの前を通りかかった時、ロラン大尉は、誰かが彼の名前を呼ぶのを耳にした。ホテルの入口で、ブラハ・バラボヴィッチが、ロラン大尉と私に、中に入るよう手招きしていたのだった。ロシアの将軍バラボヴィッチは、ピウスツキのパルチザン——ただし、ロシアやポーランドで「パルチザン」という時の意味で——として、あの有名な黒色コサックの部隊を指揮していた。黒色コサック兵達は、ポーランドのため、ブジョンヌイ配下の赤色コサック兵達と戦闘をくりひろげていた。

ブラハ・バラボヴィッチは、ならず者の顔を持ち、パルチザンのあらゆるゲリラ戦術にたけた勇猛果敢な将軍であった。同時に彼は、ピウスツキにとって最後の切札となる存在でもあった。というのは、ピウスツキは、バラボヴィッチ将軍とコサックの長ペトリウラの力を借りることにより、白ロシア地方とウクライナ地方で、反ボリシェヴィキ、反デニキンの闘争を展開することを考えていたからである。バラボヴィッチ将軍は、司令部をサボイ・ホテルに置いていた。この司令部にいれば、前線の小さな衝突の合い間、合い間に、中央の政治状況を見守るため、時折り、疾風のように現れては去って行く、彼の姿を見ることができただろう。というのはポーランド政府が置かれた危機的状況は、彼にとって重大な関心事だったからである。それが彼に有利に働くか、あるいは不利に働くか、一瞬一瞬が賭けだった。彼は、ブジョンヌイ配下のコサック兵達の動きよりも、ポーランド内部の政治情勢に注目していた。それ故、国民は彼に警戒の念を解かず、またピウスツキさえも、危険な味方と手を結ぶ時のように、きわめて慎重に彼を扱っていた。

バラボヴィッチは、私達に会うと、直ちに状況を包み隠さず語ってくれた。彼のみるところでは、ポーランドを破滅から救い、ワルシャワを敵軍から守ることができるのは、ただ右派からのクーデターのみだということだった。彼の結論はこうだった。

「ヴィトスには、現在の状況に対処し、ピウスツキ軍の銃後を守ってゆく能力はない。

一日か二日のうちに、この混乱を収束し、市民のレジスタンスを組織し、危機に瀕した共和国を防衛するため、権力奪取を決意する者が現れなければ、俺達はコミュニストのクーデターに直面することになるだろう」。そしてまた、ロラン大尉もバラボヴィッチと同じことを考えていた。ロラン大尉によれば、コミュニストの蜂起を阻止するためには、もう手遅れであるうえ、右派諸政党には国家権力を奪取するという重大な責任をひきうけるに足りるだけの能力のある人材はいないということだった。

だが、バラボヴィッチは、ポーランドが置かれた危機的な状況を考慮してか、ロラン大尉ほどには、クーデターの結果についての責任を重大視していないように思われた。この時点で、何よりも差し迫っており、何よりも重要なことは、ポーランド共和国を救うために立ちあがることだったからだ。また、バラボヴィッチは、クーデターを計画することがどれ程困難な状況にあっても、実際にクーデターを実行し国家権力を奪取することは、どんな愚か者にでもできるほどたやすいことだと考えていた。だが、最後に彼はこう付け加えた。「しかし、ハーレル将軍は前線にいるし、サペーハ皇太子には腹心の部下がいない。それにトゥロンポシンスキーはクーデターにおじ気づいている」。ここで、私はこう口をはさんだ。「そのうえ、間違いなく、左派諸政党にも、この重大な事態に対処するに足りるだけの能力のある人材がいない。それでは、いったい誰がコミュニストによるクーデターを阻止することができるというのだろうか？」。

「君の言うとおりだ」。こううなずいてバラボヴィッチは続けた。「もし俺が彼らの立場にあったら、これ程まで時期をさき延ばしにしなかっただろう。俺がロシア人でなかったら、つまり、この国で外国人であるということは、それだけで敵視されるし、まあ俺はこれと闘ってきているわけだが、俺ならばとっくにクーデターを起こしているね」。だがロラン大尉は、微笑みながら、こう皮肉った。「君がもしポーランド人だったとしても、やはり何もできないよ。というのはね、この国では何でも、手遅れになるか、早すぎるかのどちらかなんだから」。

確かに、バラボヴィッチは、数時間でヴィトス政府を転覆させる能力のある男であった。彼の配下のコサック兵が千名もいれば、彼は十分に、首都の中枢部を一挙に占拠し、わずかな期間でワルシャワの秩序を回復するための体制を敷いていただろう。だが、その結果はどうなるのだろうか？　バラボヴィッチとその配下の者達はロシア人、さらに言えばコサック出身の人々であった。なる程、バラボヴィッチは大きな困難に直面することもなくクーデターを成功させたであろう。だが、その後に難問が続出しただろう。しかもその難問は乗り越え難い。というのは一度国家権力を掌握すれば、バラボヴィッチは直ちに右派の人々にその権力を委譲することになるだろう。だが、ポーランドという国を愛する人々は、ひとたびコサック人達の手に落ちた権力を決して譲り受けようとはしないだろう。それ故、こうした状況につけ込み、クーデターを起こすことのできる人々は、ただコミュニスト達だけであった。最後にバラボヴィッチはこう結んだ。「本音を言えば、コミュニスト達がクーデターを起こしてくれれば、結果的には右派諸政党にとっては、よい教訓になるはずだよ」。

その夜、狩猟クラブにはピウスツキやヴィトス政権に反対する人々、つまり貴族や大地主をもっともよく代表する人々が、サペーハ皇太子とトゥロンポシンスキーの周囲に集まっていた。だが、外交団からこの会合に出席していたのは、ドイツ公使オベルンドルフ伯とイギリス軍将軍カールトン・ド・ヴィアルトとフランス公使館付秘書官だけだった。その場に出席した人々は、サペーハ皇太子とオベルンドルフ伯を除いては、皆落ち着きはらっているように見受けられた。サペーハ皇太子は、周囲の人々の話題は耳に入らない様子で、時折り、カールトン・ド・ヴィアルト将軍の方に身を乗り出し、将軍とポトッキー伯爵との間で交わされている軍事情勢に関する議論に口を差しはさもうとしていた。この間、ボリシェヴィキ軍は目ざましい侵攻を示し、ラジミン地区、つまりワルシャワから約二〇キロの村にまで達していた。

ポトッキー伯爵はこう語っていた。「われわれは、この戦争を最後の最後まで闘うことになるだろう」。だがイギリス軍将軍カールトン・ド・ヴィアルトは苦笑いしながらこう言い返した。「『最後の最後まで』というより『明日まで』と言うべきだね」。

ポトッキー伯爵はつい二、三日前にパリから帰ったばかりであったが、帰った時はすでに幸運の女神がポーランドに微笑むや、できるだけ早く、パリに戻ろうと考えていた。こうした人々を見てカールトン・ド・ヴィアルト将軍は、こう評していた。「君達は皆、あの有名なドンブロウスキーに似ているね。ポーランド国民軍を率いて、ナポレオン時代にイタリアで闘ったドンブロウスキーに。彼はこう言っているんだ、『余は何時でも祖国のために死ぬつもりで闘っている。勝ち残って祖国で暮すために闘っているにあらず』とね」。

集まった人々が、こんな連中であったから、話題も当然こんなことに限られていた。遠くでは、砲声のうなりがとどろいていた。夜も明けようとする頃、ロラン大尉と私が立ち去ろうとすると、トマジーニ公使がやってきて、その日の夜、狩猟クラブで会いたいと言ってきた。だが、誘ってくれるのなら、もう少し早い方が良かった。というのは、トマジーニ公使がやってきた時には、私の方は、まさに立ち去ろうとしていたのだから。トマジーニ公使は、おそらくは、私達とヴィトス政府の先見の明のなさを語りあいたかったのだろう。ヴィトス政府の無能さは、無論、彼にとって重大な問題であったことは間違いない。だが、ヴィトス政府に関する私達の評価は、彼にとっても目新しいものではなかっただろう。事実、ヴィトス自身も数時間前に、「われわれは、もはや状況を主導する立場にいないと思われる」と本音を吐いたばかりであった。トマジーニも、やはり、反ピウスツキ、反ヴィトスの人々の中には、クーデターを起こすことのできる人物がいないと確信していた。何らかの社会不安を起こし得るとすれば、その可能性のあるのは、ただコミュニスト達だけであった。だが、そのコミュニスト達にしても、軽はずみから、この状況を危険にさらすことを恐れるあまり、クーデターという冒険に踏み切ることをためらっていた。クーデターは、ひとつ間違えば、危険とは言えないまでも、無意味な結果に終ってしまう可能性のある賭けだったからである。また、コミュニスト達が、もはや、勝利は確実だと判断して、静かにトロツキーの到着を待っていることも、明々白々であった。トマジーニ公使は、私に助けを求めるようにこう言ってきた。「とうとうラッティ猊下も、外交団がこれまで一致して維持してきたワルシャワ退避案を変更しないことに腹を決めたよ。ラッティ猊下と僕は、何が起ころうとも、最後の最後までワルシャワに残ることになるだろうけれども」。

「そいつは困ったな」。ロラン大尉はしばらく間を置いて、こう口をさしはさんだ。無論それは皮肉でなく、彼の本心を語ったものだった。「そいつは困るよ。君は『何が起ころうとも』と言うけれども、もし何も起こらなかったらどうするね」。

翌日の夜、ラジミン村をボリシェヴィキ軍が占拠し、ワルシャワに通ずる橋のたもとを攻撃中とのニュースが伝わるや、外交団は直ちに首都を発ち、ポーゼンへ避難を開始した。ワルシャワには、もはや、教皇大使とイタリア公使、そしてアメリカ及びデンマークの代理公使を除いては、外交団の人々は誰もいなかった。

その日、ワルシャワは、夜を徹してボリシェヴィキ軍の恐怖にさいなまれていた。翌日つまり八月一五日――その日はちょうど聖マリア祭の日にあたる――、人々は皆、聖マリア像の後でぞろぞろと行列を作り、声高に、「ポーランドを侵略者の手からお守り下さい」と哀願していた。

すべてが失われた、と思われた時、そして長蛇の列を作った人々が、その日がやってくることを予見し祈りを捧げていたその時が、とうとうやってきたのか、と思われた時、赤色コサック兵を偵察するため斥候にでていた一人の兵士が街角に飛び出し、ニュースを伝えた。それは、ウェーガン将軍が、やっといくつかの戦線で勝利を収めた、というものだった。もちろん、この勝利はポーランドにとっては初めてのものだった。このニュースはポーランド中に電撃のように広がった。トロツキー軍は、全戦線にわたり退却を余儀なくされていた。

トロツキーには、決して欠いてはならない同盟軍がいなかった。つまり、ワルシャワには一人のカティリナもいなかったのだ。

第四章

カップ・三月対マルクス

1

「われわれはポーランド革命をあてにしてきた。だが、その革命は、やってこなかった」。一九二〇年、秋ももう盛りにさしかかろうとする頃、レーニンはクララ・ツェトキンに、こう打ち明けた。クーデターにとって有利に働く要素の中で、無秩序が必要不可欠であると考える人々――たとえばホレース・ランボールド卿――は、いったいどのようにしてポーランドのカティリナ派の行動を説明するのであろうか。トロツキー軍のワルシャワ城門への到着、ヴィトス政府のこのうえない脆弱さ、人々の間に広まった反乱への気運といったものは、無秩序と同じくらい、蜂起にとって重要な要素ではなかったのだろうか。バラボヴィッチもこう語っている。「こんな有様では、どんな愚か者でも権力を奪取することができる」。ところが、一九二〇年の時点では、ポーランドだけでなく、全ヨーロッパに、こうした愚か者があふれていたのだ。いったいどうして、このような有利な要素が揃っているワルシャワで、コミュニストの側からさえも、クーデターのための蜂起がひとつも起こらなかったのだろうか。

ポーランド革命の可能性に、幻想を抱いていなかった唯一の人物はラデック[1]であった。レーニン自身もクララ・ツェトキンに、そのように語っていたという。ラデックは、ポーランドのカティリナ派の力量が不足していることを見抜き、ポーランドで革命が起きるとすれば、その革命は、外部から人為的に起こされるものでしかあり得ない、と主張していた。また、よく知られているとおり、ラデックは、ポーランド以外の国々のカティリナ派についても幻想を抱いていなかった。一九二〇年夏、ポーランドで繰り広げられた一連の出来事は、ポーランドでは、カティリナ派の力量が不足していることを明るみに出したばかりでなく、全ヨーロッパ諸国でも、やはりカティリナ派の力量が不足していることをも教えていた。

先入観なしに、一九一九年から一九二〇年にかけて、ヨーロッパが置かれていた政治状況を観察する者は誰でも、いったいどのような奇跡が働けば、政府は、これ程までに深刻な革命への危機から逃れることができるのだろうか、と自問せざるを得なかっただろう。ほとんどすべての国で、自由主義政府は、自らに国家権力を防衛するに足りるだけの能力がないことを暴露していた。自由主義政府の国家防衛方法は、当時

──そして、それは現在でも変わっていないが──、警察制度を単純に、そのまま機能させることであった。すでにみたとおり、自由主義政府ばかりでなく、絶対主義政府でさえも、常にこうした警察制度を信頼しきってきた。だが、政府の側に国家権力防衛の能力がなかったとすれば、革命政党の側も無能だった。革命政党は、政府の使い古された国家防衛策に近代的な攻撃方法を対置させることもできず、政府の警察力行使に革命技術を対置することもできなかった。両者の無能が相補っていたのである。

一九一九年と一九二〇年には、言い換えれば、ヨーロッパが革命の危機にもっとも深刻にさらされていた時期には、驚くべきことに、右派のカティリナ派も、左派のカティリナ派も、ボリシェヴィキ革命の経験を活用する術を知らなかった。右派であれ左派であれ、権力を奪取しようと企てる人々は、トロツキーにより編みだされ、実践に移されたクーデターの現代的方法、つまりクーデターの技術や戦術──それは現在ではクーデターに関する古典的な範例と言ってもよい──を学んでいなかった。

彼らが構想していた国家権力を奪取するための方法は、あまりにも時代遅れのものであったため、彼らは、必然的に、政府の側が国家権力を防衛するために作り上げた土俵の中で権力を争わざるを得なかった。また、彼らが国家権力を奪取するために用いる手段や組織は、あまりにも古くさいものだったため、政府がどれ程脆弱であって先見の明がなかったとしても、政府の側は古くから知られている国家権力防衛のための手段や組織さえ用いれば、首尾よく権力を防衛することができた。

ヨーロッパでは、もう革命の機は熟していた。だが、革命を標榜する諸政党には、この有利な状況を利用する能力もなければ、トロツキーの経験を活かす才覚もないことは、誰の目にもあきらかであった。革命政党は、一九一七年のボリシェヴィキの蜂起の成功は、ただロシアに固有の特殊な条件とケレンスキーの失政からしか説明され得ないと考えていた。彼らは、ヨーロッパのほとんどすべての国々で、ケレンスキーと同様の人物が権力の座に就いていることに気付いていなかった。さらに、トロツキーは、クーデターを計画する際にも、また実行する際にも、ロシアに固有の特殊な条件をまったく考慮に入れていないということも、彼らは理解していなかった。トロツキーの戦術の新しさは、その国の一般的状況を徹頭徹尾無視することにあった。ただケレンスキーの失策だけが、ボリシェヴィキがクーデターを計画し、実行する際にわずかに影響を及ぼしているにすぎない。ロシアの置かれていた政治状況が、仮に異なったものであったとしても、トロツキーの戦術は何ら変更を受けることはなかったであろう。

ケレンスキーの犯した誤りは、当時ばかりではなく今日でも、全ヨーロッパの自由主義ブルジョアジーに共通して認めることができる、きわだった特徴となっている。政府はどうしようもなく脆弱で、この政府が生き残れるか否かは、ただ警察力のみにかかっていた。だが当時の自由主義政府にとって運が良かったことには、カティリナ派も革命を警察力の問題と考えていたのである。

2

革命戦術を、技術《テクニック》の問題ではなく、政治上の問題と考える人々にとって、カップ(2)のクーデターは良い教訓となるだろう。一九二〇年、三月一二日から一三日未明にかけて、フォン・リュトヴィッツ(3)将軍の命令のもとに、ベルリン近郊に集結したバルティック部隊数個師団は、バウアー政府に最後通牒を発し、もしバウアー政府が権力をカップの手に移譲しない場合は、首都占拠をも辞さぬ旨を伝えた。カップ自身は、これにより議会手続の枠内でクーデターを起こし、フォン・リュトヴィッツのシェイエスたりうる、と秘かに皮算用を踏んでいた。だが、カップの革命戦術は、当初から典型的な純軍事的クーデターの様相を明瞭に示していた。そのことは、カップの戦術が構想される際にも、実行される際にも、はっきりと見てとることができる。しかしながら、この脅迫じみた命令に対し、バウアー政府は、拒否をもって答え、さらに国家を防衛し、公共の秩序を維持するため、さしあたり必要な範囲で警察力を用いた。このような場合の常として、政府は、敵側の軍事的発想に対して、治安対策をもって答えたが、両者の構想は、互いにひどく似かよっていた。そして、まさにそれ故に、革命を軍事的反乱から区別する、革命に特徴的な何か、が消え去ってしまったのである。警察は、まるで都市の警護にあたる時のように国家防衛の任にあたり、軍隊は、要塞を陥落させる時のように国家権力を攻撃した。

バウアーによってとられた治安維持対策は、広場や幹線道路にバリケードをめぐらし、公共建造物を占拠することにあった。フォン・リュトヴィッツにとって、クーデターを実現するということは、主要幹線道路の交差点、広場の入口、ドイツ国会の前、ウィルヘルム通りの官庁街の前を固めた警察分遣隊を放逐し、彼自らが指揮する部隊を、これらの地点に配置することを意味していた。はたしてフォン・リュトヴィッツが町に入って数時間後には、彼はすでに状況の主導権を握っていた。防衛の任にあたる部隊は、バウアー配下の警官隊から、フォン・リュトヴィッツ配下の部隊に速やかに移行し、ベルリンの支配権は流血の惨事を見ることもなく、フォン・リュトヴィッツの掌中に落ちたのだった。

しかし、フォン・リュトヴィッツが軍人であるなら、元農林大臣カップは高級官吏であり、一人の官僚であった。このため、フォン・リュトヴィッツは公共の秩序を維持するため、警官隊に代えて彼自身の指揮下にある兵士達を配置したという一事によって、国家権力を奪取したと信じていたのに対し、新首相カップは、各省庁を支配下に置くことによって、初めて国家の正常な機能を保障し、革命政府の合法性を承認させることができると考えていた。

人物としては凡庸な男であったが、良識に恵まれ、ドイツの将軍達や高級官僚を知りつくしていたバウアーは、当初から「フォン・リュトヴィッツのクーデターに対し軍事力で対抗しようとしても、無意味だし、危険を招来することにもなりかねない」と考えていた。

すでに、バルティック部隊によるベルリン占拠は、避けられない事態となっていた。警察は、歴戦の兵士達と闘う術を知らなかった。なる程警察は、陰謀や暴動を鎮圧するためには正規の訓練を受けていた。しかし、数々の戦場を経てきた古強者に対抗するうえでは、警察はまったく役に立たなかった。鉄兜をかぶった軍隊が現れるや、ウィルヘルム通りの入口に陣取り、警護にあたっていた警官隊は、反乱軍に降伏してしまう有様であった。また、エネルギッシュな人物として知られ徹底抗戦論者であったノスケ[4]までも、自らの部隊の中に裏切り者が出たという知らせを受けるや、直ちに、バウアー以下諸閣僚の態度に同調する始末であった。

革命政府の弱点は国家機関であるというバウアーの考えは正しかった。この機関を停止させてしまえば、否、その作動を妨げるだけでもいい、誰でもカップ政府の息の根を止めることができるだろう。カップの掌中に落ちたドイツ国家の生命を断ち切るためには、とにもかくにも、公共秩序の中枢部を麻痺させなければならなかった。

バウアーのとった態度は、マルクス学校で育った中産階級出身者の反応の仕方そのものであった。だが、カップが現行の法秩序を利用しつつ、権力の足場を固めようと企てている状況の中で、カップの企てを挫折させるべく、公共秩序を、根こそぎに、そして暴力的に転覆させるという大胆不敵な計画を立てることができる者がいるとすれば、それはバウアーのようなマルクス学校育ちの中産階級出身者だけだった。骨の髄までどっぷりと社会主義思想にひたりながら、自分の思想や関心そしてこれまで受けてきた教育とはまったく無関係な世界の人物や出来事を、国家官僚特有の冷徹さと意地の悪さによって判断することに慣れきった几帳面な人物、それがマルクス学校育ちの中産階級出身者の姿であった。

バウアー政府は、ベルリンを捨て、ドレスデンに亡命する前に、労働者階級に、ひとつの呼びかけを行っていた。それは、労働者側に、ゼネ・ストへの突入宣言を求めるものであった。(5) バウアーによるこの決定は、カップにとって危険な事態を招来させた。合法的なバウアー政府に忠誠を誓った軍隊が、たとえカップ側に対し反撃に出たとしても、ゼネ・ストよりもはるかに危険は少なかっただろう。何故なら、フォン・リュトヴィッツの部隊は、容易にこの反撃を阻止することができたからである。だが、いったいどのような手段を用いれば、ゼネ・ストに突入した膨大な数の労働者を、再び仕事に就かせることができるのだろうか？　武器では不可能だった。ゼネ・ストは、カップにとっては、間違いなく大きな痛手であった。三月一三日の正午の時点では、カップは状況の主導権を握ったと信じていた。だが、その日の夕暮には、カップは、予想もしていなかった敵にとりかこまれていることに気付かされた。数時間のうちに、ベルリンの中枢部が麻痺させられ、ストライキの波は、プロシャ全土に波及していった。首都は闇に包まれ、街の中心部には、人影さえ見えず、労働者街では、物音ひとつ聞こえなかった。麻痺状態は、公共機関をも、電撃的な速さで侵しつつあり、病院には看護師の姿も見えなかった。プロシャとそれ以外の地域との交通は、午後になるや、断ち切られたまま動き出す気配さえ見られなかった。このままの状態が続けば、ベルリンは数時間後には飢餓にさらされるだろう。一方、労働者の側には、暴動の動き、反乱の気配すら、見られなかった。労働者達は、このうえもなく静かに、工場を立ち去っていた。社会秩序は、混乱のきわみにまで達していた。

三月一三日夜から一四日朝にかけて、ベルリンは深い眠りに落ち込んでいるように見えた。しかし、連合軍派遣団の拠点であるアドロン・ホテルでは、誰もが、何か大きな出来事が起こることを待っているかのように、一睡もしないまま、夜明けを迎えようとしていた。そして首都は、パンも水も新聞もないまま、朝を迎えた。ただ静寂さだけがこの町を支配していた。いつもなら人出でごったがえしているはずの通りでも、この日は、市場には人影もなく、また鉄道が動かないため、ベルリンへの食糧補給は断たれたままだった。ストライキの波は、さらに拡大し、公共・民間を問わず、すべての職域を巻き込んでいった。電話交換手も電信技師達も事務所に姿を見せず、銀行、商店、カフェは閉ざされたままだった。各省庁の中でさえも、多くの官吏達は、カップによる革命政府承認を拒んでいた。

バウアーは、はじめから、こうしてゼネ・ストが伝染してゆくだろうと予想していた。バウアーの予想は見事に適中した。労働者側の無言の抵抗に対し、何らなす術《すべ》のないカップは、公共機関のうちでも、もっとも繊細で重要な歯車装置をもう一度作動させるべく、腹心の技術者や官吏達に援助を求めた。だが、時すでに遅く、麻痺はもう国家機関の内部まで侵し始めていた。

他方、下町の労働者達は、もはや当初の平静さを失っており、どこへ行っても、焦燥や不安、そして暴動へのきざしが、あちらこちらに見られるようになった。南部の諸州から伝えられた情報によれば、カップは二つにひとつの選択を迫られていた。すなわち、ベルリンを包囲しつつあるバウアーのドイツ政府に降服するか、あるいはカップの非合法政府を機能麻痺に追い込んだベルリン労働者のゼネ・ストに屈服するか、の選択であった。

バウアーの手に国家権力を返さざるを得ないのか、それとも、下町の主人顔をした労働者評議会に権力を渡さなければならないのか？　カップが、クーデターによって得たものは、国会と、各省庁にすぎなかった。カップを取り巻く状況は、時々刻々と悪化の一途をたどり、革命政府に、勢力挽回を図るための政治工作を行う糸口や機会すらも与えていなかった。左派諸党を抱き込むことも、否、右派との連携すらも不可能のように思われた。また武力行使をすれば、予想外の結果を招来させかねないだろう。確かに、フォン・リュトヴィッツは、労働者を再び仕事に就かせるため、何度か彼の部隊に命じ、軍事行動をとらせた。だが結果は無用な流血を招いたにすぎなかった。あちこちの歩道上には、こうした最初の衝突を物語る、血生臭い痕跡が残っていた。それは、発電所と鉄道の駅の占拠を怠るという致命的な失敗を犯した革命政府の流した血の跡だったのかも知れない。

この最初の流血事件により、国家機関のメカニズムは完全に錆びついてしまった。クーデター三日目の夕暮れ、外務省の高級官僚数名が一斉に逮捕された。この結果、カップ側は、かえって、ゼネ・ストがもたらした混乱が官僚機構のどの部分を侵食しているのか、天下にあきらかにすることになってしまった。三月一五日、シュトゥットガルトで国民議会が招集された。その席で、バウアーはエーベルト大統領にベルリンでの流血事件の顚末を報告しながら、こう語ったという。「カップの過ちは、無秩序をさらに悪化させたことにあります」。

3

この時点で、状況の主導権を握る者はバウアーであった。あの凡庸な、秩序感覚にどっぷりとひたったバウアーは、だが、カップが反乱を企てた時、これに対抗するためには、社会的混乱、つまりゼネ・ストが決定的な武器となり得ることを理解していたただ一人の人物であった。骨の髄まで権威第一主義に侵された保守主義者や、まっ先に合法性を重んじる自由主義者、あるいは政治抗争の際には、何を差し置いても、議会の意向にだけは忠実な民主主義者であったなら、広汎な労働者大衆を、非合法に組織して政治に介入させ、国家の防衛をゼネ・ストに委ねるような真似は決してできなかっただろう。

あのマキァヴェリが描き出した君主ならば、敵から急襲を受けたとき、あるいは宮廷で陰謀がなされようとしたとき、これを鎮圧するため、ためらうことなく民衆に援助を求めたことだろう。他方で、マキァヴェリが描き出した君主が、ヴィクトリア女王時代のトーリー党員よりも保守的な人物であることも間違いない。当然のことながら、ヴィクトリア王朝はマキァヴェリが描き出した君主の道徳的な偏りや政治的な教養にはまったく影響を与えていない。だが、マキァヴェリは、歴史上しばしば登場するアジアやギリシャの専制君主達やルネッサンス期イタリアの領主達の実例を手がかりとしながら、彼の理想とする君主の姿を描き出した。だからこそ、マキァヴェリが描いた君主は、保守的でありながら、危機に際してはためらうことなく民衆の援助を求めるという大胆な行動をとることができるのだ。

これに反し、近代ヨーロッパの伝統をふり返るならば、政府は、保守的であれ自由主義的であれ、回避しなければならない危機がどのようなものであろうとも、労働者大衆による非合法な行為に頼るという途だけは排除してきた。労働者大衆による非合法な行為を利用するということ自体が、国家理念に反するからである。後に、ドイツの人々は、ひとつの思考実験を試みた。もしこの時シュトレーゼマン(6)がバウアーの立場にあったなら、どのように対処しただろう、と考えてみたのである。人々がたどり着いた結論は、さしあたり次のようなものだったと考えて間違いないだろう――シュトレーゼマンならば、あのバウアーによる労働者大衆に対するゼネ・スト要請は誤った先例と受けとめただろう。

さてここで、バウアーがマルキストとして教育を受けたことを考えておかねばならない。なぜなら、マルキストとして教育を受けてきたからこそ、バウアーは、カップが反乱を企てたとき、一瞬のためらいもなく、必然的にあの判断、つまり労働者にゼネ・ストを要請するという判断に踏み切ることができたからである。マルクス学校で育った者にとっては、軍国主義者やコミュニストの蜂起から国家を防衛するため、ゼネ・ストを、民主的政府にとって許された合法的な手段として用いることができる、という知識は決して目新しいものではなかった。バウアーは、マルクス主義の基本原理を、自由主義国家を防衛するために、最初に応用した人物であった。バウアーが実践し創り上げた先例は、現代の革命史の中でも、特筆すべき重要な意義を有している。だが、三月一七日、「ドイツは由々しい状況に置かれている。すべての政党と市民は、打って一丸となって、コミュニスト革命の危険と闘わなければならない」という理屈をつけて、カップが国家権力を放棄すると宣言した時、非合法政府の支配する五日間というもの、バウアーを信頼しきってきた民衆の心には、不安と恐れが頭をもたげてきた。なぜなら、この時、社会民主党は、ゼネ・ストの主導権を失っており、社会民主党にかわり、コミュニスト達が状況を支配しようとしていたからである。ベルリンの下町では、赤色共和国が宣言され、ほとんどドイツ全土で労兵協議会が結成されつつあった。特にザクセン地方とルール地方では、ゼネ・ストは、反乱の前奏曲にすぎなかった。ドイツ国防軍は、この時初めて機関銃と大砲で武装した、本物のコミュニスト部隊と遭遇したのだった。

では、バウアーはいったい何をしようとしていたのだろうか。確かに、ゼネ・ストはカップ政府を転覆させた。だが、コミュニスト達との間で内乱が起これば、その内乱は、バウアーを政権の座からひきずりおろすことになるかも知れなかった。

コミュニストの反乱を軍事的に鎮圧しなければならない事態に直面したとき、バウアーの受けてきたマルキストとしての教育は、かえって彼の弱点となった。なる程、カール・マルクスは「蜂起はひとつの技術である」と明確に述べている。だが、マルクスの言う蜂起は、国家権力を奪取するための技術ではあっても、国家を防衛するための技術ではあり得ない。マルクスの定式化した革命戦略は、国家権力を奪取することを目的とするものであり、その手段が、階級闘争であった。権力の座にとどまるためには、レーニンは、マルクス主義の基本原理のいくつかを変更せざるを得なかったではないか。そしてまた、それはジノヴィエフが彼の著書で強調してやまないことであった。ジノヴィエフは「今や、レーニンなしに、真の意味で、マルクスが存在することはあり得ない」と記している。

ゼネ・ストは、バウアーの手により、カップからドイツ共和国を守るための手段として用いられた。だがコミュニストによる蜂起から共和国を守るためには、ドイツ国防軍が必要だった[7]。ゼネ・ストの前には、もろくも敗退し去ったフォン・リュトヴィッツ配下の部隊も、コミュニストの反乱に対しては、容易にその存在理由を見せつけることができただろう。

だが、コミュニスト達が、カップに対し、カップのもっとも得意とする分野で闘いを開始するチャンスを与えた、まさにその瞬間、カップは政権の座を投げ出してしまった。このようなカップの大きな誤りは、カップの属する反動グループの側から見るならば、到底理解することもできなければ、弁解の余地もない致命的な判断ミスであった。

他方で、バウアーも、別の意味で、誤りを犯していた。バウアーは、この時点では、ただドイツ国防軍のみがコミュニストの蜂起に対抗するための唯一の手段であることを理解していなかったからである。だが、このようなバウアーの誤りは、バウアーの属するマルキスト・グループからするならば、あらゆる見地から見て、十分に弁解の余地のある判断ミスであったと言ってよいだろう。マルキストにとって、国防軍をコミュニストに対し差し向けるという事態は、考え難いことだったからである。

バウアーは、コミュニスト達による反乱の指導者と妥協しようと試みたが、結局失敗に終り、この後ミュラーに権力を移譲した(8)。正直で凡庸でありながら、あれ程大胆な行動をとることのできた男が、最後の最後に迎えた悲劇的な結末だった。

だが、それでもなお、ヨーロッパでは、自由主義者もカティリナ派も、レーニンとバウアーから、多くのものを学ばなければならないことに変わりない。

第五章

ボナパルト 初めての現代的クーデター

1

もし、ボナパルトの前にバウアーのような人物が立ちはだかったとしたならば、ブリュメール一八日には、いったい何が起こっていただろうか。ボナパルトとドイツの実直な宰相とをこのように対峙させてみると、それまで見えなかったことのいくつかが見えてくる。(1) バウアーは、プルターク英雄伝に描かれた英雄達とは似ても似つかない人物であった。バウアーは、中産階級出身の善良な一ドイツ人であり、その心の奥ではマルクス主義による教育が、あらゆる感情を抑えつけていた。

たしかに、バウアーは凡庸な人物だった。だが、彼の凡庸さから生みだされた政治戦術は数限りない。バウアーのような、凡庸であると同時に道徳心にあふれた人物が、カップのような、どこにでもいる、なりそこないのヒーローにめぐりあわなければならないとは、何という運命のいたずらだったのだろうか。バウアーこそ、ボナパルトにふさわしい好敵手であり、ブリュメール一八日に、アルコラの征服者——ボナパルト——に対峙していなければならなかったはずの人物なのだ。だが二人が出会ったならば、ボナパルトは、最後には太刀打ちできない強敵を相手にしていることに気付かされることになっただろうが……。

ところで、バウアーは、現代人であって、ヴェルサイユ条約とワイマール憲法時代のドイツ人であり、われわれと同時代のヨーロッパ人である。他方で、ボナパルトは、一八世紀に生きたヨーロッパ人であり、一七八九年には、もう二〇歳をむかえたフランス人だった。それ故、バウアーがブリュメール一八日にいたとして、ボナパルトによるクーデターを阻止するため、バウアーに、いったい何ができたのだろう、と考える人々もいるだろう。

なる程、ボナパルトはカップではなかったし、一七八九年のパリが置かれていた状況は一九二〇年のベルリンが置かれていた状況とまったく異なっている。従って、バウアーは、ボナパルトのクーデターに対し、ゼネ・スト戦術を用いることはできなかっただろう。当時のフランス社会を構成していた組織や技術水準を考慮するならば、ストライキによってクーデターを阻止するための決定的条件が欠けていたからだ。

だとすれば、ブリュメール一八日に、バウアーは、ボナパルトに対抗するため、いったいどのような戦術を用いたのだろうか。そしてボナパルトとバウアーとの間に、いったいどのような関係が生じたのだろうか。このような疑問を解くべく考察を進めることは、世間の人々が考えているよりもはるかに興味深い。

ボナパルトは、ただ単に一八世紀の人間であるばかりか、とりわけて現代人であり、間違いなくカップなどよりはるかに現代的な人間である。ボナパルトの精神構造とバウアーの精神構造とを比較するということは、とりも直さず、国家権力を奪取しようと企てる人々——現代で言えば、プリモ・デ・リヴェラやピウスツキのような将軍達——が抱く合法性の観念と、いかなる手段を用いてでも国家権力を守り抜こうとしている人々——現代で言えば、中産階級出身の閣僚のような人々——が抱く合法性の観念とを比較することを意味している。このような比較が、私の勝手な想像の産物にすぎないと受けとめないでいただきたい。国家権力を奪取するための技術について、古典的な考え方と現代的な考え方との間の相克は、ボナパルトにおいて初めて生じたものだし、ブリュメール一八日のクーデターは、近代的な革命戦術に含まれる問題点が最初に浮き彫りにされたクーデターなのだから。ボナパルトが犯した誤りや、彼をとらえて離さなかった執着やためらいは、間違いなく一八世紀の人間に特有なものだった。それは、最初にこのような形で浮き彫りにされた困難かつ新たな問題、つまり近代国家の複雑系に関連して生じた問題を、異常な状況の中で解決することを強いられた一人の人間が陥った誤りであり、執着であり、ためらいであった。

ボナパルトの誤りの中でもっとも重大なものは、ブリュメール一八日のクーデター計画を、合法性の尊重と議会手続のメカニズムのうえに構築したことである。ブリュメール一八日のクーデターは、このような誤りを含んでいたため、ボナパルトの中に、近代国家が直面している現実的な課題のいくつかについて、研ぎすまされた感覚を呼びさますことになった。そして、彼の中に、近代国家と市民との間の多様でもろい関係から生ずる危険について、正確な認識を形成させ、そのような危険に対する懸念を呼び起こすこととなった。だからこそ、ボナパルトは、一八世紀の人間である以上に、完全な現代人であり、われわれと同時代に生きるヨーロッパ人であると言うことができるだろう。

ブリュメール一八日のクーデターは、構想上の誤りや実行上の誤りを含んでいたにもかかわらず、議会手続を利用したクーデターのモデルであり続けている。だが、現代において、ブリュメール一八日のクーデターの特徴を見出すとするならば、それは議会手続を利用したクーデターを起こそうとする場合、必ずやブリュメール一八日のクーデターに含まれていた構想上そして実行上の誤りと同じ誤りを避けて通ることができないという点にあるだろう。だからこそ、ブリュメール一八日のクーデターは、私達をバウアーや、プリモ・デ・リヴェラやピウスツキの考察に向かわせるのだ。

2

ロンバルディア平原において、ボナパルトは古典からスラ[2]やカティリナ、それにシーザーの実例を学びながら、権力奪取の準備をととのえつつあった。それらの実例は有名ではあったが、彼にとっては何の役にも立たないものであった。カティリナの陰謀はボナパルトにとって特別な関心を呼び起こすものではなかった。結局のところ、カティリナは、なりそこないのヒーロー、一介の扇動政治家にすぎなかった。カティリナは反乱を成功させるに足りる野心も持ちあわせていなければ、良心の呵責から、反乱に立ちあがるためにはあまりにも多くのためらいを抱いていたからである。

これに対し、あのキケロはなんと並はずれた警察担当の執政官だったろうか！ キケロはなんと巧妙な方法でカティリナとその共犯者達を一網打尽に捕えることができたのだろうか！ キケロはなんと激しい皮肉でもって謀反人達に対し、今日のいわゆるプレス・キャンペーンをあびせ続けたのだろうか！ キケロはなんと上手に、敵の誤りや手続上の障害、謀反人達の悪だくみや気のゆるみや野望、そして貴族や平民達のいやしい本能を利用したことだろうか！

ボナパルトは、この頃、ことあるごとに、警察的な手段に対する侮蔑の念をあきらかにしていたという。ボナパルトの目から見るならば、カティリナは、あわれなことに、分別を欠いた謀反人、意欲を欠いた単なる偏屈者、掲げられた政策の内容は是認しうるにしても目指すところはよこしまな反乱計画の遂行者にすぎなかった。カティリナは、キケロの反カティリナ弾劾演説(3)を聴きながら、そして反カティリナ共和国ブロックに対抗すべく、選挙キャンペーンを組織しながら、反乱のための貴重な時間を失っていった。カティリナは、反乱のための時・場所・方法について常に決断できず、絶好の機会に街頭に出ることもできないまま、バリケードと陰謀計画の間で揺れ動く一介のコミューン主義者にすぎなかった。カティリナ、それは高名な弁護士——キケロ——が仕掛けた計略にはめられ、警察の仕組んだ罠にかかった犠牲者であって、周囲から非難の集中砲火をあびせかけられているハムレットのような存在だった。

それではキケロはどのような人物だったのだろうか。キケロは頑健ではなく、身体を使う仕事をするうえでは役に立たない人物だった。だが、ローマ共和国を守るうえではなくてはならない人物だった。キケロの人となりを語るのならば、逆説的ながら、ヴォルテールが、イエズス会の修道士について語った次のような言葉があてはまるだろう。「イエズス会の修道士達に肉体労働をさせたいと思うならば、彼らをなくてはならない人間と取り扱ってはならない」。

間違いなくボナパルトは警察的手段を用いることを軽蔑していたし、兵士達による突発的な反乱を嫌うのと同様に、組織された警察力を用いた襲撃も嫌っていた。だが、キケロの巧妙なやり方は、ボナパルトの心をとらえて離さなかった。ボナパルトはこう考えていた。「いつかきっと、キケロのような人物が自分の前に味方となってあらわれることになるだろう」。だが、キケロのような人物がボナパルトの前に味方となってあらわれることなどまったく起こらないかも知れない。将来何が起こるかなど誰にもわからないのだから。運命の神はヤヌスのように二つの顔を持っている——キケロの顔とカティリナの顔とを。[4]

ボナパルトは、暴力によって国家権力を奪取しようと企てているすべての人々と同様、フランス人の目に、カティリナのような人物に映ることを恐れていた。カティリナのような人物、それは反乱計画を成功させるためには手段を選ばない人物、陰険な謀反を企てている腹黒い人物、どんな過激な行動をも辞さない野心的な冒険家、いつでも掠奪、虐殺、放火に及びかねない犯罪者、どれ程高価な代償――祖国を廃墟と化したうえ、敵とともに死を迎えなければならないという高価な代償――を支払ってでも、敵をせん滅しようと決意している人物のことである。

だが、ボナパルトは、カティリナの真実の姿が、伝説や中傷が作り上げたものとかけ離れていることを知り抜いていた。ボナパルトは、キケロによる告訴に根拠がないこと、「カティリナ・グループ」なるものが虚構の産物にすぎないこと、そして法律的に言えば、カティリナに対する起訴手続それ自体が犯罪であることを知りすぎる程知っていた。カティリナと呼ばれる犯罪者、この陰険な謀反の首謀者とされる人物は、現実には、警察が数人の密告者、数人のおとり捜査員を送り込めば、やすやすと排除することのできる一介の凡庸で不器用な政治家にすぎなかったし、また優柔不断な偏屈者にすぎなかった。

ボナパルトは、カティリナの最大の失敗は、勝負に敗れたということにあることをよく理解していた。カティリナは、極秘のうちにクーデターを準備してはいたものの、すべての人びとに知られてしまい、結局、この計画を成功に導くことができなかったのだから。

せめて、カティリナが、蜂起に立ちあがるだけの勇気を持ってさえいれば、結果は異なったものになっていたかも知れない。カティリナにそのチャンスがなかったとは言えない。何故なら、ローマ共和国の国内は、蜂起の企てを阻止できるような状況にはなかったからだ。これ程までに重大な危機からローマ共和国を救うために、結果として、わずかばかりの演説とわずかばかりの警察力の行使だけで事足りたとしても、それはあながちキケロの側にだけ根拠があったわけではない。間違いなく、カティリナの側にも原因があった。カティリナは蜂起に立ちあがろうとしなかったのだから。

結局のところ、カティリナは、考えられる限り立派な最後を遂げたと言ってよいだろう。高名な貴族として、また勇気ある軍人として、戦場で戦死したのだから。だが、一人のローマ人にふさわしい死を迎えるべく、山岳地帯に、しばらくの間、逃げ込むため、カティリナは、あれ程までの騒ぎをひき起こし、あれ程までに自らの名声を汚し、あれ程までに不幸な結果をひき起こす必要があったのだろうか。ボナパルトがそのように考えたとしても少しもおかしくないだろう。ボナパルトに言わせれば、カティリナはもっと立派な最後を遂げてもおかしくない人物だったのだから。

3

スラやジュリアス・シーザーの実例は、ボナパルトがその行く末を考えるにあたり、数多くの素材を提供してくれた。スラやシーザーの実例は、ボナパルトの資質に親近感を抱かせるものだったし、同時に、彼の時代認識にぴたりとあてはまるものだったからである。ブリュメール一八日のクーデターを準備し実行するという構想は、未だにボナパルトの中で十分に育っていなかった。ボナパルトにとって、国家権力を奪取するということは、本質的には、軍事上の問題にすぎないように思われた。言い換えれば、ボナパルトにとって国家権力を奪取するということは、政治上の抗争に戦争のための戦略と戦術を適用すること、もっと言うならば、民間の紛争に軍隊を差し向けることのように受けとめられていた。

スラやシーザーがローマを征服するために構想した戦略の中に見てとれるのは、スラやシーザーの政治的な才能ではなく、彼らの軍事的な才能である。ローマを支配下に置くため、スラやシーザーが乗り越えなければならなかった困難は、純粋に軍事上のものだった。

スラやシーザーが闘わなければならなかったのは、軍隊に対してであって、議会に対してではなかった。スラによるブリンディッシ港への上陸にしても、シーザーによるルビコン川の渡河にしても、これらをクーデターの第一歩と考えてはならない。これらは、軍事戦略上の行動であって、少しも政治的な性格を持っていなかったからだ。彼らが、スラと名乗ろうが、シーザーと名乗ろうが、ハンニバルと名乗ろうが、ベリサリウスと名乗ろうが、彼らの軍隊の目標、つまり戦略目標は都市の征服にあった。(5)彼らの行動は、戦争についてならば何ひとつ知らないことのない最高軍事司令官の行動そのものであった。スラにあっても、シーザーにあっても、彼らの軍事的才能が政治的才能をはるかに凌駕していたことは間違いない。

だが、ブリンディッシ港への上陸や、ルビコン川の渡河によって始まった戦闘において、スラやシーザーが単に軍事戦略上の構想のみに従っていたと考えてはならないだろう。彼らの軍隊の行動のひとつひとつには、表にあらわれない政治的な目的が潜んでいたからである。もともと戦争という営みの中には、表にあらわれない目的や遠い将来を見越した深い意図が山程に潜んでいる。すべての軍事司令官は、テュレンヌ(6)にしてもカール一二世(7)にしても、あるいはフォッシュ(8)にしても、国家の政策の道具にすぎない。

戦争における戦略は、国家の政治上の利害に従わなければならない。戦争は、常に政治的な狙いをもっている。戦争は、国家の政策のひとつの側面にすぎない。歴史をふり返るならば、技術のために技術を用い、戦争のために戦争を行ったという軍事司令官の例はひとつもない。大小の軍事司令官達の中には、傭兵隊長の中にさえも、物好きで戦争をやるような人間はいない。フィレンツェ共和国に仕えたイギリス人傭兵隊長ジョヴァンニ・アクトの「人が戦争をするのは、生きるがためであって、死ぬためではない」という言葉は、好事家の警句でもなければ、傭兵の標語でもない。それは戦争に対する最高の弁明と倫理を表現している。それはシーザーの、フリードリッヒ大王の、ネルソンの、さらには、ボナパルトの標語にもなりえよう。

ローマを征服するために軍隊を進めるにあたって、スラとシーザーが、政治上の目的をもっていたということは当然のことである。しかし、シーザーのものはシーザーへ、スラのものはスラへ返さなければなるまい。スラもシーザーも、クーデターを行ったわけではない。むしろ、宮廷の陰謀の方が、この二人の偉大な軍事司令官がローマを支配下に置くために行った有名な戦いよりも、はるかによくクーデターに似ている。

スラは、ブリンディッシからローマへの道を、戦いによって切り拓くのに一年かかった。すなわち、ブリンディッシで始められた反乱計画が、成功裡に終るまでに、一年かかったのである。それは、クーデターにしては時間がかかりすぎた。しかし戦争という営みには、よく知られているとおり、固有の原則と例外がある。スラはこの原則と例外に従ったのであり、ただ、それだけにのみ従ったのである。政治の原則と例外についていえば、スラもシーザーも、彼らがローマに入ってから、初めてそれに従ったのであり、しかも、原則よりも例外に多く従った。それは、彼らが征服した都市に対して新しい法律と新しい秩序を与えようとするとき、これらの司令官の性格と資質からみて当然のことであった。

ロンバルディア平原において、一七九七年――この一七九七年という年は、果断な、そして野心的というよりは豪胆なすべての将軍にとって、可能性にあふれた年であった――、ボナパルトは、スラとシーザーの先例は、彼にとっては命とりになるかも知れない、と考え始めていた。結局のところ、オッシュの誤り――フリュクティドール一八日のクーデターを試みるため、五執政官政府に仕えることを安易にひきうけたオッシュの誤り――とスラやシーザーの実例を比較したとき、ボナパルトにとっては、オッシュの誤りの方が、より危険が少ないように思われた。イタリア遠征軍の兵士にあてた七月一四日の布告の中で、ボナパルトは、クリーシーのジャコバン・クラブに対し、憲法を擁護し、自由、政府そして共和主義者を守るために、アルプスを越えてパリに進撃する用意があることを伝えている。ボナパルトの文章からは、シーザーと肩を並べたいというひそかな願望よりも、血気にはやるオッシュに先を越されまいと腐心している彼の姿を読みとることができる。一七九七年の時点では、ボナパルトにとっての関心事は、五執政官政府との間では友好関係を保ちつつも、公けには政府の側に立ってはならないということにあった。その二年後、ブリュメール一八日の時点では、ボナパルトにとっての関心事は、五執政官政府との間で友好関係を保ちつつ、政府に対する敵対者と位置付けられてはならないというものに変わってゆくのだが。一七九七年以来、ボナパルトの中では、クーデタ一に関するひとつの考え方が、その輪郭をあきらかにし始めていた。クーデタ一を起こすための手段は軍隊でなければならない。だが、クーデタ一の手段である軍隊は、常に法に従っているように受けとめられなければならない。そして、軍隊の行動は、常に合法性の外観を保っていなければならない。ボナパルトの中で新たに形成されたクーデタ一の観念が、古典的実例——有名ではあるが、危険きわまりない実例——とあきらかに異なる点は、軍隊の行動が常に合法性の外観を保つよう配慮しなければならないことにある。

ブリュメール一八日に登場する多数の人物の中で、もっとも場違いな人物は、ボナパルトであろう。エジプト遠征から帰還してからというもの、民衆の興奮はさめやらず、ボナパルトは賞賛や憎悪、嘲笑や疑惑にさらされ続けていた。ボナパルトは、いたずらに、その身を危くし続けていた。ボナパルトの失言は、シェイエスやタレイランを、やきもきさせ始めていた。ボナパルトはいったい何を望んでいるのだ？　周囲の人間に、やりたいようにやらせているだけではないのか！

シェイエスとリュシアン・ボナパルトはすべてをひきうけ、そしてすべてに備えていた。クーデターは、細部に至るまで、精密に計算され尽くされていた。シェイエス――細心ではあるものの、神経質で気難しい人物――は、クーデターが短期間で成し遂げられるとは考えていなかった。回避しなければならない危険は、ボナパルトが、血気にはやってクーデターに立ちあがることだった（タレイランに言わせれば、ボナパルトのレトリックに対する愛好癖も、回避しなければならない危険のひとつに数えるべきだったという）。もはやシーザーもクロムウェルも問題ではなかった。重要なのはボナパルトただ一人だった。

もしも合法性の外観を保ち続けたいと願うのならば、つまり、もしもクーデターが兵士達の反乱や警察によって組織された陰謀の様相を呈することなく、元老院や五百人議会による暗黙の了解のもとに、複雑で入り組んだ手続を踏んで成し遂げられた議会手続の枠内のものであると受けとめられたいと願うならば、ボナパルトには、どうしても慎まなければならない態度があった。それは、たとえ凱旋将軍であっても、国家権力の奪取を望む限り、拍手喝采を求めるような態度を示してはならないし、また仕組まれた陰謀にはめられて時を失うということもあってはならないということだった。

シェイエスは、すべてについて先を見通し、すべてについて準備をととのえていた。シェイエスは、乗馬さえ学んでいた――権力奪取に成功したときには凱旋行進をするために、そして権力奪取に失敗したときには逃走するために。この間、リュシアン・ボナパルトは、五百人議会の議長に選出され、四人の元老院監察官を指名することを提案し、彼らとの間で共謀関係を築いていた[10]。議会内部で騒動が起きたときは守衛ですら重要な役割をはたす。ましてや、この元老院監察官は、大いに役に立ってくれるだろう。このようにして、この四人の元老院監察官は、シェイエスの手に落ちた。

両院――元老院と五百人議会――を、パリ以外の場所、つまりサン・クルーで招集することを正当化するためには、口実が必要だった。ジャコバン派による陰謀や反乱、そして公共の危険――これがその口実だった。シェイエスが、警察組織を巧みに使った結果、もっともらしい話が捏造された。警察は、「ジャコバン派の人々が、公然と、共和国の人々を危険にさらそうとしている」という恐ろしい陰謀を編みあげたのだ。両院は混乱なく、整然とサン・クルーで開催されるだろう。すべてが、前もって描かれた計画どおりに動き始めた。

ボナパルトは、周囲の人々の足取りを追うようにして歩み始めた。以前に較べれば、彼の態度は控え目になったし、駆けひきについても相手の言葉の裏を読むようになった。楽観的なものの見方は相変わらずだったが、慎重さが加わった。ボナパルトは、少しずつ、彼が陰謀の中心にいること、陰謀の〝全能の神〟となっていることを理解し始めた。その結果、ボナパルトは、すべてが、彼の思うとおりに運ぶだろうというゆるぎない確信を抱くまでに至っていた。

だが、ボナパルトに陰謀の網の目を渡るべく手引きしたのは周囲の人々だった。ボナパルトの手を引きながら、彼を陰謀の迷宮の中に誘いこんだのはシェイエスだった。ボナパルトは、この時点では一人の兵隊、単なる一兵卒以外の何ものでもなかった。ボナパルトの政治的才能は、ブリュメール一八日のクーデターの後にようやく開花することになるのだから。

偉大な軍事司令官達――その名前が、スラであれ、シーザーであれ、ボナパルトであれ――は、どれ程偉大だったとしても、クーデターを準備し実行する過程では、単なる軍人であるにすぎない。彼らが合法性の枠内にとどまろうとすればするほど、そして彼らが共和国に忠誠を誓おうとすればするほど、彼らの行動は合法性の枠を逸脱し、彼らの根深い共和国蔑視の思いが暴露されてゆく。彼らが政治の領域に乗り込むため、軍馬から降りるたびごとに、彼らは拍車をはずすことを忘れているのだ。

リュシアン・ボナパルトは、微笑――その微笑には、のちにリュシアンが、ボナパルトに対して抱く恨みを予感させるものが含まれていた――を浮かべながら、兄であるボナパルトの動静をうかがい、その一挙手一投足を注視し、その心の奥を探った。そして、リュシアンは、これからは、自分よりも兄であるボナパルトの方が信頼できると感ずるようになっていた。すべての準備がととのった。いったい誰がこの流れの向きを変えることができるというのだろうか。いったいどのような力が働けば、クーデターの行く手を阻むことができるというのだろうか。

ボナパルトのクーデター計画は根本的な誤りのうえに構築されていた。根本的な誤り、それは合法性を尊重するという点にある。シェイエスは、当初、クーデターのための行動を合法性の枠内にとどめることに反対していた。クーデターを実現するためには、暴力を用いた方が有利であると思われるような突発的な事態が発生した場合に備えて、合法性の枠を逸脱した暴力をも許容しうるだけの余裕が必要だと考えていたのである。

決められた道筋を、決められたとおりに歩むことには、常に危険がつきまとう。合法性の理論家——シェイエス——にとっては、合法性の枠内のクーデターということ自体が論理矛盾のように思われた。だが、ボナパルトは動じなかった。ボナパルトは、合法性を尊重するあまり、慎重であることすら犠牲にしてしまった。ブリュメール一七日から一八日にかけての夜、シェイエスは、下町に不穏な動きがあるので、およそ二〇人ばかりの五百人議会の議員を逮捕しておけば、反クーデター行為に対する有効な予防措置となるだろうと提言した。だが、ボナパルトは、違法な逮捕を実行することを拒絶した。ボナパルトが望んでいたのは、議会手続の枠内でのクーデターだった。ボナパルトは、違法行為に及ぶことなく、そして暴力を用いることなく、行政権を掌握することを望んでいた。警察大臣フーシェは、警察力を使ってほしいと申し出たが、ボナパルトは、警察には用はないと答えたという。ボナパルトは、何と馬鹿正直《サンクタ・シンプリシタス》だったのだろうか。ボナパルトにとって大切なものは、威信と名声であって、それさえ手に入れることができるならば、他には何も要らないように思われた。

だが、どんな犠牲を払ってでも死守しなければならない合法性の領域にあって、この気性の激しい将軍、レトリックを偏愛する軍人は、一歩も前に踏みだせないでいた。

ブリュメール一八日の朝、元老院に出頭するや否や、ボナパルトは彼に課せられた役割、つまり国家の代表者達のためにサーベルを用いるべく帰還した凱旋将軍の役割を失念してしまった。

ボナパルトは、元老院議員から新たなシーザーのような人物に受けとめられてはならなかった。ボナパルトは、ジャコバン派の陰謀によっておびやかされた憲法の擁護者として登場しなければならなかった。だが、彼は、自らに課せられたこうした役割を忘れてしまった。

ボナパルトは、元老院から、立法院——下院である五百人議会——を、何事もなく確実にサン・クルーに移転することを命ぜられた一人の将軍以外の何ものでもなかった。彼は、立法院が主役を演ずる議会手続という芝居の中で、脇役を演じているように受けとめられるよう、慎重に行動しなければならなかった。

金色や銀色のモールで、けばけばしく飾りたてられた護衛将校団に囲まれながら、そして眼鏡をかけた中産階級の人々の集り——元老院議員などの集り——を前にして、ボナパルトは、ひどくおどおどしながら、演説していた。彼の口から発せられる言葉は、彼の未来に嫉妬する神によって命を吹きこまれた言葉のように思われた。ボナパルトのレトリックの基本となっている言葉のすべて――その言葉は、アレキサンダーやシーザーの業績を十分に理解しないまま読んでいたため、不正確なままに記憶されていた――が、彼の口を突いて発せられた。だが、彼の舌はもつれていた。「われわれは、真の自由、市民の自由、国民の代表のうえに築かれた共和国を欲する。私は、われわれがその共和国を手にすることを誓う」。ボナパルトを取り巻く将校達は、ボナパルトが述べた誓いの言葉を声をそろえて復唱した。その場に居あわせた元老院議員達は、おし黙ったまま身じろぎひとつしなかった。

次の瞬間、この仕組まれた集会の中で、誰かが、名前すらわからない背の低い小男が、「自由」「共和国」「憲法」といったきまり文句、意味は空虚なものとなっているが、いまだ危険きわまりない偉大な言葉の名において、ボナパルトに異議を唱えるべく立ちあがろうとしていた。

シェイエスは、危険を予知し、元老院監察官達は、その前夜、反クーデター派とおぼしき議員達へ宛てられた議会への招集状を隠匿していた。だが、ボナパルトは、シエイエスすら気にとめない平凡な人々に、もっと警戒しなければならなかった。

そのとき、ガラーという一人の議員が立ちあがり、発言を求めた。「いかなる憲法の条文によっても、これらの軍人達が議会に関与することは許されてはいないではないか」。ボナパルトは顔面蒼白となり、ふり返った。だが、議長は、ころあいを見はからってガラーの発言を中止させ、集会は「共和国万歳」という歓呼の声とともに閉会した。

チュイルリー庭園に整列した軍隊を前にして閲兵式がとり行われている間に、ボナパルトは、ついにその正体をあらわにした。元老院の議場を出る時に、ボトーに向かって大声であの有名な言葉を投げかけた後でのことだったから、兵士達に対する演説は挑戦のようにもまた脅迫のようにも響いた。

今やボナパルトは確信に満ちていた。だが、警察大臣フーシェは、過激派の議員達を逮捕する必要があると主張してやまなかった。ボナパルトは、そのような命令を発することを拒否した。すべてが順調に運んでいる現在、ボナパルトにとっては、そのようなことは無意味だし、誤っているように思われた。彼はこう考えていた。「さらにいくつかの手続を踏めば、クーデターは成功するだろう」。

このような楽観的な見方は、ボナパルトがこのような危険な賭けの中で、どれ程その地位にふさわしくない人物であったのかを物語っている。翌ブリュメール一九日、サン・クルーでシェイエスが自ら犯した誤りに気付き、恐怖を感じ始めたとき、ボナパルトは、相も変わらず楽観的な見方を捨てていなかったし、その威信に対する自信を失うこともなく、相も変わらず立法院の弁護士議員達に対する侮蔑の念を抱き続けていた。そのため、タレイランは、ボナパルトが、ただ頭の構造が単純なだけの人物なのか、それとも周囲の状況を認識するだけの能力がない人物なのか、判断することができなかった。

合法性の外観と議会手続のメカニズムのうえに構築されたクーデターを計画するにあたり、シェイエスの構想には死角があった。それはひどく小さな死角ではあったが。いったいいかなる理由で、両院——元老院と五百人議会——は、ブリュメール一八日にサン・クルーで招集されなかったのだろうか。現実に両院が招集されたのは、翌ブリュメール一九日であった。敵に状況を分析させるため、そして、敵に抵抗運動を組織させるため、二四時間もの時間的余裕を与えること自体が誤りであった。

いったいいかなる理由で、ブリュメール一九日、サン・クルーにおいて元老院及び五百人議会の議員達は直ちに正午に集合せずに、やっと午後二時になって集合したのであろうか。この二時間の間に代議士達は、彼らの受けた印象や考え方や計画について意見を交換し、欺瞞あるいは暴力によるあらゆる試みに対抗するため、共同行動をとり、意見の一致をみる可能性があった。

五百人議会議員達は、いかなる行動も辞さぬ覚悟であることを宣言した。四方八方から自分達をとりかこんでいる兵士達を見て、議員達は激怒した。議員達は、怒りにふるえながら、廊下や中庭を走りまわり、互いに疑問をぶつけあっていた——「何故、われわれはパリにとどまらなかったのだ」「ジャコバン派が陰謀を企てているという話は、誰から出た話なのだ」「その人物の名前は何というのだ」「陰謀の証拠はどこにあるのだ」。

シエイエスは、いわゆるジャコバン派の陰謀の証拠を捏造しておくことを忘れていた。シエイエスは、彼の周囲で、多くの議員達がうす笑いを浮べていることに気付くと同時に、別の多くの議員達が顔面蒼白となっていることに気付いた。そして、状況が不透明なこと、すべては言葉ひとつ、身ぶりひとつで左右される可能性があることを理解し始めた——ああ、フーシェの言うことに耳を傾けてさえいればこんなことにならなかったのに！　しかし、今となってはもう手遅れであった。運を天に任せなければならなかった。つまり他にはなす術がなかったのだ。「運を天に任せること」が革命戦術であると言うならば、それはさながら「シェイエスの独創にかかる革命戦術」とでも言う他ない代物であった。

午後二時に元老院議会が開かれた。シェイエスの計画は、最初から危険にさらされていた。いつもはあれ程穏やかな中産階級出身の議員達は、崇高な怒りから、その身をふるわせているように思われた。――幸いなことに、誰一人として、この混乱のさなかにあって、どうすれば発言することが許されるのか、その術《すべ》を知らなかった。しかし五百人議会議員が集っているオランジュリーでは、議長リュシアン・ボナパルトは、嘲罵と、非難と脅迫の嵐によって迎えられた。

すべては失われた、とシェイエスは考え、この予想もしていなかった喧騒に顔面を蒼白にして戸口に近寄った。逃亡に備えて、一台の馬車が庭園のはずれに用意されていた。こんな場合は、馬よりも馬車の方が便利であり、確実であった。クーデターを準備するに際し、シェイエスのような目先きのきく人間は、逃亡手段のような細かな点までおろそかにすることはできなかったのである。

だが、ボナパルトとその共謀者達が、いらいらしながら投票の時刻を待っている二階の広間《サロン》で、居心地の悪さを味わっているのはシェイエスだけではなかった。もし、元老院議員達が、議会の解散令を承認しなかったならば、もし元老院議員達が、暫定的に三人の執政官を指名し、憲法の改正を決定したならば、ボナパルトはいったいどうするつもりだったのだろうか。こうした場合に、シェイエスが細部にわたって定めていた革命計画では、どんな行動が予定されていたのだろうか。シェイエスが予定していた行動は、ただ馬車で逃亡することだけだった。

これまでのところは、ボナパルトの行動、つまり議会手続の領域に踏みとどまりながら、なによりもまず合法性の外観をとりつくろうことに意を砕いていたボナパルトの行動は、近代的な表現を用いるならば、自由主義者の行動であったということができるだろう。この観点からすれば、ボナパルトは、自由主義を標榜する派閥の長であったと言ってもよい。ボナパルト以後に、行政権の奪取を企てたすべての軍人は、最後の瞬間、すなわち暴力に訴えるその瞬間まで、この自由主義の原則に忠実であった。いつでもそうだが、特に今日においては、軍人が言う「自由主義」というものには警戒しなければならない。

元老院議員と五百人議会議員の反対が、シェイエスの計画を決定的に危くしたことを知るや否や、ボナパルトは、自ら登場することによって議員の反対を力ずくで打ち破ろうと決心した。それは、この時点では、なお、ボナパルトが自由主義の形式（それは、軍人が言う「自由主義」であることは言うまでもない）を守ること、自由主義が許容する範囲内で力を行使しようとしていたことを意味する。

ボナパルトが姿を見せると、元老院議場の騒ぎは静まった。しかし、このシーザー、このクロムウェルは、またしてもそのレトリックによって期待を裏切ることになってしまった。ボナパルトの演説は、最初のうちこそ、尊敬のこもった沈黙で迎えられたが、少しずつ非難のざわめきを招いていった。「もし、私が裏切者だと言うならば、諸君はすべてブルータスになるがよい」。この言葉を聞くと、議場の奥の方から、笑い声がどっとわきあがった。この演説者はまごつき、話を中断し、口ごもり、再びかん高い声を張りあげた。「私が戦いの神と運命の神に伴われて前進していることを心に留めていただきたい」。議員達は動揺し、演壇のまわりに駆け寄った。誰もがあざ笑っていた。

「将軍、あなたは、もう御自身のおっしゃっていることが、おわかりになっておられないのです」と、彼の忠実な秘書のブーリェンヌが、ボナパルトの耳にささやいた。そしてブーリェンヌは、ボナパルトの腕をつかまえ、ボナパルトの行動の自由を奪った。ボナパルトは、ブーリエンヌに従う他なかった。ボナパルトは元老院の議場を去っていった。

しばらくしてから、ボナパルトが四人の擲弾《てきだん》兵と数人の将校に護衛されてオランジュリーのしきいをまたぐと、五百人議会の議員達は彼を激しい怒号で迎えた。議員達はボナパルトに対し、「こいつを法の外に置け！　こいつは公権喪失者だ！　暴君を倒せ！」と言って罵声をあびせかけ、彼をいためつけ、罵倒し、彼に殴りかかった。四人の擲弾兵達は、ボナパルトを議員達の殴打から守るため、彼のまわりでスクラムを組み、将校達は、なんとかして彼をこの混乱の中から救いだそうとしていた。

とうとうガルダンヌが、手をいっぱいに伸ばしてボナパルトの身体をつかまえ、外に連れだすことに成功した。「もはや逃亡しかない」とシェイエスは考えた。「さもなければ暴力だ」とボナパルトは側近達に語った。

五百人議会の議場では、ボナパルトを「法外者」あるいは「公権喪失者」と宣告するか否かについて議決が行われようとしていた。数分の後には、このシーザー、このクロムウェルは「法外者」あるいは「公権喪失者」と宣告されることになるだろう。

そうなったら終りだ。ボナパルトは、馬に飛び乗り、軍隊の前に姿を現した。「武器をとれ！」と彼は叫んだ。兵士達は喝采で彼に応えた。だが、兵士達は少しも動かなかった。それは、有名なこの二日間の出来事を、もっともよく象徴する典型的な場面だった。兵士達は、将軍であるボナパルトの命令に従わなかったのだから。顔はやつれ、怒りにふるえながら、ボナパルトは自分の周囲を見回した。かつてのアルコラの英雄は、一大隊すら動かすことができなかった。

もしこの時リュシアンがやって来なかったら、万事休すであっただろう。兵士達を動かし、状況の主導権を握ったのはリュシアンであった。[11] サーベルを抜き、太鼓を打ち鳴らして、突撃を指令し、擲弾兵達を五百人議会に差し向けたのはミュラー[12] であった。

「ボナパルト将軍、あれは禁じ手でしたね」。後に、モントロン[13] は、このシーザー、このクロムウェルが、顔面蒼白となったことを思い起こしながら、ボナパルトにこう語った。モントロン――レーデラーは、モントロンのことを馬に乗ったタレイランと呼んでいた――は、プルタークが生きていたならば英雄として描き出しただろうあのボナパルトが、サン・クルーで、恐怖の一瞬を経験したことを、生涯にわたって信じてやまなかった。そして、モントロンは、フランスでもっとも無名な人物であれ、立法院の弁護士議員であれ、名前すらわからない背の低い小男であれ、この有名な二日間の間であるならば、たったひとつの身ぶり、たったひとつの言葉によって、やすやすとボナパルトの運命を一変させ、共和国を救うことができただろうと信じてやまなかった。

4

ある歴史家は、こう語っている――「これ程出来の悪い計画のもとに構想され、これ程危い橋を渡って実行されたクーデターはかつて存在したことがない」。ブリュメール一八日のクーデター計画は、合法性の尊重と議会手続のメカニズムのうえに構築されていた。それ故、元老院と五百人議会が、シェイエスの誤りを、逆手にとって利用することができたならば、ブリュメール一八日のクーデターは、間違いなく失敗していたことだろう。

議会手続に時間をかけることを許容するクーデター計画が失敗に至ることは必定で

ある。両院が、議会での手続に時間をかけ、ボナパルトに対し「法外者」あるいは「公権喪失者」というおどしをかけなければ、ボナパルトが短慮に走ることもなければ、彼が合法性の領域を捨て暴力に訴えることもなかっただろう。そして、クーデターは、議会手続の中に埋没していったことだろう。両院の攻撃手段は、時間を稼ぐこと、すべてについて時間をかけることにあったはずである。

ブリュメール一九日の午後には、サン・クルーで、シェイエスはとうとう自らが犯した誤りに気付いた。時間は、立法院に有利に働いていた。それでは、ボナパルトは、どのような領域で作戦計画をたてればよかったのだろうか。それは手続という領域である。立法院の力は何だったのだろうか。それは手続である。それでは議会手続の力は何だったのだろうか。それは手続に時間を要するということである。もう二時間遅くなっていれば、両院の会期は翌日に延期されることになっただろう。そうすれば、クーデターは、二四時間もの時間を失っているうえに、さらに遅れることになるだろう。翌日、ブリュメール二〇日に立法院の会議が再開されたときには、ボナパルトが置かれた状況はまったく異なったものになっていただろう。

シェイエスは、翌日になれば、状況が変わることに気付いていた。シェイエスの計画の中では、両院は、クーデターにとって必要不可欠な手段と位置付けられていた。ボナパルトも、両院なくしては、クーデターを実行することができない。両院は、クーデター計画にとって、なくてはならない存在だった。

両院の会期が延長され、立法院とボナパルトとの間の抗争が公然化すること、言い換えれば、憲法とクーデターとの衝突が国民の前にあきらかになることを阻止するためには、ボナパルトは、急がなければならなかった。だが、いったいどのような手段を用いれば手続を早めることができたのだろうか。シェイエスの計画やボナパルトの論理によれば、暴力の行使は完全に排除されていた。とはいえ、時間をかけることは許されない。だからこそ、説得という手段が必要だったのだ。両院の議場に入り、議員達に語りかけ、議会手続を少しでも早く進めるよう丁重な態度で圧力をかける必要があったのだ。ボナパルトが奇妙な行動をとらなければならなかった理由は、人々が「ボナパルトの自由主義」と呼ぶものの中にある。

ボナパルトにとって幸運だったことに、ボナパルトの態度は、両院にとり返しのつかない誤りを犯させることになった。両院の誤り、それはボナパルトに対し、暴力を行使したこと、そしてボナパルトに「法外者」あるいは「公権喪失者」の烙印を押そうとしたことにある。元老院議員達と五百人議会議員達は、ボナパルトに対する彼らの力の秘密が、すべてについて時間をかけて引き延ばすこと、挑発に応じないこと、そして手続の遅延をあてにすることにあることを理解していなかった。

すべてのクーデターを通じて、カティリナ主義者の戦術は、短兵急に事を進めることにあり、一方、国家権力を防衛しようとする者の戦術は、時を稼ぐことにある。両院の誤りは、逃亡かあるいは暴力かという瀬戸際までボナパルトを追いつめた点にあった。立法院の弁護士議員達は、望まずして、革命戦術の教訓をボナパルトに与えてしまったのである。

第六章

プリモ・デ・リヴェラとピウスツキ

宮廷人と社会主義将軍

1

かつて、ナポレオン・ボナパルトは、議会手続の枠の中で、合法的に国家権力を奪取するための手段のひとつとして軍隊を用いた。現代において、合法性を尊重しつつ、暴力を用い、軍隊によって議会手続の枠内で革命を起こそうとする人々——つまりカップやプリモ・デ・リヴェラ(1)やピウスツキといった人々——にとって、このナポレオン・ボナパルトの事例はきわめて示唆に富むものだろう。ブリュメール一八日の戦術は、決して軍事的な蜂起を起こすために編みだされたものではない。ブリュメール一八日の戦術のきわだった特徴は、あくまでも合法性の枠内にとどまろうとする配慮の跡がありありと見てとれることであろう。そして、このような配慮は、ボナパルトがクーデターの技術にあらたに付け加えた新しい要素となっている。カップ、プリモ・デ・リヴェラ、ピウスツキの企てた政変においても、こうしたきわめて現代的とも言うべき要素を、やはり認めることができる。また、この点においてこそ、ブリュメール一八日は現代的意味をもちうるのであり、またこの点においてこそ、ボナパルトの戦術が議会制を採用する国家にとって真に切迫した脅威のひとつとなっている。

それでは、カップの抱いていた幻想はどのようなものだったのだろうか？　フォン・リュトヴィッツのシェイエスとなって、議会手続の枠内でクーデターを成し遂げることができるという幻想であった。またルーデンドルフは、一九二三年、ベルリンへ進撃するために、ヒトラーやカールと同盟を結んだが、この時、彼の念頭には何があったのだろうか？　それは、ブリュメール一八日にほかならない。ではルーデンドルフの戦術目標は何だったのだろう。カップの場合と同じく、ワイマール憲法であった。プリモ・デ・リヴェラ、ピウスツキの場合も同様に、前者はスペイン国会、後者はポーランド国会をその戦術の対象としていた。

そして、他ならぬレーニンですらも、その初期の段階、つまり一九一七年夏の時点では、この例にもれず、ボナパルトが用いた戦術に傾倒し始めていた。一九一七年七月の蜂起戦術が失敗した理由を説明するため、多くの理由付けがなされているが、中でももっとも重要なのは、ボリシェヴィキ党中央委員会、否、レーニンさえもが、第一回ソヴィエト会議が開催された後に蜂起を起こすことに反対していたことだった。

つまり、彼らには、ソヴィエト会議という目標しか見えていなかった。ソヴィエト内部で多数派を占めること、これが彼らにとっての至上命題だった。また、この七月蜂起の失敗の後から、一〇月蜂起まで、レーニンはフィンランドに亡命していたが、この間、彼は、一〇月に開かれることになっていた第二回ソヴィエト会議で、過半数を占めることばかりを考えていたと言う。平凡な戦術家にすぎなかったレーニンは、蜂起の指令を出す前に、ソヴィエト会議の中で、手続上の安全策を講じておきたかったのだ。ルナチャルスキーはレーニンを「ダントンやクロムウェルに比肩しうるほどの天才的な日和見主義者」と評している。

ナポレオン・ボナパルトの戦術の基本原則――それが、日和見主義に支配されていることは一見してあきらかだが――は、議会をその適用領域として選択し、時には暴力を用いることがあっても、あくまでも合法性を尊重していくことにあった。ブリュメール一八日の特徴も、まさにこのとおりだった。そしてカップ、プリモ・デ・リヴェラ、ピウスツキ、さらには、ある意味ではヒトラーさえも、何よりも合法性を尊重するという意味では秩序派であり、権力奪取を企てるという意味では反動派だった。

彼らは、自らの権威や政治力そして威信を高めるため、権力奪取をたくらみ、同時にこの反乱を正当化するため、懸命になって「私は国家の敵ではない、従僕《しもべ》なのだ」と主張し続けた。彼らがもっとも恐れたのは「法外者」あるいは「公権喪失者」と宣告されることだった。ナポレオン・ボナパルトは「法外者」あるいは「公権喪失者」と宣告されたと聞き、顔面蒼白になったと言われているが、この逸話は、プリモ・デ・リヴェラやピウスツキなどの人々が、その施政時に、いったい何を恐れていたか、その一端を教えてくれる。

彼らの戦術上の目標は議会だった。彼らは国家権力奪取を目論んだが、それはあくまでも議会を通じて獲得された権力でなければならなかった。それが妥協や陰謀の前には、どれ程もろいものであっても、ただ合法的に得られた権力のみが、彼らに、表面的には合憲性の装いをまとっているが、その内実は暴力あるいは革命とも言うべき実力によって、既成事実を、現行の憲法秩序に組みこむことを可能にさせるのだ。

こうしたボナパルティストの戦術が行使された場合、国会はこの既成事実を承認し、クーデターを合法的かつ正当な内閣の交替として容認するか、さもなければ、カティリナ派つまり権力奪取を企てる人々は国会を解散させ、革命時の暴力を合法化するため新たな議会を招集しなければならない。

だが、国会がクーデターを承認することは、自らの死を宣言するのに等しい。革命の歴史をふり返ってみるならば、自らが容認し、合法化した暴力革命の最初の犠牲者とならずにすんだ議会はひとつもない。

ボナパルティストの論理では、国家の威信や政治力そして権威を高めるための方策は二つの要素によって構成されている。ひとつは憲法を改正することであり、もうひとつは、国会の特権を極力制限することである。言い換えれば、ボナパルティストによるクーデターの正当性を法的に保障するためには、憲法を改正し、国民の自由や国会の権限を制約することが唯一の方法であった。自由——それはボナパルティストにとって、敵以外の何ものでもなかった。

ボナパルティストの戦術を用いるときには、いかなる理由があろうと、合法性の枠を逸脱することは許されない。ボナパルティストの戦術において、暴力の行使が容認されるのは、その暴力が、合法性の枠内にとどまるための手段として用いられる場合か、ひとたび合法性の枠外に放逐された後、再び合法性の枠内に復帰するための手段として用いられる場合か、そのいずれかに限られる。

五百人議会がナポレオン・ボナパルトに「法外者」あるいは「公権喪失者」の烙印

を押そうとした時、「決して法を破らない」とまで言われたブリュメール一八日のナポレオン・ボナパルトはどうしただろうか。彼は暴力に訴えた。軍隊にオランジュリーを空《から》にすることを命じ、国民の代表者達を追い立て、放逐してしまったのだ。だが数時間後、五百人議会の議長リュシアン・ボナパルトは、急遽、数十人の議員をかき集め、再び議会を招集し、このでっちあげられた議会を利用してブリュメール一八日のクーデターを合法化しようと懸命になっていた。

ブリュメール一八日のクーデターがあきらかにするとおり、ボナパルティストの戦術は、議会という場を離れては決してその威力を発揮することはできない。議会の存在が、ボナパルティストのクーデターにとっては、必要不可欠な条件なのだ。だからこそ、議会の存在しない絶対君主政体のもとでクーデターを起こそうとすれば、宮廷政治的な陰謀を企てるか軍事的な反乱を起こすか、選択肢はこの二つのうちのひとつでしかないだろう。

2

プリモ・デ・リヴェラもピウスツキも、彼らの支持者からは、すべての独裁者の例にもれず、プルターク英雄伝に描かれたヒーローのように祭り上げられている。だが、もしもスペイン国会やポーランド国会が、イギリス下院やフランス下院ほどに、議会制民主主義を徹底していれば、彼らは、はるかに困難な事態に直面しなければならなかっただろう。

もっとも、彼らのクーデターが成功した理由は、一九二三年のスペイン国会や一九二六年のポーランド国会においては、国民の自由を守るための議会制民主主義が、イギリス下院やフランス下院ほどには成熟していなかったことにあるわけではない。近代国家がさらされている危険の中でも、もっとも深刻なものは、議会という存在そのものが、権力の奪取を企てる者に対しては、きわめて傷つきやすくもろいものであることだろう。すべての議会は、多少の違いはあっても、例外なくこうしたもろさを備えている。議会制民主主義の弱点は、近代ヨーロッパの産物の中で、議会制民主主義ほど脆弱な制度は存在しないにもかかわらず、「自由は必ず勝利する」という過剰な信頼を基礎として制度設計されていることにある。

議会制民主主義が、ボナパルティストの戦術に対する最良の防衛策だと信じ、そして自由それ自体を行使し、警察力を用いることによって、必ずや、自由を守り通せると思い込むことはたやすい。だが、こうした幻想ほど危険なものはない。スペイン国会やポーランド国会の議員達も、プリモ・デ・リヴェラやピウスツキがクーデターを起こす前日までは、こうした幻想を抱いていたのだ。

プルターク英雄伝には、数々の英雄の典型的な生涯が描かれているが、その英雄達の中で貴族出身の者はきわめてまれである。プリモ・デ・リヴェラが貴族出身の将軍であったことが、彼が歴史上においてプルターク英雄伝に描かれた英雄の道を歩むことを妨げた理由だったのかも知れない。この種の独裁者がたどった悲劇的な運命の中でも、プリモ・デ・リヴェラの忠誠心と誠実さほど、人を悲しませるものはないだろう。プリモ・デ・リヴェラは、その凡庸な知性しか国家に捧げられなかったと言って非難する者もいる。だが、それは間違いだ。非難しなければならないのは、むしろ、プリモ・デ・リヴェラがその魂の高潔さを国王に捧げたことにある。独裁者たらんと思う者は、メッテルニッヒのように、立憲君主には常に警戒心を怠ってはならない。スペイン国王が企てた陰謀は、スペイン独裁制の基礎を作り上げた、もっとも興味深い――もっとも、われわれの興味をひくのは、この点だけなのかも知れないが――構成要因であろう。アルフォンソ一三世[2]がクーデターの陰謀に力を貸さなければ、プリモ・デ・リヴェラは、権力奪取はおろか、国会を解散させることも、国民の自由を制限することも、憲法の枠に縛られずに統治を行うこともできなかっただろう。クーデターの、本当の救世主《デウィス・マキーナ》そしてスペイン独裁制の基礎の真の確立者は、プリモ・デ・リヴェラではなく、他ならぬスペイン国王だった。こうした事情を背景に、一九二三年のスペイン・クーデターをブリュメール一八日になぞらえ、プリモ・デ・リヴェラを「いやいやながらボナパルトになった男」と評する向きもある。だが、もっと正確に言うなら、このあわれなコメディーとも言うべきクーデターの中で、また「国王の名のもとに」行われた独裁の中で、プリモ・デ・リヴェラは、国王の個人的な政治的野心に身を捧げて協力した「いやいやながらムッソリーニになった男」の役割を演じていたにすぎない。立憲君主制のもとでは、独裁者の活躍する余地などまったくない。ただ、そこにいるのは、国王への追従心から、王のクーデター計画に賛成する臣下だけである。国王とプリモ・デ・リヴェラとの共同謀議と言っても、それは、憲法と独裁制の妥協の産物などという代物ではなく、むしろ国王と臣下との間のいかがわしい黙契と言った方がよい。

プリモ・デ・リヴェラは決して独裁者ではない。彼は一介の臣下にすぎなかった。憲法上の保障、議会の権限、国民の自由、これらすべての制度的保障を担保に供することによって成り立っていたクーデターの共謀計画は、最終的には、国王による裏切りによって完結する以外になかった。一九二三年のスペイン・クーデターの物語は、臣下とクーデターを共謀しながら、最終的には、その臣下を切り捨てていった国王の物語であって、どこにでもある平凡な物語にすぎない。だが、憲法と国民の前で、その企てに対し、ただ一人ですべての責任を負わなければならない国王にとっては、そのような行動はやむを得ない選択だったのかも知れない。

スペインにおける一連の出来事からくみとることのできる教訓は、「国王の命によって」独裁制を敷こうとする者にとって、決して愉快なものではないだろう。アルフォンソ一三世が、共犯者であるプリモ・デ・リヴェラに対してとった態度を正当化し、同時にスペイン共和国の成立を説明しようとする者達は次のように言っている。「アルフォンソ一三世は、スペインに『王制によって権威づけられた民主制』がもたらされることを避けるため、プリモ・デ・リヴェラを切り捨てることにより、スペインに単なる『王による独裁制』を敷くしかなかったのだ」。

だが、プリモ・デ・リヴェラが国王に忠実に従わなかったと言いたいのだろうか。それとも、プリモ・デ・リヴェラが目指した独裁制は、議会の権限や憲法上保障された自由を制限することにより、スペインに「王制によって権威づけられた民主制」を築くためのものではなかったと言いたいのだろうか。これら一連の出来事の後の経過をみれば、プリモ・デ・リヴェラは、ただ、王位に忠実な臣下として、国王の意志に従っていたにすぎないことがあきらかになるだろう。

プリモ・デ・リヴェラに、スペイン独裁制の責めを負わせ、彼を非難してはならない。独裁制は、単なる独裁をもたらすこともあれば「王制によって権威づけられた民主制」をもたらすこともあるのだから。だが、立憲君主たる者は、独裁制のこのような論理構造を決して忘れてはならない。共和国スペインは、独裁制のこのような論理構造によって生みだされたのだから。

3

ブリュメール一八日を想起させるクーデターの中で、もっとも興味深いものは、一九二六年五月のピウスツキのクーデターであろう。(3)ロイド・ジョージは、一九二〇年に、彼を「社会主義者のナポレオン・ボナパルト」と評したことがあった（もっとも、ロイド・ジョージは社会主義者の将軍に共感を示したことは一度もなかったのだが）。しかし、ピウスツキは、カール・マルクスをブルジョア独裁に役立てることができることを、見事に証明してくれた。

ピウスツキのクーデターで独創的な点は、労働者大衆の協力がきわめて大きな役割をはたしていたことであろう。もっとも、彼の反乱戦術を実行に移したのは、労働者ではなく反政府的な連隊兵士達であった。この点は旧来の戦術と変わりない。橋梁、発電所を占拠したのも、城砦、兵舎、食糧や弾薬の貯蔵庫を襲ったのも、主要街路の交差点、鉄道の駅、銀行、中央電信・電話局の機能を麻痺させたのも、すべて連隊兵士達の力によるものだった。ワルシャワ市街の戦略要所では、ヴィトス政府に忠実な兵士達が防衛線を張っていたが、民衆は、これら戦略地点への攻撃作戦には、一切参加していなかったし、また共和国大統領、各大臣などが避難していたベルヴェデーレ――大統領官邸、内閣などの集中している地域――の攻防においても事情は同じだった。この場合も、兵士達は、古典的なボナパルティストの戦術どおりに、重要な役割をはたした。

だが、このクーデターの戦術の中で、きわめて現代的な要素はポーランド社会党によって指導されたゼネ・ストであっただろう。この間、ピウスツキは、ヴィトス政府を支持する右派勢力の連合に抗して闘っていたが、このゼネ・ストは、ピウスツキを背後から援護するために企てられたものであった。このストライキの結果、ピウスツキのクーデターは社会的に正当化され、彼の武装蜂起の野望は世論の支持を獲得していった。

労働者の協力があって初めて、ピウスツキ配下の兵士達は、労働者階級の自由の守護者として登場することができたのだ。軍事的な蜂起戦術が人民の反乱――もちろん武装部隊によって援護されている――に変貌したのは、このゼネ・ストの中、労働者大衆が革命戦術の一環として登場してからのことだった。この結果、クーデターの初期には、ただ一人の反政府的な将軍にすぎなかったピウスツキは、国民の指導者、労働者階級の英雄――ロイド・ジョージの言葉を借りるなら「社会主義者のボナパルト」――に祭り上げられていった。

だが、ピウスツキが合法性の枠内に立ち戻るためには、ゼネ・ストだけでは十分ではなかった。彼もまた、「法外者」あるいは「公権喪失者」と宣告されることを恐れていたのだ。結局のところ、この社会主義者の将軍は、その時代とその国民が作り上げた歴史的、文化的な道徳の枠内で可能な限り大胆な計画を構想し実行しようと意を砕く、ブルジョア・カティリナ主義者にすぎなかった。では、その大胆な計画とはいったい何だったのだろうか。それは「法外者」あるいは「公権喪失者」と宣告されることなく、政府を転覆し、国家権力を奪取しようという計画にほかならない。

ヴィトス政府をひどく嫌悪したピウスツキは、ヴィトス政府には国家を防衛する権利すらないと考えていた。だが、ヴィトス政府に忠実な部隊は激しい抵抗を示し、「異常なまでの偏屈者」とまで言われたリトアニア・ポーランド人の血をピウスツキの身体の中に呼びさました。ピウスツキは、政府軍が機関銃で攻撃してくれれば、機関銃で応戦した。この社会主義者の将軍が、法の枠内に立ち戻ることを妨げ、最初の失敗――いきなり蜂起戦術に訴えたこと――を挽回するための機会をとらえることを妨げたのは、このリトアニア生まれのポーランド人の体質であった。議会手続の枠内でクーデターを起こそうと企てるならば、最初から武装蜂起の戦術を採用してはならない。それはあのモントロンに言わせれば、「絶対に犯してはならない禁じ手」ということになるだろう。

ピウスツキは、確かに、ポーランド社会党と結託し、ゼネ・ストをきわめて有効な戦術として利用した。だが、彼は、その他にも、国会議長からの支援を仰がなければならなかった。ピウスツキが国家権力を奪取するためには、どうしても憲法という介在物が必要だった。

ワルシャワの下町で、未だ戦闘の熱気も冷めやらず、時折り政府軍と反乱軍が衝突を繰り返していた頃、ポズナニ駐在のハーレル将軍は、政府を防衛するため、ワルシャワに進軍しようと決意していた。その時、政府は何をしていたのか。ベルヴェデーレは、すでに完全に反乱軍によって包囲され、ヴォワシコフスキー大統領、ヴィトス首相は窮地に追い込まれ、憲法に定められたとおり、その権力を国会議長に委ねようと決心していた。この瞬間から、憲法を保障する者は、もはや共和国大統領ではなく、国会議長となったのだった。

議会手続の枠内におけるクーデターはようやく始まったばかりであった。そして、これまでのところ、それは、ゼネ・ストの支援を受けた武装反乱にすぎなかった。ピウスツキは、後にこう語っている。「ヴォワシコフスキー大統領やヴィトス首相が、国会議長に権限を委譲することなく政府軍の到着を待っていれば、おそらくは私の革命の企ては失敗に終っていただろう」。共和国大統領と首相が早まった決定さえしなければ、ピウスツキの武装蜂起は、議会内のクーデターに転化することもなく、単なる蜂起のままで終っただろう。

さて、今やピウスツキを合法性の枠内に立ち戻らせるのは国会議長の役割であった。ピウスツキは議場に立つことを許されるやこう宣言した。「私は独裁制を樹立しようとは思っていない。私に課せられた役割は、憲法に従って国家の権威や威信そして政治力を高めるため行動することなのだ」。暴力によって国家権力を奪取した歴代の右派のカティリナ主義者の場合と同じく、今や、ピウスツキにとっては、国家の忠実な従僕であるかのように装うことが最大の願望となっていた。

こうしてピウスツキは、一人の、国家に忠実な従僕としてワルシャワに凱旋した。彼の乗った四頭立ての馬車は、槍騎兵中隊に護衛され、兵士達の頬には微笑さえ浮かんでいた。クラコワスキー・プルツェドミーシェ通り沿いの歩道は、歓迎の人だかりで埋めつくされ、「ピウスツキ万歳！　ポーランド共和国万歳！」の歓声が市内にあふれていた。国会議長も、憲法上の問題についてピウスツキと折りあってゆくのに、大した困難を感じてはいなかった。おめでたいことに、この国会議長はこう考えていた。「もう革命騒動もおさまったことだから、誰もが、他人の意見に耳を傾けるようになるだろう」。

だが、議会を利用したクーデターは始まったばかりだった。憲法を独裁制の道具と化してしまった事件や、反乱の寛大なる協力者であったプロレタリア民主主義国ポーランドを社会主義者の将軍の敵に回してしまった事件、その他幾多の出来事を経た今日、つまりあまりにも多くの共同謀議とあまりにも繰り返された幻滅を経た今日にあっても、まだピウスツキは暴力と合法性を矛盾なく調和させる術を見出していない。一九二六年には、ピウスツキによる議会を利用したクーデターはまだ始まったばかりだった。今日では、それは未だに成功しないクーデターなのだ。

第七章

ムッソリーニとファシスト・クーデター

1

一九二二年一〇月、ファシスト・クーデターのさなか、私は、まったくの偶然から、作品のうえでも実生活のうえでも、決して自由主義思想と民主主義を忘れようとしなかったイギリスの作家イズラエル・ザングウィル(1)と知りあうことになった。ザングウィルの民主主義への傾倒ぶりは徹底しており、もはや思い込みの域にまで達していた。ザングウィルは、身分証明書の呈示を拒否したため、フィレンツェへ着いたとたん、駅の改札口で、数人の黒シャツ隊によって逮捕されたのであった。

ザングウィルは、イギリスでは「民主統制同盟」の一員であり、暴力と非合法行為に対しては、生涯をかけて闘うことを誓っている人物であった。ところが、武器を手にして駅を占拠していたのは、憲兵でもなければ、下級兵士でもなければ、警官でもなかった。彼らは、黒シャツ隊だった。ということは、ザングウィルにしてみれば、彼らは駅を占拠する権限もなければ、身分証明書の呈示を要求する権限もない、ただの人にすぎなかった。

このイギリスの作家は、アルノー河岸のメンターナ広場にあるファシスト党本部——それは、ファシストが暴力によって解散させた社会主義組合組織FIOM（イタリア金属労働者組合）の、かつての本部があった建物の中にあった——へ連行され、当時、フィレンツェ市の黒シャツ隊司令官であったタムブリーニ長官と対面させられた。長官は、尋問を通訳するために、私を呼びだしたのである。ザングウィルが目の前にいるのを見て、私がどれ程驚いたことだろうか。ザングウィルは「民主統制同盟」の構成員としての役割を完璧にこなしていた。ザングウィルは、革命に巻き込まれた被害者だったし、そのうえ、その革命たるやイギリス流の革命でもなければ、自由や民主主義を目指す革命でもなかったのだから。

ザングウィルは怒り狂っていた。彼は、革命一般について、とりわけファシズムについて、このうえなく正確な英語で、このうえなく不正確な意見を述べていた。顔を真赤にして、突き差すような目つきで、容赦なくタムブリーニ長官をにらみつけていた。あわれなことに、タムブリーニ長官は、英語を知らなかったし、この自由で民主的な国の言葉を、ひとことも理解できなかった。長官にとっては見ず知らずのこの外国人が、イタリア語で語ったとしても、その言葉が自由や民主主義を意味するものである限り、長官はその意味を理解することができなかっただろう。

私は、ファシストにとってはそれ程耳障りな言葉を、できるだけいんぎんな表現に訳すよう努めた。その頃のタムブリーニといえば、テオクリトス[2]のような人物でもなければ、フェビアン協会[3]の会員でもなかったし、イズラエル・ザングウィルの存在も知らなければ、当のそのイギリスの有名な作家を相手にしているなどとは知る由もなさそうであった。だから、ザングウィルにとって、私は大いに役に立ったと思っている。長官はこう言っていた。「俺には英語はひとこともわからん。だからといって、君が彼の言ったことを忠実に訳してくれたとも信じられん。英語は反革命的な言葉だ。文法じたいが自由主義的だということじゃないか。まぁ、とにかく、君はこの紳士を連れ帰って、不愉快な出来事を忘れさせてやってくれ」。このような経緯から、私は、彼をホテルへ連れてゆき、数時間をともにすごし、ムッソリーニのことやイタリアの政治情勢や国家権力の奪取のために始まったばかりの闘争について議論することになった。

2

これは蜂起第一日目のことだった。事態は、政府の思い描いた筋道と異なった方向に向かって推移しているように思われた。だが、ザングウィルは、私達がすでに革命のまっただ中にいることを信じようとはしなかった。彼はこう語っていた。「一七八九年のパリでは、革命は精神のなかだけでなく路上にもあった」。いかにも、フィレンツェの様相は、一七八九年当時のパリではなかった。市街では、人々は平静で何事にも無関心な様子だった。街路を行く人々は、皆晴れやかな表情をしており、口もとには昔なつかしいフィレンツェ風の微笑を浮べていた。それは、どことなく人を小馬鹿にしてはいるものの、宮廷風の上品な微笑であった。

私は、ザングウィルに今何が起きているのかを理解してもらうために、一九一七年のペトログラードの出来事を説明した。そこでは、トロツキーの合図のもとに蜂起が進行しているにもかかわらず、ペトログラードの市民は、誰も、何が起きているのか気付いていなかった。市内の劇場、映画館、レストラン、カフェは、普段どおり何事もなく営業していた。クーデターの技術は、現代ではここまで大きな進歩を遂げているのだ。

だが、ザングウィルは、私の説明に納得してくれなかったようだ。ザングウィルはこう叫んだのだから。「ムッソリーニの革命だって！　そんなものは革命ではない。茶番にすぎない」。ザングウィルは、多くのイタリアの自由主義者や民主主義者と同様に、国王とムッソリーニとの間に何らかの政治的な取り引きがあると考えていた。つまり、ムッソリーニによる蜂起は、王室の意図を隠すために仕組まれた芝居にすぎないと考えていた。

ザングウィルの意見は、間違っていた。だが、ありがたく傾聴すべきものではあった。イギリス人の意見というものは、いつでも、ありがたく傾聴すべきものなのだから。ザングウィルの意見は、最近の出来事は、ある政治的な賭け――その主要な要素は政治的な駆けひきや打算によって構成されており、革命に向けられた暴力や意思といった要素は皆無である――の結果であるという、確信のうえに築かれていた。ザングウィルの眼には、ムッソリーニはカティリナの弟子というより、マキァヴェリの弟子のように映っていた。現実に、このイギリスの作家の意見は、その当時、ヨーロッパに広く流布しており、そして、現在でも広く流布している意見そのものであった。

前世紀の初めから、ヨーロッパでは、イタリアの人物や出来事は、つねに古典論理学と美学の産物であると考えるのが、ならわしとなってきた。イタリアの現代史に対するこのような見方は、大部分は、多くのイタリア人にレトリックや雄弁や文学的な表現に対する愛好癖が認められることに由来しているのだろう。だが、これらの愛好癖は、むしろイタリア人の欠点と言った方がよい。現代のイタリアの人々すべてに、これらの欠点が認められるというわけではないものの、これらの欠点の多くは、抜き去り難くイタリア人の身体にしみついている。およそ、国民は、美点よりも欠点にもとづいて判断されると言う。だが、そのような格言があるとしても、私は、イタリアの人物や出来事のすべてが古典論理学や美学の産物である、という外国人の意見は正しくないと思う。なる程、レトリックや雄弁や文学的な表現により、実際の出来事が歪められ、一幕ものの芝居のような様相を呈することはありうる。その芝居では、芝居を演ずる役者が英雄となり、多くの人々は端役か、さもなければ見物人になっているにすぎない。だが、レトリックや雄弁や文学的な表現が、実際の出来事を歪める働きをするにしても、現代のイタリアの人物や出来事のすべてが古典論理学や美学の産物である、とする外国人の意見は間違いだと思う。

今日のイタリアをよく理解するためには、今日のイタリアを客観的に観察しなければならない。つまり、古代ローマ人やルネッサンス時代のイタリア人のことは忘れてしまわなければならない。私は、ザングウィルにこう説明した。「そうすれば、あなたも気付かれるはずです。ムッソリーニの中には古代ローマ人的な要素もなければ、ルネッサンス期のイタリア人的な要素もないことを。ムッソリーニは、すぐれて現代人なのです。ムッソリーニ自身が、時折り、現代人であることに厭気がさすことはあるにしても。彼の政治戦術はチェーザレ・ボルジア(4)のそれと同列のものではありませんし、彼の老獪さはグラッドストーンやロイド・ジョージのそれと大差ありません。クーデターに対する考え方も、スラやジュリアス・シーザーのそれとの間には何の共通点もありません。最近、巷では、ムッソリーニに関し、シーザーがルビコン川を渡るときの話でもちきりなことをご存知でしょう。ですが、このような言い方は、他意のない言葉のあやにすぎません。ムッソリーニがシーザーにたとえられているからと言って、彼が、あらゆる意味で現代的な蜂起戦術、つまり政府の側が対抗するにしても警察的な手段以外には何も対抗策を講ずることのできないような蜂起戦術を計画し、実行するうえで何ら支障はないのです」。

ザングウィルは、私の言葉尻をとらえるかのように、オクセンスティールン伯爵が、その有名な著作である『回想録』の中で、「シーザー」という単語の語源について解説していることを指摘した。オクセンスティールン伯爵によれば、「シーザー」という単語の語源は、カルタゴ語の「cesar」、つまり象という意味の言葉にあるというのだ。そして、ザングウィルは、さらにこう語った。「私は、ムッソリーニが、革命戦術において、象よりも行動的で、シーザーよりも現代的であることを強く望みたい」。

ザングウィルは、私が「ファシストによる蜂起マシーン」と呼んでいるものをつぶさに見聞したい、と言ってきた。というのは、ザングウィルにとっては、いかにして、バリケードなしの、市街戦ぬきの、路上に死骸なき革命が可能であるかが、どうしても理解しがたいことだったからである。彼はこう叫んでいた。「すべてが完全な秩序のもとに展開されている。こりゃあ茶番だよ。茶番以外のなにものでもありえない」。

市街の中央部では、時折り、黒シャツ隊を乗せたトラックが全速力で往き来していた。車上の青年達は鉄兜をかぶり、小銃、短剣、手榴弾で武装し、銀の糸で髑髏の刺繍をした黒旗をふりまわしながら、得意然として、何かの歌を歌っていた。子供のような顔つきの若者達が、戦闘方法において、あれ程機敏で、あれ程強暴な、あの有名なムッソリーニの突撃隊なのだとは、ザングウィルは決して信じようとしなかった。

ザングウィルはこう言っていた。「ファシズムをどうしても許せないのは、それが暴力を用いることだ」。ムッソリーニの革命軍は救世軍ではない。黒シャツ隊は、慈善事業のために短剣や手榴弾で武装しているわけではない。内戦のためにこそ武装しているのだ。ファシストの暴力に対し、絶対反対を唱え、黒シャツ隊員に対し、ルソーやトルストイの信奉者であれ、と主張する人々は、レトリックや雄弁や文学的な表現を糧として生きている口舌の徒にすぎない。あるいは、そのような主張をする人々は、ムッソリーニを、古代ローマ人のような人物、あるいは一五世紀の傭兵のような人物、あるいは高貴な色白の手をしたルネッサンス期の領主のような人物――毒殺者でもありプラトンの信奉者でもある(5)――と誤解させたい、と思っているのかも知れない。だが、ルソーやトルストイの信奉者とともに革命を成し遂げることはできない。彼らとともに成し遂げることができることがあるとすれば、それは、せいぜい革命の茶番劇というところだろう。ルソーやトルストイの信奉者と行動をともにしたならば、自由主義政府が守ろうとしている国家権力ですら奪取することは不可能だろう。ザングウィルは私にこう言った。「あなたが私をだまそうとしているとは思わない。だが、どうすれば、この革命が茶番劇でないことを、他人に理解させることができるというのでしょうか。そのような方法があるというのなら、その方法を私に示していただきたい」。

このようなやりとりがあったため、私はザングウィルに、その晩一緒に、私が「ファシストによる蜂起マシーン」と呼んでいるものを、つぶさに見にゆこうではないか、と提案した。

黒シャツ隊は、電撃的に、都市や地方のすべての戦略地点、つまり、ガス施設、発電所、郵便局、電話局、電信局、橋、駅など国家の技術機関の中枢部分を占拠した。政府も軍隊も不意を襲われたのだ。

警察は、駅、郵便局、電話局、電信局からファシストを追い出そうと試みたが無駄だった。警察は、リッカルディ宮へ退却した。リッカルディ宮は、ロレンツォ大公のもとの居宅であるが、今は県庁となっており、憲兵の分遣隊と近衛兵の分遣隊——これらの分遣隊には装甲車二台が配備されていた——によって守られていた。県知事ペリーコリは、県庁内に閉じこめられ、ローマの政府に通報することも、町や村の当局に通報することもできなかった。電話線は切断され、周囲の建物に配置された機関銃が、リッカルディ宮に通ずるすべての道に、にらみをきかせていた。

歩兵連隊、砲兵連隊、騎兵連隊より構成されている駐屯部隊本隊及び憲兵隊本隊、近衛兵本隊に対しては、外出禁止令が出されていた。この時点では、軍隊は好意的な中立を守っていたのだ。だが、軍隊の好意的中立を信用しすぎてはならない。二四時間以内に膠着状態に突破口が開かれなければ、政府軍司令官ゴンザーガ公の指揮のもとに、秩序を回復するためのあらゆる手段が講じられることになるだろう。軍隊との衝突は、革命にとって、このうえもなく重大な結果をもたらす。

フィレンツェは、ピサやボローニャとともに、北部イタリアと南部イタリアとを結ぶ交通の要衝である。ファシスト軍を北部地域からラティウム地域へ移動させるための輸送路を確保するためには、いかなる犠牲を払ったとしても、このイタリア中央部の戦略上の要衝を守り抜かなければならない。この戦略上の要衝を守り抜くことができれば、ファシスト軍が、首都ローマに進軍し、政府を追い込み、政権をムッソリーニに手渡すことを余儀なくさせることが可能となるだろう。フィレンツェを守り抜くこと、そのための方法は、たったひとつしかなかった。それは、徹底的に時間を稼ぐことだった。

革命を実現するために、暴力が用いられる場合であっても、敵を欺くために、計略を用いることが禁じられているわけではない。ファシスト側の武装勢力の司令官バルボ将軍は、ファシストの別働隊を「国民《ナツィオーネ》」新聞社――トスカーナ地方では最大の発行部数を誇る新聞社である――に差し向けた。ファシストの別働隊の隊長は、「国民《ナツィオーネ》」紙の編集長ボレッツリ氏――現在は「コリエーレ・デラ・セーラ」紙を主宰している――の部屋に通されるや、ボレッツリ編集長に対し、直ちに「国民《ナツィオーネ》」紙の号外を発行するよう要請した。その号外によって、国王の副官であるチッタディーニ将軍が、ムッソリーニと交渉するため、ミラノへ派遣され、チッタディーニ将軍の働きかけにより、ムッソリーニが新内閣の組閣を受諾した、と報じてほしいというのだ。

この情報は完全な作り話だった。他方、この情報には、真実と誤認されても仕方のない要素も含まれていた。というのは、国王がピサの近郊のサン・ロッソーレ宮に滞在していることは、誰もが知っている公知の事実だったからである。だが、国民は、国王が、同じ日の夜、チッタディーニ将軍を伴ってローマに出発したことを知らなかった。国王が、チッタディーニ将軍を伴ってローマに出発したことさえ知られていれば、ファシストの別働隊がもたらした情報は、すぐにでも虚偽だと見抜かれたのであろうが。

二時間後、ファシスト軍のトラックが、何百台となく、トスカーナ地方全域を走りまわり、数えきれないほどの部数の「国民《ナツィオーネ》」紙の号外を配っていた。たちまち行列ができた。政府軍の兵士達や憲兵達も、ファシスト側の黒シャツ隊員と、喜びをわかち合っていた。「国民《ナツィオーネ》」紙の号外に掲載された記事は、国王の祖国愛から生まれた賢明さを示すと同時に、ムッソリーニの祖国愛から生まれた賢明さをも裏付けるものと受けとめられたからである。

政府軍司令官ゴンザーガ公も、自らファシスト党本部に足を運んできた。この嬉しいニュースが真実かどうかを確かめにきたのだ。このニュースが本当ならば、ゴンザーガ公の苦しみに終止符が打たれ、彼を重大な責任から解放することになるだろう。ゴンザーガ公は、ローマにも無電で、国王とムッソリーニとの間の協定について確認を求めていた。

そして、ゴンザーガ公はこう伝えてきた。「国防大臣は、詳細について回答することを拒否してきた。国防大臣によれば、国王の名を政党間の抗争によって汚してはならない、ということだった。また国防大臣は、国王とムッソリーニとの間の協定に関するニュースは、おそらくは、さき走った未確認情報だろうと言っている」。だが、ゴンザーガ公は、最後に笑いながら、こう付け加えた。「私の経験から言えば、国防大臣は、いつも、正確なニュースのことを『さき走った未確認情報』と言っているのだけれどね」。

こうしてファシスト側は、軍の行動を牽制するための時間稼ぎに成功した。

3

その夜の間に、ファシスト党のバルボ将軍は、革命本部の置かれたペルージァへ出発していた。タムブリーニ長官も、ローマでの闘いで、黒シャツ隊と合流するため、彼の配下の民兵部隊とともに汽車に乗った。ファシストによる蜂起マシーンの歯車が、いよいよ回転し始めようとしていた。

私は、ザングウィルに、ファシスト革命が茶番劇でないことを身近に実感してもらうため、夜中の二時頃、彼の滞在しているホテルに向かった。ザングウィルは、私と顔をあわせるや、わが意を得たりという様子で私を迎えた。彼の手には、印刷されたばかりの「国民《ナツィオーネ》」紙の号外が握りしめられていた。彼は、号外の記事を読んでいたのだ。ザングウィルは私に向かってこう言った。「ことここに至っても、あなたは、国王が、今までずっとムッソリーニと意見を同じくしていたと言い張るのですか。覚えておいて下さい。憲法によって許容された革命など茶番劇にすぎないということを」。

私は彼に、虚報が出されるに至った経緯を、こと細かに説明した。彼は、あきらかに動揺している様子だった。彼は叫んだ。「これが虚報だと言うのですか！　だとすれば報道の自由はどうなるのですか？」。当然のことながら、報道の自由を制限するため、立憲君主が革命勢力と手を握るなどということはあり得ない。そのような芝居じみた事態が生ずれば、深刻な結果をもたらすだろう。だが、他方で、報道の自由を理由として、新聞が虚偽の事実を報道することが禁じられたことも一度もない。この点については、ザングウィルは、「イギリスのような自由な国にあっては、報道の自由は、虚報によって築かれたものではない」と反論するのが精一杯だった。

町は、道行く人もなく、ひっそりと静まりかえっていた。街角では、ファシストのパトロール隊が、降りしきる雨の中を、黒いトルコ帽を耳までかぶり、身じろぎひとつすることなく、警戒にあたっていた。ペッコーリ街では、電話局の正面玄関にトラックが一台駐まっていた。そのトラックは、ファシスト達が「タンク」——つまり、戦車——と呼んでいる、機関銃を装備し、鋼鉄板で補強されたトラックのうちの一台であった。電話局は、「赤百合班」と呼ばれているファシスト突撃隊の分隊——胸に赤い百合の花をつけていたため、このように呼ばれている——によって占拠されていた。赤百合班は、「絶望班」とともにフィレンツェの民兵組織の中で最強の分隊だった。

シャン・ド・マルス駅の近くでは、小銃と機関銃を満載した五台のトラックと出会った。トラックに満載された小銃と機関銃は、サン・ジョルジオの兵舎のファシスト細胞が、民兵の総司令官に横流ししたものだった。工場であれ、軍隊であれ、銀行であれ、行政機関であれ、いたるところに、こうしたファシスト細胞が存在し、革命のための網の目が形成されていた。この小銃と機関銃は、ロマーニャ地方の千人ばかりの黒シャツ隊に手渡されることになっていた。ロマーニャ地方の黒シャツ隊の装備と言えば、短剣と拳銃だけだったからである。

シャン・ド・マルス駅では、誰もが、ロマーニャ地方の黒シャツ隊がファエンツァ線経由の列車で到着するのを、今か今かと待ち続けていた。その時だった。駅の警備にあたっている軍の責任者が、こう伝えてきた。「ボローニャとクレモナで、ファシストと憲兵との間で銃撃戦が起こり、ファシスト側に多数の死傷者が出た模様である」。黒シャツ隊が憲兵の兵舎を襲撃したところ、憲兵隊が徹底抗戦してきたのだ。ピサ、ルッカ、リヴォルノ、シェナ、アレッツォ、グロセットからは吉報がもたらされていた。これらの都市の技術網がファシストの手に落ち、ファシストがこれらの都市を含む地域全体を掌握したのだ。

ザングウィルはこう尋ねてきた。「何人ぐらいの死者が出たのでしょうか」。驚くべきことに、トスカーナ地方では流血を伴った戦闘は、まったく生じていなかった。ザングウィルはこう続けた。「ボローニャやクレモナでは、あなた方が言う革命は、ここよりも、ずっとまじめに取り組まれているということですね」。一九一七年一〇月のボリシェヴィキの蜂起の際には、ペトログラードでは、ほとんど死傷者は出ていない。ロシア革命時に死者が出たのは、反革命の時代、つまりボリシェヴィキが国家権力を奪ってからしばらくたった後、トロツキー配下の赤衛軍が、士官候補生の蜂起、あるいはケレンスキーやクラスノフ将軍の配下のコサック兵の攻撃を鎮圧している際に生じた出来事だった。私は、ザングウィルに、こう説明した。「ボローニャやクレモナで流血の事態が生じたということは、ファシストの革命組織に何らかの欠陥が生じていることの証拠です。ファシストによる蜂起マシーンが、トスカーナ地方のように完璧かつ正常に作動していれば、流血の事態などは、めったに起きるものではありません」。ザングウィルは冷笑を隠すことができなかった。彼はこう言った。「国王は、とても上手に蜂起マシーンを操縦しているのですね。あなたの言う蜂起マシーンが故障することもなく作動しているということは、何もかも、国王のおかげなのですから」。

同じ頃、駅では、一台の列車が、水蒸気をもうもうと吐きながら、到着したところだった。この列車は、すさまじい喧噪と歌声、そして太鼓の音に包まれていた。通りがかった鉄道員――肩にカービン銃をかついでいた――が「ロマーニャ地方の黒シャツ隊だよ」と教えてくれた。

私達は、またたく間に、黒シャツ隊にとりかこまれた。彼らは、絵のように美しくはあったが、どことなく無気味な存在だった。黒シャツの胸には髑髏の刺繍が施され、鉄兜は赤く塗られ、幅の広い皮ベルトには短剣が差し込まれていたからだ。陽に焼けた顔には、短く先のとがったひげが生えていた。彼らは、ロマーニャ地域の農民特有の精悍な顔立ちをしていた。

ザングウィルは、彼らの悪漢然とした、ふてぶてしい様子や、周囲の人々をおどすような表情に好感を持てなかったようだ。ザングウィルは、穏やかな微笑をたたえながら、この騒々しい人々の群をかきわけて行こうとしていた。ザングウィルの動作があまりにも丁重だったため、短剣を携えた黒シャツ隊の人々は驚き、かえって衆目を集める結果となってしまった。ザングウィルは、押し殺したような低い声でこうささやいた。「どうしても、この人達は好きになれない」。私はこう答えた。「革命を担っている人々を、好き嫌いで判断しないで下さい。ムッソリーニは、この四年間、権謀術数によって政治闘争を展開してきたわけではありません。ムッソリーニは、暴力によって政治闘争を闘ってきたのです。ムッソリーニが用いる暴力は、苛酷なものであり、冷徹な論理によって貫かれています。ムッソリーニの用いる暴力は、ある意味では科学的なものだとさえ言ってもよいでしょう」。

ザングウィルにとっては、この経験は、まことに信じ難いものだっただろう。何せ、黒シャツ隊のパトロール部隊に逮捕され、そして釈放され、そのうえ、ファシスト革命が茶番劇となることを阻んでいるものが何かを知るため、真夜中に車に乗せられて連れ回されたのだから。ザングウィルは、笑いながらこう語っていた。「僕は、イエズス会の人々の中に放り込まれたカンディドのようなふりをするつもりはないよ」。実際には、この日のザングウィルは、戦士達の中に放り込まれたカンディドといった様子だったのだが。もっとも、カンディドが、イズラエル・ザングウィルという名前のイギリス人であることなど、起こりうるはずもないことであった。

このへラクレスのような農夫達――ロマーニャ地域の黒シャツ隊――は、あわれむような様子を見せることもなく、角ばったあごを突き出して、喧嘩のために持って生まれたような大きな手を組みながら、ザングウィルを頭の先からつま先まで、じろじろと見おろすような目つきで眺めていた。だが、他方で、彼らがザングウィルの存在を前にして、驚き、そして戸惑っていることも間違いなかった。彼らは、替えカラーをつけ、内気で礼儀正しい、ザングウィルのような紳士が、そのような場所で、黒シャツ隊にとりかこまれていること自体が理解できなかった。加えて、この紳士は、警察の手先でもなければ、リベラルな議員でもなかった。この紳士――ザングウィル

——が警察の手先かリベラルな議員であったなら、彼らは戸惑うことなく襲いかかりさえすればよかったのだから。

私達は、また自動車に戻った。車は人気のない町を猛スピードで走っていた。車中で、私はザングウィルにこう語りかけた。「あなたはファシスト革命を茶番劇だとしたうえで、ファシスト革命を軽蔑しておられます。しかし、ファシスト革命が茶番劇ならば、あなたの黒シャツ隊への憎悪は理屈にあいません。なる程、イギリスの自由主義者は、毎日のように、暴力を用いることを非難しています。しかし、暴力から革命が生まれようとしているときに、その革命が茶番劇であるということがあり得るのでしょうか。申しあげておきますが、黒シャツ隊は、やみくもに暴力を用いているわけではなく、敵を攻撃するために暴力を用いているのです。そして黒シャツ隊が敵に暴力を加えるときは、容赦なく、血も涙もありません。かつて、ファシストを批判する人々が、ファシストは暴力集団だと断定していることに対し、ファシスト系の新聞が抗議をしたことがあります。ですが、これは中産階級の人々に向けられた見せかけにすぎません。そのうえ、ムッソリーニは菜食主義者でもなければ、クリスチャンの科学万能主義者でもなく、ましてや社会民主主義者でもありません。ムッソリーニは、マルキストとして教育を受けているので、暴力や革命に対し、トルストイの信奉者が抱くような、ためらいや、やましさを感ずることもありません。ムッソリーニは、オックスフォードで、お上品な政治手法を学んだこともありませんし、ニーチェ[6]についても、そのロマンティシズムや博愛主義に完全にうんざりしています。ムッソリーニが眼の澄んだ、お上品な声の中産階級出身者であったならば、支持者達は、間違いなくムッソリーニを離れ、別の指導者に従っていったことでしょう。ムッソリーニがすぐれた指導者であることは、昨年、ムッソリーニが政敵との間で休戦協定を結ぼうとしたときにあきらかになりました。その時点では、ファシズム内部で反乱や分裂が起きる寸前の状態でした。黒シャツ隊の大多数は、内戦の継続を主張していたのですから。ムッソリーニは、このような状況にあったファシスト党をまとめ、危機を乗りきったのですから、彼がいかにすぐれた政治家であるか、ご理解いただけると思います[7]。おおまかに言えば、黒シャツ隊の大半の人々は、極左のグループからの出身者です。そうでなければ、四年間にわたって第一次世界大戦を闘い抜き、筋金入りの精神をたたきこまれた古参兵か、純粋な魂に突き動かされている若者達です。このことだけは、どんなことがあっても忘れないで下さい。そして、武器を手にする者の神がいるとすれば、それは暴力の神でしかないことも、決して忘れないで下さい」。

ザングウィルは、ぽつりとこう答えた。「今、あなたが言われたことは、決して忘れることがないでしょう」。

4

フィレンツェへ戻った頃、夜は明け、空は白み始めていた。ザングウィルは、この数日間、イタリア全土で起きている出来事の縮図を間近で目撃したのだ。私は、エムポリからムジェッロへ、ピストーイアからサン・ジョヴァンニ・ヴァルダルノへと、フィレンツェ平原を横切るようにして、駆け足で、ザングウィルを案内した。橋、駅、交差点、陸橋、運河の水門、穀物倉庫、食糧倉庫、ガス工場、発電所など、すべての戦略地点はファシストの分遣隊によって占拠されていた。

突然、パトロール隊が闇のなかから姿をあらわし、誰何《すいか》してきた。「そこへいくのは誰か」。鉄道線路にそって、二〇〇メートルごとに、黒シャツ隊員一人が配置されていた。ピストーイア、エムポリ、サン・ジョヴァンニ・ヴァルダルノ等の駅では、数班に分けられた鉄道員達が、いざという場合には線路を切断すべく、道具を携えて待機していた。

交通を確保し、または遮断する一切の措置が講ぜられていた。ファシストにとっては、もはや何も恐れるものはなかった。ただ彼らが恐れていたものがあるとすれば、それは首都ローマに進軍する黒シャツ隊を背後から襲撃すべく、憲兵と兵士よりなる援軍が、オンブリアやラチウムに向かって侵攻することだけだった。

ボローニャからやってきた憲兵を乗せた列車が、ピストーイア近郊の、有名なヴァイオーニ鉄橋の数メートル直前で停車させられた。小銃による銃撃戦がしばらく続いた後、この列車は逆行を始めて、鉄橋にあえて乗り入れることをしなかった。ルッカ街道沿いのセラヴァレでも、小規模な衝突が発生していた。近衛兵を満載したトラックが、ピストーイア平原への侵入を阻止するため待ち構えていた機関銃の銃火をあび、ファシストによって捕えられていた。

私は、この時点では、私の相棒になっていたザングウィルに、こう語りかけた。

「マキァヴェリの『カストラカイネ伝』の中の、セラヴァレの戦いの話を読まれたことがあるでしょう」。だが、ザングウィルはこう答えただけだった。「私はマキァヴェリは読みません」。

私達がフィレンツェ近郊のプラトという小さい都市を過ぎた頃、空は明るく晴れわたっていた。プラトは織物工業の中心地であって、二〇〇の工場に二万五〇〇〇人の労働者を擁している。そのため、プラトはイタリアのマンチェスターと呼ばれている。また、為替手形の発案者とみられるフランチェスコ・ディ・マルコ・ダチーニが生まれたのも、この町である。政治的には、プラトは、どちらかと言えば、評判の良くない都市である。それは、この都市がストライキと労働者による暴動が頻発する地域にあるからであり、同時に、一九〇〇年に、イタリアの第二代国王ウンベルト一世を殺害したブレスキの生まれ故郷でもあるからだ。プラトの市民は、人情には厚いものの、しばしば赤化しているように受けとめられていた。

道は、どこも出勤する労働者であふれていた。彼らは、何事にも関心がないように、夜の間に塀に貼りつけられた革命軍事委員会の宣言にも眼もくれず、黙々として歩いていた。

私は、ザングウィルにこう語りかけた。「ダンヌンツィオ[8]が古典学を研究していたチコ・デ・プラト学院は、この都市にあるのですよ。少しは、プラトという都市に興味を持たれましたか」。

だが、ザングウィルはこう答えてきた。「今、この時点で、私の興味をひくものは、この革命の中で、労働者がはたしている役割を探究することです。あなた方イタリア人にとって最大の危険は、政府ではなく、労働者によるストライキのはずです」。

5

一九二〇年の終り頃、ファシズムが直面していた課題は、自由主義政府に対する闘いでもなければ、社会党に対する闘いでもなかった。なる程、社会党は、次第に議会内政党としての性格を強めつつあったが、イタリアの国内政治のうえでは、相も変わらずトラブルの原因となっていた。だが、その社会党も、ファシズムにとっては手強い敵ではなかった。その当時、ファシズムが直面していた最大の課題は、いかにすれば労働組合に対する闘争に勝利することができるか、という問題であった。労働組合は、コミュニストによるものであれ、ファシストによるものであれ、政府をおびやかす危険から、自由主義国家を防衛することのできる唯一の対抗勢力となっていたからである。

自由主義国家を防衛するため、労働組合に大きな役割を担わせるという戦術は、一九二〇年三月、カップによるクーデターに対抗するため、バウアーが編みだしたものだった。そしてジョリッティも、労働組合が政府を防衛するうえで、一定の役割をはたしうることを理解していた。もっとも、ジョリッティの戦術において労働組合がはたす役割は、バウアーの戦術において労働組合のはたす役割に較べれば、それ程目覚ましいものではなかったが。

政党は、ファシズムに対抗するうえでは、あまりにも無力な存在であった。何故なら、ファシズムの闘争手段――それはコミュニストの赤衛隊が用いる暴力を口実としていた――は、政治的手段と呼ばれているものとは、まったく異質なものだったからである。議会の中で、政党はすべての革命勢力を法の保護の外に置こうと試みた。だが、革命勢力は、必ずや「議会内勢力」――当時の言い方に従えば「合法性の枠内への回帰」――の二の舞となる途を歩むことを望んでいなかった。それ故、政党は、議会内の手続によっては、ファシストに対してであれ、コミュニストに対してであれ、暴力を用いるという手段をあきらめさせることができなかった。

それでは、ファシストの黒シャツ隊に対してであれ、コミュニストの赤衛隊に対してであれ、革命を目指す勢力に対抗するため、政府は、いったい何ができたのだろうか。大衆政党、つまり社会党やカトリック系の政党は、議会手続を尊重するあまり、憲法内政党としての地位に甘んじていた。それ故、これらの大衆政党は、政府が時折り行う革命勢力に対する弾圧を、側面から支え、その合法性を説明する——言い換えれば憲法の領域において行われる正当化——うえで、わずかに役に立つ程度の存在にすぎなかった。だが、イタリア全土を流血の惨状に導くであろう混乱に終止符を打とうとするならば、そこには警察的な手段以外の何ものかがなくてはならなかったはずである。

ジョリッティ(9)は用心深かった。ファシストやコミュニストという革命勢力に対抗するに際し、軍事力を用いるという途を選択しなかったからである。ジョリッティは、軍事力を用いる代わりに、革命勢力に対し、労働組合組織の行動を対置させ、革命勢力を無力化しようと腹を固めていた。労働組合を用いるという方法は、バウアーが、政権を奪われるという危機的な状況を、事前に回避するために、実際に用いた方法であった。だが、バウアーが、この方法をマルキストのやり方に従って用いたのに対し、ジョリッティは、この方法を自由主義者のやり方に従って応用した。このことは、同時に、ジョリッティの手によって、労働組合が、ファシストやコミュニストによる非合法行為に対抗するため、政府が自由に使うことができる道具となったことを意味していた。もちろん、ファシストの黒シャツ隊やコミュニストの赤衛隊の非合法行為に対処するためとは言え、政府が労働組合を道具として利用するということ自体が、非合法な領域でなされるものであることは否定し難いのだが。

労働組合がジョリッティの掌中に握られたことにより、かつては、政府にとって危険このうえもない闘争手段と受けとめられていたストライキは、この時点からは、ファシストやコミュニストにとって危険きわまりない闘争手段と受けとめられることとなった。

ストライキの蔓延は、一九二〇年と一九二一年のイタリアをきわだたせる特徴となっている。有産階級の人々の眼のみならず、労働者階級の人々の眼にも、ストライキの流行は、イタリアという国が罹患した重篤な病、あるいは労働者階級による革命の前兆、あるいは必ずや大衆による権力の奪取という形でしか終息し得ない重大な危機のように映っていた。そして、こうしたストライキは、イタリアが置かれていた政治状況のもっとも深い部分で、突然生じたある変化の徴候そのものであった。一九二〇年から一九二一年にかけて起きたストライキは、一九一九年に起きたストライキとは、まったく性質を異にしている。一九一九年に起きたストライキは、政府に対して向けられたものであったが、一九二〇年から一九二一年に起きたストライキは、もっぱら、労働組合の存在を無視したまま権力を奪取しようと企てている革命勢力、否、革命勢力そのものに向けられたものだったからである。

なる程、以前から、労働組合と社会主義政党との間には、労働組合の自治をめぐって、対立の火種が存在していた。だが、労働者階級が、革命勢力——当然のことながら、国家権力の奪取を目指している——の手から守らなければならなかったのは、ただ労働組合の自治だけではなかった。労働者階級は、革命勢力の手から、労働組合の存在自体を守り抜かなければならなかった。そして、労働者は、ファシストの手から、労働者階級の自由そのものを守り抜かなければならなかった。

イタリアの労働組合のコミュニストに対する態度を評するならば、それは一九一七年一〇月のクーデター前夜の、ロシアの労働組合のボリシェヴィキに対する態度そのものと言ってよいだろう。イタリアの労働組合がコミュニストに接近すればするほど、労働組合の自治が奪われ、労働組合の存在自体が否定されかねない状況となっていたからである。

ジョリッティは、バウアーがマルキストとして編みだした戦術を、自由主義者のやり方に従って応用した。だが、ジョリッティによるバウアーの戦術の自由主義者流の応用は、状況の悪化を招いただけだった。ジョリッティの自由主義とは、言ってみれば、事のあとさきについて無頓着な、野放図な楽天主義者の自由主義にすぎない。ジョリッティは、シニカルで猜疑心に満ちた人物であった。思想を信奉するにはあまりにも変り身が早く、人間を尊重するにはあまりにも偏見に満ちており、言うならば議会内の独裁者であった。それ故、ジョリッティの中では、シニシズムと猜疑心が楽天主義と同居することになった。この結果、ジョリッティは、状況に無関心であるかのように装いながら、状況を創造していた。そして、ジョリッティは、状況それ自体が熟するのを待っているかのように装いながら、あまたの裏工作を弄することによって、状況を混乱させていた。

ジョリッティは、国家という存在を一切信用していなかった。ジョリッティの政策の中心部にある秘密を探ろうとするならば、それは国家という存在に対する侮蔑にある。なる程、ジョリッティは、バウアーがマルキストとして編みだした戦術を、自由主義者の考え方に従って理解した。だが、バウアーの戦術に関する自由主義者流の理解とは、言ってみれば、政府による弾圧行動を、労働組合による反撃行動に置き換えたものにすぎない。それは、とりも直さず、ファシストやコミュニストによる危険を回避するため、自由主義国家防衛のための盾となる役割を、労働組合に全面的に委任することを意味していた。それは、同時に、ジョリッティによる労働者階級の「議会内勢力化」政策――つまり労働者階級の買収政策――の中で、ジョリッティが、自らの手を汚すことなく、自由にしておくことを意味していた。

一九二〇年の終り頃に生じた一連の出来事は、イタリアに、現代ヨーロッパの政治闘争史上、例を見出すことができない状況を生みだしていた。ダンヌンツィオは、フイウメ[10]を占領し、フィウメから、あらゆる機会をとらえて、「イタリアに侵攻し、義勇軍とともにイタリアを占領する」とおどしをかけ続けていた。

ダンヌンツィオは、労働者陣営との間に一定の友好関係を築くことができるものと期待していた。海上労働者連盟とフィウメ政府との間の密接な関係は、誰一人として知らない者のない、公知のものであった。

だが、イタリアの労働組合の指導者達は、ダンヌンツィオを、敵とは考えていなかったものの、危険な人物と受けとめていた。ダンヌンツィオは、イタリアを国際的な紛糾にひきずり込む可能性のある人物だったからである。

ダンヌンツィオがどのような人物であれ、政府は、反ファシズム闘争を展開するうえで、同盟関係を築くことができる人物とは考えていなかった。もちろん、ダンヌンツィオが、ムッソリーニをねたみ、ムッソリーニのファシスト革命組織がイタリアの国内政治においてはたしている役割をうらやんでいることは広く知られていた。だが、それにしても、ダンヌンツィオが、反ファシズム闘争において政府の味方となることはあり得なかった。ダンヌンツィオとムッソリーニとの間の対抗意識は、ジョリッティの政治的な駆けひきの中では、悪いカードではなかった。ジョリッティは、不利なカードがくると、ルールに従って公正にゲームを進めるが、有利なカードがくると、ゲームにいかさまを仕掛ける。ジョリッティは、ダンヌンツィオとムッソリーニとの間の対抗意識を、いかさまの材料にしようと企てていた。

他方、コミュニスト達は、ファシズムと政府から十字砲火をあびせられ、労働者階級に対する影響力を完全に喪失していた。コミュニスト達が行うテロ行為は、あまりにも無謀で、また残虐をきわめていた。また彼らは、イタリアに革命が起きてもおかしくない状況が醸成されていることを、まったく理解していなかった。加えて、彼らは政治的な小細工を弄することとも縁を切ることができなかった。その結果、コミュニスト達は、暗殺や、全体戦略のない場あたり的な奇襲、あるいは兵舎や工場での暴動くらいのものしか生みだすことができなかった。そのうえ、コミュニスト達は、町や村のあちこちで行われる無意味な市街戦に消耗し、疲れはてていた。その結果、コミュニスト達は、国家権力を奪取するための闘いにおいて、自らを、もはや第二次的な役割しかはたし得ない存在におとしめていた。コミュニスト達は、今や厚顔無恥で残酷な汚れたヒーローになり下がっていた。それは、革命を夢想しながら、蜂起することすらできない自分にいらだっている欲求不満病者の姿であった。この一九一九年という年――「赤い年」と呼ばれている――には、何度、革命のための好機が失われたことだろうか。何度、蜂起のための機会が見失われたことだろうか。トロツキーでなくともよい、トロツキーをひと回り小さくしたような人物、あるいは田舎のカティリナのような人物、つまり、どれ程ささやかでもよい、ほんのわずかのやる気のある人物と、ひと握りの同志達、そして小銃による数回の銃撃さえあれば、国王や政府の怒りを買うこともなく、またイタリアの歴史を汚すこともなく、国家権力を奪取することは十分に可能だったのだ。

クレムリンでは、仕事の合間に、イタリアのコミュニスト達が陥っている欲求不満症状が、好んで話題に取り上げられていた。レーニンは、快活であると同時に慎重な人物でもあった。そのレーニンですら、イタリアから届いた情報に接すると、涙を流さんばかりに腹をかかえて笑いころげていた。「イタリアのコミュニストだって?イタリアにコミュニストがいるのかい。これはお笑いぐさだ。はっ、はっ、はっ」。レーニンは、ダンヌンツィオがフィウメからレーニンに宛てたメッセージを読んで、子供のようにおもしろがっていたのだった。

フィウメ問題は、次第に対外政策上の争点のひとつになりつつあった。一九一九年九月、ダンヌンツィオは、フィウメという国家を創建した。しかし、その国家は、創建後、わずか数ヶ月の間に、数世紀もの歴史を過去に向かって遡ることになってしまった。当初のダンヌンツィオの計画によれば、フィウメという国家は、強力な革命組織の、最初の、そしてもっとも基本的な核となり、反乱軍がローマ征服を目指して進軍するための出発点となることが予定されていた。だが、一九二〇年の終り頃には、フィウメは、ルネッサンス期イタリアの領主の領土のような存在と化してしまった。そこでは、たび重なる内部抗争によってトラブルが絶えることがなく、マキァヴェリの忠告を聞きいれるにはあまりにも雄弁な君主――ダンヌンツィオ――の野心と派手好みの性格、そしてレトリックによって、国家そのものが腐敗し、堕落していた。

この君主――ダンヌンツィオ――の弱点は、そのアナクロニズムだけにあったわけではない。この君主――ダンヌンツィオ――の弱点は、その君主の存在自体が、国内政治上の火種である以上に、国際政治上の火種になっていたという点にある。ダンヌンツィオによるフィウメの占領は、決してクーデターではない。ダンヌンツィオがフィウメを占領しても、イタリア国内の政治状況には、少しも変化をもたらすことはできないからである。だが、国際社会は、フィウメ問題について、民族自決権の原則に反する解決策を適用すべく決議していた。(11) そして、ダンヌンツィオは、フィウメを占領することによって、この国際社会の決議がフィウメに適用されることを阻止した。それ故、フィウメの占領は、ダンヌンツィオに帰せられるべき大きな功績と言ってよいだろう。

だが、イタリアが置かれていた革命前夜とも言うべき不安定な政治状況から見るならば、フィウメの占領は、ダンヌンツィオにとって大きな弱みとなるものでもあった。フィウメという国家が創建されたことにより、ダンヌンツィオの存在は、イタリアの対外政策を左右する、もっとも基本的な要素となっていた。だが、同時に、この国家の創建により、ダンヌンツィオは、イタリアの国内政治という舞台からは完全に排除されることになってしまったからである。ダンヌンツィオは、イタリアの国内政治においては、もはや間接的な影響力しか持たない人物になり下がっていた。

この結果、ダンヌンツィオが彼の義勇軍に課していた役割——国家権力を奪取するという役割——は、必然的にファシストの黒シャツ隊に移行し、黒シャツ隊がその役割を担うことになった。ダンヌンツィオ——独立した領主国の君主——は、フィウメに足どめされている間に、独自の法、独自の政府、独自の軍隊、独自の財政、独自の外交使節を作り上げた。一方、その間、ムッソリーニは、イタリア全土に、彼のファシスト革命組織を、それまで以上に拡大させ続けていた。

この頃、世間では、ダンヌンツィオは君主であり、ムッソリーニはその君主のマキアヴェリであるという評判がもっぱらであった。だが、現実には、ダンヌンツィオは、イタリアの若者達にとってのシンボル的な存在――言い換えれば、国民的なジュピター――以上のものではなく、また、フィウメ問題は、ムッソリーニが対外政策の分野で政府と闘うために利用した争点のひとつにすぎなくなっていた。

だが、フィウメという国家の存在は、しばらくの間は、革命騒ぎから、危険このうえない競争相手――ダンヌンツィオ――を排除したものの、ムッソリーニにとっては、やはり心配の種であり続けた。ダンヌンツィオとムッソリーニとの間にあった対立感情は、無数のムッソリーニ信奉者に影響を与えないわけがなかったからである。ムッソリーニ信奉者のうち右翼政党出身者はダンヌンツィオにどこまでも共感を抱き続けていた。他方、ムッソリーニ信奉者のうち左翼政党出身者――共和主義者や社会主義者やコミュニスト――は、ファシスト攻撃部隊の中核を形成しつつあったが、同時にこの一五世紀からよみがえった亡霊――ダンヌンツィオ――に対する反感を隠そうとしなかった。

ダンヌンツィオとムッソリーニとの間にあった対立感情こそ、ジョリッティが、ゲームにいかさまを仕掛けるために利用したカードだった。もっともジョリッティは、これまで、繰り返し、いかさまを仕掛けてきたものの、ことごとく徒労に終ってきたことも否定し得ない事実なのだが。ジョリッティは、ダンヌンツィオとムッソリーニとの間に、あからさまな闘いをひき起こすことができるのではないかと見込んでいた。

だが、ジョリッティは、すぐに、役にも立たない政治的な賭けにかかずらうことが、かえって危険をもたらすことに気付いた。迅速にフィウメ問題を収束させる必要に迫られ、ジョリッティは、ダンヌンツィオの国家――フィウメという国家――を軍隊によって征服することを決断し、一九二〇年のクリスマスの前夜、さまざまな有利な状況を利用しながら、フィウメを攻撃すべく数個連隊を差し向けた。

6

政府軍の攻撃にさらされ、ダンヌンツィオの義勇軍の兵士達は、苦しみ、もだえながら、叫び声をあげた。その声に呼応するかのように、イタリア全土から、政府を激しく非難する声がわきあがった。だが、この時点では、ファシズムは、イタリア全土で蜂起を起こすだけの体制がととのっていなかった。政府に対する闘争は熾烈なものになるように思われた。農村部でも都市部の労働者街でも、内乱を告げる黒い旗や赤い旗が、この年の冬の寒風にさらされながら、はためいていた。その風は、はっきりとはわからないが、何か悪い出来事が起こることを予感させる不吉なきざしに満ちていた。

ムッソリーニは、ただフィウメの死者達のために復讐をはたさなければならなかっただけではない。ファシズムを、ダンヌンツィオが創建した国家――フィウメ――の廃墟の下に葬り去ろうとおどしをかけてきた反動勢力の手から、自らの陣営を守り抜かなければならなかった。

すでに生じていた警察による迫害や、ファシストと労働者との間で生じていた流血を伴う衝突――その主導権は労働者側に移行していた――の中に、政府や労働組合の動きを見てとることができた。ジョリッティは、ファシズムを苦しめている内部的な危機、つまりフィウメを襲ったクリスマスの悲劇がファシズム陣営内部にもたらした混乱を利用しようと企てた。ジョリッティは、ムッソリーニを法の保護の外に置こうとしたのだ。

組合指導者達は、労働者とファシストとの間で衝突が生ずると、これをストライキによる一大闘争に発展させるべく、労働組合を指導した。名もない小集落で、突発的な衝突が生ずると、またたく間に、都市全域、地域全域、地方全域がストライキにより麻痺状態に陥った。最初に小銃が数発発砲されると、そこからストライキが始まった。危急を告げるサイレンが鳴りわたると、工場からは労働者が立ち去り、工場は空《から》となった。人々は家の扉を閉めきり、窓を固く閉ざした。交通機関は停止し、人通りの途絶えた町は、戦闘準備態勢に入った装甲艦のデッキのような不気味で陰うつな姿を見せていた。

労働者達は、工場の中で、戦闘に備えて準備をととのえていた。武器は、あらゆるところからあらわれた。それは旋盤の下にも、紡績機や発電機やボイラーのうしろにも隠されていた。石炭の山の中から、小銃や実弾が吐き出される光景も見られた。油まみれの顔をした男達が、運転を停止した機械類――ピストン、ドロップ・ハンマー、プレス機械やクレーン――の間に、蛇のように音もなくすべり込み、物見やぐらや高架レールそして先の尖ったガラス屋根にかけられた梯子をよじ登っていた。彼らは、工場という工場を、要塞に変えようとしていたのだ。煙突のてっぺんには、たくさんの赤旗がはためいていた。工場の中庭では、労働者達が群をなしてひしめき合っていた。労働者達は、中隊と小隊と班に分たれていた。赤い腕章をつけた班長が指示するや否や、パトロール隊が偵察に出動した。パトロール隊が帰ると、今度は、労働者達が工場を離れ、ひとことも発することなく、沈黙したまま、目立たぬように壁にぴたりと身体を押しつけるようにして、都市の戦略地点に向かった。市街戦の訓練を受けた労働者班が、あらゆる方向から、労働会議所へ向けて集結してきた。黒シャツ隊が襲撃してくるかも知れないため、労働組合の本部が置かれている労働会議所を守ろうとしていたのだ。機関銃が、建物の出口という出口、階段のまがり角、廊下の奥、そして屋根の上に備えつけられていた。手榴弾が、部屋の窓際に山積みにされていた。機関手達は機関車を客車から切り離し、客車を広々とした平原に置き去りにしたまま、大急ぎで駅に戻ってきた。村では、道をふさぐようにして、荷車が置かれていた。黒シャツ隊が、村から村へ移動し、増強されることを阻止するためである。荷車のバリケードの後では、農村赤衛隊の農夫達が、猟銃や熊手、つるはしや鎌で武装し、息を潜めて待機していた。ファシストのトラックが通過するのを待ち伏せしていたのだ。銃声が、道や線路に沿うようにして、村から村へ、数珠なりに響き、最後には、とうとう都市部の労働者街——赤旗で埋めつくされていた——からも銃声が聞こえるようになった。ストライキへの突入を呼びかけるサイレンの音が、けたたましく鳴り響くと、意外なことに、憲兵や近衛兵そして警官達は、それぞれの営舎に引きあげていった。ジョリッティは、労働者達が、労働者達の力だけで、国家の敵と闘っているにもかかわらず、労働者側に加勢しようとはしなかった。ジョリッティは、労働者側に加勢するには、あまりにも自由主義者でありすぎたのである。

ストライキにより、不気味な真空状態が生まれていた。この真空状態の中で、市街戦のために特別な訓練を受けてきたファシスト・チームは、交差点に立った。味方の本拠地を防衛し、敵の本拠地を攻撃するための訓練を受けてきたファシスト小隊は、苦戦を強いられている味方を援護し、危機に瀕している前線をたて直し、敵の組織の心臓部に急襲を仕掛けるため、いつでも出発できる態勢をととのえていた。突撃隊は、潜入作戦や奇襲攻撃そして白兵戦——短刀や手榴弾あるいは放火材を用いる——に習熟していた黒シャツ隊員により組織されていた。そして、その突撃隊は、彼らを戦闘地域に搬送するために用意されたトラックの傍らで待機していた。突撃隊こそ、ファシストに向けられた暴力に対抗するため、報復攻撃に充てられるべき部隊だったからである。

報復攻撃こそ、ファシストの戦術の中でも、もっとも重要な要素を構成していた。下町の労働者街や農村で、ファシストの誰かが殺されたという知らせが入るや、直ちに突撃隊が報復攻撃に出動した。労働会議所、労働者クラブ——つまり、社会主義者組織の指導者達の拠点となっている本部——は、またたく間に突撃隊によって攻撃され、放火され、無残な姿をさらしていた。初期の頃、つまりファシストによる報復攻撃が、まだ目新しかった頃、赤衛隊はファシストを小銃で迎え撃ち、労働会議所や労働者クラブの周辺、あるいは労働者街や農村の路上では、多数の死者を伴う熾烈な市街戦が展開されたこともある。だが、このすさまじいファシストの戦術——報復攻撃——は、すぐに効果をあらわした。ファシストによる報復攻撃に対する恐怖心は、赤衛隊の闘争心を動揺させ、彼らから、自らの身を守る勇気さえも奪い去り、労働者組織によるレジスタンス運動に致命的な打撃を与えた。

黒シャツ隊が近づくと、赤衛隊や社会党の指導者達、そして労働組合の幹部やストライキの首謀者達は、田園地帯に逃げ込み、森に身を隠した。狩猟用の角笛の音も聞こえなければ、獲物を追い込んだことを知らせる猟師の叫び声も聞こえなかった。だが、それは、まぎれもなく人間狩りだった。この人間狩りは、夜明けまで、残忍かつ執拗に、そして容赦なく繰りひろげられた。村で一人のファシストが殺害されると、その村の住民全員が逃走してしまうという光景も、時折り、見受けられた。突撃隊が、その村に到着すると、人家は空《から》になっており、道路には人影ひとつ見えなかった。ただ、その道路の石畳の上には、惨殺されたファシストの遺体が、黒シャツを身にまとった姿で、ごろりとひとつ横たわっているだけだった。

ファシストによるす早い、そして容赦のない暴力戦術に対して、労働組合の指導者達は、「非武装抵抗戦術」と呼ばれている戦術だけによって応戦しようとしたわけではない。組合指導者達は、表向きには、「ストライキそのものに限って言えば、その責任は組合幹部にある」と公言し、自らの責任を認めていたものの、実際には、ありとあらゆる手段を用いて、労働者達の闘争心をあおり立て続けていた。

労働会議所であれ、労働者クラブであれ、労働組合運動の拠点となる場所には、すべて、小銃や手榴弾の貯蔵施設が備えられていた。だが、組合指導者達は、表向きは、その事実を知らないかのように装っていた。組合指導者達の意図するところによれば、ストライキは、平和的な示威運動であってはならず、戦争の一環——つまり市街戦において、労働者側の戦術を実践するためには、不可欠な前提条件――でなければならない、と位置付けられていた。組合指導者達は、こう語っている。「ストライキはファシストの暴力戦術に対する、労働者の側からの報復手段である。ファシストが、棍棒や短刀で攻撃してくるのであれば、われわれは、ストライキという非武装の抵抗手段をもって対抗する」。だが、組合指導者達は、労働者達が、武器を手にするため、労働会議所に向かっていることを知りすぎる程知っていた。とうとうストライキには、おあつらえむきの季節がやってきたのだ。重苦しく、不穏な空気が充満していた。この空気が、労働者達を武装闘争に駆り立てた。組合指導者達は、「労働者達は、武器を持たないにもかかわらず、ファシストの餌食となった罪なき犠牲者である」と言い張り、労働者が、黒い狼――黒シャツ隊――によって屠《ほふ》られた赤い小羊であるかのように装った。しかし、組合指導者がそのように言い張り、労働者がファシストの犠牲者であるかのように装う態度は、滑稽と言う他なかった。それは、自由主義陣営からファシストに合流した人々の一部が、「ムッソリーニの支持者の中には、ことによると、一発くらい実弾を発砲した者がいるかも知れない、一回くらい棍棒をふりおろした者がいるかも知れない、一滴くらいひまし油を飲ませた者がいるかも知れない(12)」と疑いを抱きながらも、その疑いを、意識的に払拭しようとするために陥る心理的な葛藤――それはトルストイの小説に登場する主人公が陥っている心理的な葛藤にそっくりであった――が、滑稽であるのと同じことだった。組合指導者が、いくら偽善的なポーズをとったとしても、黒シャツ隊の陣営の中から死者が出ていることに変わりなかった。

ファシスト達が、事態の裏側で進行している深刻な出来事を知らなかったと考えてはならない。時として、都市部の複数の区域全体、村落の全体、地域全体が、ファシストに対して武器をとったことすらあった。ストライキは、蜂起の合図だったのだ。黒シャツ隊員達は、その本拠地で襲撃を受け、道路にはバリケードが高々と築かれた。小銃と手榴弾で武装した労働者や農民の一団は、村を占拠し、都市に向かって進軍し、ファシスト達を追撃した。サルザンナの大虐殺(13)を見ただけでも、労働者達が、彼らの指導者達のような偽善者でなかったことを知るうえでは十分だろう。一九二一年七月、サルザンナの町では、一五名程の黒シャツ隊員達が惨殺された。負傷し、担架で運ばれてきた者も、病院の入口で、担架に乗せられた状態のまま、喉をかき切られた。それ以外の百名程の黒シャツ隊員達も、命からがら逃げだし、田園地帯で散り散りとなり、熊手や鎌で武装した農婦達に森中を追い回された。一九二〇年から一九二一年にかけてのイタリアの内乱に関する年代記——言い換えれば、それは、ファシストによるクーデターの前史と言うべきものであるが——は、このようにむごたらしい暴力にあふれたエピソードによって綴られている。

ファシズムに抗して、労働者や農民が起こしたストライキや蜂起は、徐々にその頻度を増し、イタリア全土を麻痺させるところまで、その勢いを拡大させ、社会に深刻な事態をひき起こしていた。労働者や農民による反ファシズムのストライキや蜂起に打ち勝ち、これを克服するため、ファシスト達は、脆弱な地域を、計画的かつ系統的に占拠するという戦術を用いた。動員計画にもとづきあらかじめ定められた地点に、黒シャツ隊員達が、日増しに、続々と集結してきた。何千人もの武装した男達——それは、時として、一万五〇〇〇人あるいは二万人にも達することがあった——が、ある地方から別の地方へとトラックによって猛スピードで搬送され、都市や田園地帯や村落に、あふれんばかりに流れ込んできた。黒シャツ隊によって占拠された地域には、数時間のうちに戒厳令が敷かれた。社会主義者やコミュニストの組織の拠点が置かれた場所——労働会議所や労働者クラブ、新聞社、協同組合など——は、すべてファシスト達により片端から壊滅させられ、破壊された。逃亡するための時間すらなかった赤衛隊員は、粛清され、散々にこきおろされ、そしてファシストに宗旨変えさせられた。二、三日の間は、棍棒が数百キロメートルにわたる地域を支配した。一九二一年の終り頃には、ファシストが、計画的かつ系統的なやり方に従って実行した戦術——それは、日増しにその規模を拡大させていた——は、労働者階級の政治組織や組合組織を完全に壊滅させていた。労働者階級による赤色革命の危機は、永遠に遠ざけられた。

「市民ムッソリーニは祖国に貢献するところ、まことに大である」と言わなければならないだろう。各界の有産階級に属する人々は、ファシストは、その役割を成し遂げたと受けとめていた。彼らは、こう考えていた。「黒シャツ隊員達は、これでベッドに身体を横たえ、ゆっくりと休息をとることができるだろう」。だが、彼らはすぐに、ファシズムの労働者に対する勝利が、政府をも壊滅させる結果を招くことに、厭でも、気付かされることになるだろう。

7

国家権力の奪取のためムッソリーニがとった戦術は、マルクス主義者でなければ到底考えつくことができないものであった。ムッソリーニが、マルキストとして教育を受けてきたことは、決して忘れられてはならない。レーニンやトロツキーを驚かせたのは、イタリアでは革命が起きてもおかしくない状況にあったにもかかわらず、コミュニストの側には、滅多に生ずることのない、この好機を利用する能力のある人物がいなかったことである。一九一九年から一九二〇年に起きたゼネ・ストやこれによってもたらされた蜂起――北部イタリアにおける労働者による工場占拠は、ゼネ・ストや蜂起に、革命前夜とも言うべき決定的な様相を与えていた――は、ひと握りの先鋭的な男達を国家権力の奪取に向けて率いてゆくことのできる指導者を、ただの一人も生みださなかった。あのゼネ・ストの力を借りさえすれば、どんな田舎者の亜流トロツキーであっても、国王の許しを請うこともなく、国家権力を奪取することができただろう。

ムッソリーニは、イタリアの政治情勢をマルキストとして判断していた。それ故、ムッソリーニは、ファシストが蜂起したとしても、政府と労働者階級を同時に敵に回さなければならないとすれば、そのような蜂起が成功する可能性がないことを知り尽くしていた。なる程、ムッソリーニは、社会主義者やコミュニストの指導者を軽蔑していた。だが、同時に、ムッソリーニは、事前に労働組合との協力関係あるいは労働組合の中立を取りつけることとすらせず、政府の転覆を企てる人々――ダンヌンツィオはその典型である――をも軽蔑していた。

ムッソリーニは、ゼネ・ストによって腰を折られるような人物ではなかった。ムッソリーニは、革命という賭けの中で、労働者階級がはたす役割を、ダンヌンツィオ――国民的ジュピター――のように過小評価していなかった。ムッソリーニの現代的な政治感覚、現代の政治・社会問題に関するマルキストとしての理解は、一九二〇年のイタリアにおけるブランキズム――暴力による直接行動――の可能性について、わずかばかりの幻想も、彼に抱かせることがなかった。

ファシストによるクーデター戦術の中に、反動的な政治家が用いてきた戦術を見てとってはならない。ムッソリーニの中には、ダンヌンツィオやカップ、あるいはプリモ・デ・リヴェラやヒトラーのような要素は、ひとかけらも見あたらない。ムッソリーニは、マルキストとして労働者階級の力量を正確に測定し、一九二〇年の革命前夜のような政治状況の中で、労働者階級がはたしている役割を正確に認識していた。それ故、ムッソリーニは、マルキストとして、政府が国家を防衛するため、おそらくは頼りにしているであろう労働組合を、何を差し置いても、たたかなければならないという結論に達していた。間違いなく、ムッソリーニはゼネ・ストを恐れ、危惧していた。カップとバウアーが残した教訓が、ムッソリーニの中で、生き続けていたからである。

ファシズムに関する御用歴史家達は、ムッソリーニが反動的な政治家でなかったことをあきらかにしようとするときには、ファシスト党の一九一九年の綱領を持ちだすことだろう。実際に、ファシスト党の一九一九年の綱領——黒シャツ隊の大多数の人々は、心底この綱領を信じていたし、ファシズムの忠実な支持者達は、現在でもこの一九一九年の綱領の精神に忠実である——は共和主義的なものであり、民主的なものでもあった。だが、一九一九年の綱領をいくら読んでも、ムッソリーニが受けてきたマルキストとしての教育の跡を見出すことはできない。ムッソリーニが受けてきたマルキストとしての教育の跡を探すとすれば、それは、彼が現実に適用したファシスト・クーデターの戦術構想やファシズムの論理と方法、そして彼のゆるぎない精神の中にしか見出すことができない。読者は、やがて、ヒトラーの章の中で、マルキストによって編みだされた戦術が、反動的な政治家の手にかかったとき、どれ程までに堕落させられるかを見ることになるだろう。

ファシズムの中に、コミュニストによってもたらされた危険に対する国家防衛の要素しか見出し得ない人々、ファシズムの中に、労働者階級の政治的・社会的伸張に対する単純かつ素朴な反発しか見出し得ない人々、そしてこのような見方に満足している人々は、一九二一年の中頃、ムッソリーニは、その任務を終え、彼の仕事は成し遂げられたと考えていた。これとはまったく別の観点から、ジョリッティも、一九二一年三月――つまり、ゼネ・スト（このゼネ・ストに対抗するため、ファシズムは、その危険かつ強大な力を世に示すこととなった）の直後――には同じ結論に達していた。ジョリッティはファシズムがゼネ・ストに敗北すると踏んでいたからである。

労働組合とファシストとの内戦がもたらした暴力は、すさまじい程度にまで達し、両陣営に生じた死傷者は莫大な数にのぼっていた。そして、こうした流血を伴う闘争――例外なく、あの「赤い年」の年代記の中のエピソードとなっている――は、労働者階級の敗北によって終結した。ジョリッティ――ファシズムに対抗するため「サンディカリズム」(「労働組合中心主義」)というカードに賭けていた人物である――は、労働組合組織が急速に崩壊してゆく姿を目のあたりにして意表を突かれることとなった。

ファシズムは戦闘状態を脱した。ファシストの攻撃精神は、彼らの信念にいささかの疑念も残さぬまま、ファシズムに生命の息吹を吹きこんだ。そして、政府と闘うべく、ファシストの武装勢力は巨大なものと化していた。

それでは、ジョリッティは、ファシズムに対抗するため、どのような力を用いることができたのだろうか。国家を防衛するため、労働組合がはたしてきた役割は、すでに終りを告げていた。議会内で多数を占める諸政党は、暴力と合法性の双方の領域で活動し続けるファシストの巨大な武装組織に対抗するためには、あまりにも無力であった。もはや、ファシズムを「議会内勢力化」すべく試みる以外に、ジョリッティには対応策は残されていなかった。

「議会内勢力化」こそ、この自由主義者――ジョリッティ――が用いてきた常套手段だった。ジョリッティは、この「議会内勢力化」という手段を用いることにより、過去三〇年間にわたり、営々として、イタリアに「君主制に奉仕するための議会内独裁制」とも言うべき体制を築きあげてきた。もっとも、ジョリッティの築きあげた「君主制に奉仕するための議会内独裁制」なるものについて、憲法上の判断が下されたことは一度もないのだが。

他方、ムッソリーニは、ジョリッティの「議会内勢力化」という戦術を、ほとんど気にもとめていなかった。というのは、ムッソリーニの政治的プログラムの中では、革命戦術を用いることが常に許容されていたからである。一九二一年五月の総選挙に際し、ファシスト党は、ジョリッティが構想した国民連合の一翼を担うことを受け容れた。この国民連合構想は、ジョリッティが、黒シャツ隊の中の武装勢力を、普通選挙という手段を用いることによって、「議会内勢力」に取り込み、そして堕落させるために考案したものだった。

この国民連合は、大きな困難を乗り越えて、ようやく結成されたものだった。立憲主義を掲げる諸政党は、武装組織としか言いようのないファシスト党――共和主義的な綱領を隠すこともなかったが――と同列に扱われることを受け容れようとしなかったからである。だが、ジョリッティを悩ませていたのは、多少なりとも共和主義的で民主的なファシスト党の一九一九年の綱領ではない。ジョリッティを悩ませていたのは、ファシストの戦術目標であった。国家権力の奪取、これこそがムッソリーニの戦術目標であった。ファシズムを、革命という戦術目標からそらそうとするならば、選挙戦における彼らの綱領を、額面どおりに、受け容れる他に途はなかった。

ジョリッティ――不利なカードが回ってきたときにしか、公正なルールに従ってゲームを進めない人物である――は、ダンヌンツィオのムッソリーニに対する嫉妬心を利用していかさまを仕掛けたときのような幸福感を味わうことができなかった。ファシズムは「議会内勢力化」されるどころか、彼らの戦術に忠実に従い続けていたからである。ファシスト党の国会議員――二〇名程だった――が、国民連合内に生じた多数派に対し分裂工作を仕掛ける一方、黒シャツ隊は、かつて社会主義系の労働組合に対して暴力を用いたのと同様に、今度は共和主義的な労働組合やカトリック系の労働組合に対し暴力をもって襲いかかった。国家権力奪取のための蜂起を視野に入れるならば、政府側につく可能性のある組織、蜂起という決定的な局面においてファシズムの足かせとなる可能性のある組織、クーデターの決定的な瞬間においてファシズムを頓挫させる可能性のある組織などあらゆる組織勢力（左翼系組織か、右翼系組織か、中立系組織かを問わない）は、あらかじめ排除されていなければならなかった。ただ単にゼネ・ストに備えるだけではなく、政府と議会と労働者階級によって形成される統一戦線に対しても備えておく必要があったのだ。

ファシズムは、すべての組織勢力——政治組織であれ組合組織であれ、労働者階級の組織であれ有産階級の組織であれ、労働組合・協同組合・労働者クラブ・労働会議所・新聞社・政党等およそ組織と言えるものすべて——を一掃し、ファシズムのまわりを真空状態にしておく必要があったのだ。黒シャツ隊は、カトリック系の組織や共和主義者の組織を暴力によって解散させた後、自由主義者、民主主義者、フリーメイソン、保守主義者などあらゆる体制内の有産階級に対する闘争に乗り出した。このことは、ファシズムの役割は終ったと考えていた反動グループや自由主義グループに属する有産階級の人々を驚愕させると同時に、労働者や農民達を驚喜させた。ファシスト内部でも、有産階級に対する闘争は、労働者階級に対する闘争よりも、はるかに受けがよかった。ファシストの突撃隊は、その大部分が、労働者や零細な手工業者そして農民によって構成されていたからである。

そして、この時点では、有産階級に対する闘争は、とりも直さず、政府に対する闘争、国家に対する闘争を意味していた。自由主義者や民主主義者や保守主義者は、黒シャツ隊の標的にされるや、ファシスト党に国民連合の一翼を担うよう訴えかけるとともに、あわてふためいてムッソリーニを「救国の英雄」としてパンテオンに送り込もうとした（五〇年程前から、イタリアには「救国の英雄」があふれかえっている。救国は、かつては神聖な使命であったが、今では公務あるいは公務に近いものとなっている。これまで何度も救われてきた国では、何が起きてもおかしくないのである）。自由主義者や民主主義者や保守主義者は、ムッソリーニが国家権力の奪取を標的としているなどと信じたくもなければ、また信じようともしなかった。だが、ムッソリーニの目的は、イタリアの公式の伝統に従って、イタリアという国家を救うことにあるのではなく、国家権力を奪取することにあった。

国家権力の奪取、これこそがムッソリーニの獲得目標であった。もちろん、一九一九年の綱領には、国家権力の奪取については、何も語られていない。だが、この時点では、リベラルな、あるいは改革を望む有産階級の人々にとって、ファシストの暴力

——世間からは、ファシストの暴力が労働組合に向けられていたときよりも、はるかに好意的に迎えられていた——ほど、合法性を逸脱し、受け容れ難いものはなかった。コミュニストや社会主義者や共和主義者に対する闘争を指揮してきたあの救国の英雄——ムッソリーニ——が、一夜にして、君主や議会の権力の簒奪《さんだつ》を企てる、ブルジョア的なものの見方をかなぐり捨てた、危険で野心的なカティリナに変貌するなど、いったい誰が信ずることができただろうか。

ファシズムが、国家にとって危険な存在と化していたとすれば、それはジョリッティの失敗と言うほかないだろう。ジョリッティは、時を逸することなく、ファシズムの息の根を止め、最初の段階で、ファシズムを法の外に置き、ダンヌンツィオを排除したときのように、ファシズムを軍隊によって排除しなければならなかった。ファシズムは、一種の「国民的ボリシェヴィズム」——ファシズム——はロシアのボリシェヴィズムよりもはるかに危険な姿をあらわにしていた。ロシアのボリシェヴィズムは、ロシア革命以降は、ロシアの有産階級にとって恐れるに足りないものであったことは確実であるが、この「国民的ボリシェヴィズム」は、これから、イタリアの有産階級に向けられるものだったからである。

ボノーミ政府は、ジョリッティ政府の誤りを修正することができたのだろうか。ボノーミ(14)――古くからの社会主義者である――にとって、ファシズム対策は、警察問題にすぎなかった。このマルキスト――ボノーミ――は、ファシズムが国家権力奪取の準備をととのえないうちに、警察力を対抗させることにより、ファシズムの息の根を止めようとした。他方で、ムッソリーニは、国家権力奪取の準備をととのえるために、時間を稼ぐ途を模索していた。一九二一年の最後の月には、ボノーミとムッソリーニとの間では、暴力と迫害、そして流血を伴う衝突によって浮き彫りにされた情け容赦のない闘争が繰り広げられた。

ボノーミは、最終的には、黒シャツ隊に対抗するため、有産階級と労働者階級（労働者達は、政府の援助を受けることにより、筆舌に尽くし難い努力を重ね、労働者階級の組織を再構築していた）とによる統一戦線を実現することに成功した。これに対し、ムッソリーニは、引き続き、彼の計画的かつ系統的な戦術を発展させた。

ファシストと社会主義者との間で締結された休戦協定が破綻した後は、有産階級の諸政党は、やる気を失い、将来に対する確固とした展望を示すこともできなかった。

彼らは、恥ずかしげもなく、エゴイズムをむき出しにし、黒シャツ隊の暴力に対し、雄弁で愛国心にあふれてはいるものの、程度の低い政治戦術しか対置し得なかった。この結果、労働者達は、戦意を完全に喪失させることとなった。イタリアの人々は、一九二二年という年を、陰うつで不透明な見通しの中で迎えなければならなかった。ファシズム――暴力的であると同時に系統的であった――は、少しずつではあるものの、国家のあらゆる神経中枢を掌握し始めた。ファシズムの政治組織、軍事組織、組合組織は、全イタリアを、その網の目でおおい尽くそうとしていた。ムッソリーニの右手には、イタリア半島の地図――都市や小集落、そして満たされぬ情熱から反乱を企てかねない人々であふれかえった長靴の形をした国――が、入れ墨で描かれているように思われた。イタリアの政界や労働運動は崩壊し、ボノーミは、その廃墟の中で、もうもうたる砂塵に包まれながら、くずおれていた。ファシズムは、イタリア全土をその支配下に収めた。ローマでは、政府がファシズムによって包囲され、政府はファシズムの言うなりになるしかなかった。

国家の権威は、革命の上げ潮の中で地に墜ち、数百の離れ小島、いくつかの県庁、いくつかの市町村役場、そしてイタリア全土に散在する警察の庁舎で、かろうじて生き延びているにすぎなかった。国王と政府は、互いに、事態の責任をひきうけさせられるのではないか、という恐怖心にさいなまれ始めた。国王と政府との間に生じた溝は深まり、その亀裂は拡大の一途をたどっていた。このような状況の中で、立憲君主制における常套手段が用いられることとなった。国王は上院と軍隊を頼りにし、政府は下院と警察をあてにした。これだけで、リベラルな有産階級の人々や労働者達から不信を買うには十分であった。

8

一九二二年八月、ムッソリーニは、イタリア全土に向かって、ファシズムは、国家権力を奪取し、政権を担う用意がある旨宣言した。

これに対し、政府は、労働者や農民に対し、反ファシズムの抵抗運動を呼びかけることにより、ファシスト蜂起の機先を制し、ファシズムの包囲網を突破しようとした。政府は最大限の努力を重ねた。その結果、民主主義政党、社会主義政党、共和主義政党や労働総評議会が一致団結し、一種の公安委員会が組織された。そして一九二二年八月、この公安委員会の指示のもとに、ゼネ・ストが決行された。これが世に言う「政府公認の合法的ストライキ」である。この「政府公認の合法的ストライキ」が、自由、民主制、合法性、そして国家を防衛しようとする人々と、黒シャツ隊の武装勢力とが激突する最後の戦場となった。

ムッソリーニは、今やファシスト・クーデターにとって、もっとも危険な敵、唯一の恐るべき敵、つまりこのゼネ・スト――三年前から、ことあるたびごとに、ファシスト革命をおびやかし、ムッソリーニが、労働組合組織と計画的かつ系統的に闘うことにより、これに対し反撃を加えてきた反革命ストライキ――を壊滅させる一歩手前まで来ていた。

他方、政府やリベラルな勢力そして反動的な有産階級の人々は、ファシズムに対抗するため、労働者による反革命運動を始動させることにより、黒シャツ隊による蜂起の勃発を阻止し、そうすることにより、今しばらくの間、革命勢力による国家権力の奪取という事態を遠ざけようと考えた。

だが、技術者と専門労働者によって組織されたファシスト部隊が、公共部門におけるストライキ参加者にとって代わるや、二四時間もしないうちに、黒シャツ隊は、武装した国家の防衛者達——労働総評議会の赤い旗のもとに結集していた——のうえに、すさまじい暴力をふるい、これを蹴散らした。ファシズムが、国家権力を奪取するうえで、決定的な勝利を収めたのは一九二二年一〇月ではなく、その年の八月だったのである。「政府公認の合法的ストライキ」が失敗に終った後、ファクタ[15]——国王に忠実ではあるものの、気の弱い善良な人物であった——は、国王を守るためだけに、首相の座にとどまっていた。

なる程、ファシスト党の綱領——つまり、黒シャツ隊の忠実な支持者達が、心底信じてやまない一九一九年の綱領——は、共和主義的なものであった。にもかかわらず、国王は、もはやファクタの忠誠心を必要としていなかった。クーデターの前日、ムッソリーニは「国王万歳」という叫び声を蜂起の合図とすることに決めていたからである。

ファシスト・クーデターの中に、雄弁やレトリックや文学的表現に冒された公認の伝記作家達——彼らはプルタークを気どっている——が望んでいるような劇的な要素は、ひとかけらも見出すことはできない。ムッソリーニは、大げさな言葉で語ることもなければ、彼の態度には飾りたてたところもない。ムッソリーニの身ぶり手ぶりは、ジュリアス・シーザーやクロムウェルやボナパルトに、似ても似つかない。好ましいことに、首都ローマに向かって進軍するファシストの義勇軍《レジョーネ》の兵士達は、ガリア地方から帰還するシーザーの軍団《レジョーネ》とは、ほど遠い姿をしていたし、ムッソリーニがローマ風に着飾っていたわけでもない。歴史を綴る者は、状況におもねるようなカラー・リトグラフや御用画家が描いた油絵にもとづいた記述をしてはならない。ダヴィッドの描いたナポレオンの姿を見ても、どうしてナポレオンが、あれ程明晰で繊細な、そして近代的な才知を獲得することができたのか、その理由を発見することは至難の技である。ナポレオンの才知こそが、ダヴィッドの描いたナポレオン像やカノヴァが製作したナポレオンの彫刻とはまったく異なる本物のナポレオンを作り上げているのだ。それは、ムッソリーニが、ジュリアス・シーザーやバルトロメオ・コレオーニとは、まったく別の人物であることと同じことである。

何枚かのカラー・リトグラフには、一九二二年一〇月の蜂起の際、黒シャツ隊が、イタリア全土――そのリトグラフの中で、イタリアは、鷲の飛びかう大空のもと、ローマ皇帝ティトゥスの凱旋アーチや墓標や霊廟、そして円柱や彫像によって飾りたてられている——を闊歩しているかのような姿が描かれている。それは、ファシスト・クーデターを、あたかも、オウィディウスやホラティウスの生きた古代ローマを舞台とし、古代ローマ軍の兵士達を主人公とし、あのダンヌンツィオ——古典主義的な演出をすることにより、その物語が、憲法によって是認されるものであるかのようなうわべをとりつくろうことに躍起になっている国民的ジュピター——を舞台監督とする演劇の一場面であるかのように描いている。また、別のカラー・リトグラフを見ると、一九二二年のムッソリーニが、一八三〇年代の画家の眼に映った姿で描かれている。そこでは、新古典主義的な風景の中で、道に迷った夢想者風のムッソリーニが描かれている。

歩いていようと、騎乗していようと、古代ローマ軍の兵士のような顔をしていようと、結局のところ、そこに描かれているのは、カラー・リトグラフの作者——彼らは歴史を歪めて理解しようとする——好みに歪められた、蒼白い顔をした、頰に微笑をたたえた人物にすぎないのだ。

崩れ落ちた水道橋の土台の上に立ち、厳しく荒涼としたローマ平原のまっただ中にいるムッソリーニの姿を想像していただきたい。そのムッソリーニの姿——彼のズボンのポケットには、ニーチェの本が突っ込まれているかも知れない――は、プーサン[16]の絵画にも、ゲーテの悲歌にも、ピエトロ・コッサ[17]の演劇にも、カルドゥッチ[18]やダンヌンツィオの詩にも、およそ似つかわしくないだろう。カラー・リトグラフは、最近五〇年間のイタリア文学やイタリアの文化が生みだした悪趣味の最たるものだろう。ファシスト・クーデターを描いたカラー・リトグラフを前にすると、よくもムッソリーニはファクタ政権を転覆させ、国家権力を奪取できたものだと驚かずにはいられない。

だが、一九二二年一〇月のムッソリーニは、カラー・リトグラフに描かれたムッソリーニではない。一九二二年一〇月のムッソリーニは、冷徹であると同時に大胆な、激烈であると同時に先の見通しのきく、まぎれもない現代人であった。ファシスト蜂起の直前には、ファシズムに敵対する者はすべて――労働組合であれ、コミュニストであれ、政党（社会主義政党か、共和主義政党か、カトリック系政党か、民主主義政党か、自由主義政党かを問わない）であれ、およそファシズムに敵対する者はすべて――戦闘不能状態に陥れられていた。ゼネ・ストには、もはや、ファシスト蜂起を壊滅させるだけの力はなかった。八月の時点で、致命的なまでに、息の根を止められていたからである。労働者達は、自らその職場を離れようともしなかったし、街頭に出ようともしなかった。「政府公認の合法的ストライキ」を窒息させた流血を伴う報復は、労働者階級から、その闘争心を永久に奪い去った。

ミラノでムッソリーニが蜂起の黒旗を掲げるや、技術者と専門労働者によって組織されたファシスト部隊は、国家の中枢を構成している技術組織の急所すべてを、あっという間に掌握した。二四時間後には、イタリア全土が、二〇万人の黒シャツ隊によって軍事的な占領下に置かれた。警官隊や憲兵隊あるいは国王の親衛隊には、国家の秩序を回復するだけの力が残されていなかった。警官隊が、黒シャツ隊によって占拠された場所から黒シャツ隊を追い払おうとすると、どこでも、警官隊は、ファシストの機関銃により銃火をあびせられ、警官隊の攻撃は失敗に終った。

革命司令部の置かれたペルージァからは、四頭委員会、またの名を軍事革命委員会のメンバーであるビアンキ、バルボ、デヴェッキ、デボーノの四人が、ムッソリーニにより細部にまで取り決められた計画に従い、蜂起活動を指揮していた。ローマ郊外には五万人の男が集められ、首都ローマへの進軍を待っていた。武装した黒シャツ隊は「国王万歳！」という歓声のもとに、ローマを攻囲した。ローマには、政府だけでなく、国王もいたからである。

ムッソリーニは革命軍を支持基盤としており、従って、革命のずっと前から、国王に対し忠誠を誓ってきたというわけではない。にもかかわらず、国王は、武装を解除された政府の忠誠心よりも、ムッソリーニの忠誠心を、憲法の名のもとに、選ばざるを得なかった。閣議がイタリア全土に戒厳令を発令することに決め、その勅令に国王の署名を求めた時、国王はこれを拒否したようであった。あの状況でなにがどうなっていたかを正確に知ることはできない。確かなことは、戒厳令が発令されたが、それは、わずか半日で終ったということだ。もし国王が勅令に署名していたとすれば、これはあまりに短すぎ、国王がこれに署名していなかったとしても、実際これはいささか短すぎる。

三年間にわたり、流血を伴う闘争を繰り返しながら、権力を奪取するための戦術を、計画的かつ系統的に実践してきた結果、ファシズムは、黒シャツ隊が首都ローマに入城するはるか以前から、国家権力を掌握していた。黒シャツ隊の蜂起、つまり黒シャツ隊の首都ローマへの入城は、政府を転覆させ、政府にとどめを刺すだけのものだった。一九二二年には、戒厳令が発令されたとしても、ムッソリーニに「法外者」あるいは「公権喪失者」の烙印が押されたとしても、あるいはレジスタンスによる武装闘争が起きたとしても、ファシスト・クーデターを挫折させることはできなかっただろう。ジョリッティは、こう語っている。「国家を防衛するために必要なものは、革命戦略に対する対抗措置ではなく、革命戦術に対する対抗手段である。このことは、ムッソリーニから教えられた」。

ジョリッティは、彼がこの教訓を生かすことができなかったことを、苦笑いしながら、はからずも告白したのだった。

第八章

女性・ヒトラー

1

「ドイツはイタリアではない」。ヒトラーが危険な人物であることを信じようとしない人々は、冷ややかな口調で、こう語っている。より正確に言うならば、ヒトラーの戦術はムッソリーニの戦術と大きく異なっていると言うべきだろう。

私は、トリノの「ラ・スタンパ」紙からの要請により、人々がヒトラーの危険と呼ぶものについて、間近から、つぶさに観察するため、つい最近まで、ドイツに滞在していた。その間、私は、たびたび、「ヒトラーをドイツにおけるムッソリーニと考えてよいのか」という質問を受けた。このような質問をしてきた「フランクフルター・ツァイトゥング」紙の社長であるジモン氏に対し、私は、「イタリアでは、一九一九年から一九二二年にかけて、否、それ以降も、ヒトラーのような人物は一度も受け容れられたことがない」と答えたと記憶している。私の答は、ジモン氏を驚かせたようで、彼はこの話を打切った。

現実には、ヒトラーは、ムッソリーニのまがいものにすぎない。雄弁やレトリックや文学に熱狂するイタリアのプルターク崇拝者達、あるいはほとんどすべてのヨーロッパの国々に見られるナショナリズムの信奉者達と同様に、ヒトラーは、ムッソリーニの中に燕尾服と山高帽を身につけたジュリアス・シーザーの姿を見出しているにすぎない。

この「燕尾服と山高帽を身につけたシーザー」――つまりムッソリーニ――は、ニーチェやバレス(1)の教養にかぶれながら、フォード(2)の経営理念や、テイラー(3)の労務管理システムに異常な関心を示し、産業や政治やモラルの標準化を熱烈に信奉している。他方で、このオーストリア人ヒトラー――抜き難い野望のもとに、破廉恥な計画を構想し、よどんだ疑い深い眼差しで、周囲を見渡している脂ぎったうぬぼれの強い人物――は間違いなく、すべてのオーストリア人と同じく、古代ローマの英雄達や、ルネッサンス期のイタリア文明に対し、ある種の愛着を抱いている。多くの人々は、ワイマール・ドイツが、この中産階級出身の高地オーストリア人――ある時はスラの姿、ある時はシーザーの姿、またある時は一人の傭兵の姿で登場する――によって征服されることなどあり得ない、と考えている。だが、ヒトラーは、そのような考えを、はなから馬鹿にしているし、腹の底からあざ笑っている。ヒトラーは、間違いなく、ある種の耽美主義——耽美主義への傾倒は独裁制を夢見る者の顕著な特徴である——にとり憑かれている。だが、ヒトラーを、ミュンヘン博物館のルネッサンス期の傭兵の胸像に抱きついて喜ぶような耽美主義者——ヒトラーを批判する人々はこのようにヒトラーを評している——と考えてはならない。ヒトラーに対する評価は公正でなければならない。ヒトラーは、ムッソリーニを見習い、ムッソリーニを真似たいと願っている。だが、正確に言うならば、ヒトラーは、北ヨーロッパの人々やドイツの人々と同様に、南ヨーロッパ人や古代ローマ人を真似ることができる、と信じているにすぎない。もっと言えば、ヒトラーは、ラテン語をドイツ語に翻訳しさえすれば、ヒトラーがムッソリーニの中に見出した人物——つまりジュリアス・シーザー——の現代版たりうる、と信じているにすぎない。このような言い方を、西洋古典主義に対する皮肉と受けとめないでいただきたい。ヒトラーが理想としている英雄は、チロル風の服を身にまとったジュリアス・シーザーなのだから。ワイマール・ドイツの気候は、それ程までに、このムッソリーニのまがいものにとって快適なものだった。ドイツの気候が快適であるなどと聞けば、イタリアの人々なら誰でもびっくりすることだろう。

だが、ヒトラーはまがいものであればこそ、ドイツの気候を快適と感ずるのだ。そのように理解するならば、イタリアの人々も、少しは溜飲を下げてくれるだろう。ムッソリーニの実際の姿は、ウィルトが製作したムッソリーニの胸像——ローマ皇帝のようにも見えるが、大司教の聖なるバンダナで額を鉢巻き状に巻いた姿をしている——にも似ていないし、ボローニャのスタジアムに君臨しているグラチィオージ製作のムッソリーニの騎馬像（育ちのよい英雄の雰囲気を出そうとしたのだろうが、それにしてはあまりにも頑丈な体格の人物の騎馬像である）にも似ていない。これと同様に、ヒトラー——ブラウナウ出身のオーストリア人——の実際の姿も、彼を批判する人々が描こうとしているヒトラー像に少しも似ていない。

フリードリッヒ・ヒルト(4)——シュトレーゼマン(5)に対する熱烈な賞賛者であったため、国家社会主義者の指導者であるヒトラーに対しては十分に好意を示すことができなかった人物である——は、ヒトラーについてこのように評している。「ヒトラーは、体格的には、平均的なバイエルン人、平均的な高地オーストリア人そのものである。ヒトラーは、この地方の人々の典型と言ってもよい。オーストリアのブラウナウやリンツで、あるいはバイエルンのパッサウやランツフートで、商店やカフェに入れば、店員やボーイが、皆どこかヒトラーに似ていることに気付くだろう」。また、ヒトラーを批判する人々はこう語っている。「ヒトラーの身体的特徴は、ドイツの有産階級の精神的凡庸さに由来するものである。にもかかわらず、ヒトラーが個人的な成功を収めることができた秘密は、ひとえに彼の雄弁な演説――堂々とした情熱的な男性的な演説――にある」。もっとも、ブラウナウやランツフートの店員やボーイにとっては、ヒトラーの個人的な成功など、ありがたくもなければ、うれしくもない話だろうが。

だが、ヒトラーが、彼の雄弁な演説のみによって、何千人もの分別のある人々――四年間にわたる戦闘によって鍛えあげられた強靱な精神を持つ歴戦の勇士から選び抜かれた人々――に対し、鉄の規律を課したと言って、ヒトラーを非難してはならない。また、ヒトラーが六百万人もの選挙民を説き伏せ(6)、彼の演説の内容となっている政治的・経済的・社会的プログラムを支持すべく投票させることに成功したからといって、彼を批判することも公正ではないだろう。ヒトラーの個人的な成功の秘密が、彼の演説にあるのか、彼の提示したプログラムにあるのかを探究することには、何の意味もない。カティリナ主義者か否かを判断するうえで、もっとも重要な要素となるのは、弁論能力の有無でもなければ、プログラムの内容でもないからである。カティリナ主義者か否かは、国家権力を奪取するために用いられる戦術の内容によって決まるのだ。換言すれば、ヒトラーがカティリナ主義者か否かは、ワイマール・ドイツが本当にヒトラーによるクーデターの危険にさらされているのか否か、つまりドイツ国民を個人的な独裁に従わせるべく国家権力を掌握しようとしているあの雄弁な人物——ヒトラー——が用いようとしている戦術の内容がどのようなものかによって決まるのだ。

2

国家社会主義ドイツ労働者党——ナチス——の戦闘組織は、ムッソリーニのクーデターに先立つ一九一九年から一九二二年の間のイタリア戦闘者ファッショの反乱組織のひき写しである。ヒトラーの党の神経組織——その中心はミュンヘンにある——は、ドイツのあらゆる地域で、都市から都市へと拡大している。

ナチスの突撃隊(7)は、第一次世界大戦に参戦した兵士達から選抜された人々によって構成され、軍隊としての組織を備えている。そして突撃隊は、ナチスの反乱組織の骨格を構成している。突撃隊は、ドイツにとってきわめて重大な危険を、その党首——ヒトラー——に委ねた。ヒトラーは、突撃隊を意のままに動かすことができるからである。旧ドイツ帝国の、もと将校達によって統率され、拳銃や手榴弾や棍棒（弾薬、小銃、機関銃、火炎放射器の集積場所は、全バイエルン地方、全ラインラント地方、そして東部国境に沿って配置されている）によって武装した突撃隊は、いつでも蜂起に立ちあがれるよう、十分に訓練を受け、また十分に準備をととのえた軍隊そのものである。だが、突撃隊は、現在では、ドイツ国民のための革命軍などではなく、ヒトラーの野心に柔順に従う手先になり下がっている。ヒトラーは、自らを無謬の存在であると豪語し、党中央で冷酷な独裁を行うことにより、突撃隊を鉄の規律のもとに置き、党首の専制的な意思によって突撃隊をがんじがらめに縛りつけているからである。

突撃隊に参加した第一次世界大戦従軍者は、ハーケンクロイツの旗のもとに、祖国ドイツの自由のために、ドイツ帝国を奪還すべく、進軍し闘うことを夢見ていた。だが、彼らは、やがて、雄弁ではあるものの破廉恥な、一人の政治家の野望や個人的な利益のために利用されていることに気付き始めた。この政治家——ヒトラー——は革命を、下町で起こるコミュニスト赤衛隊とのありきたりなゲリラ戦、あるいは特別仕様の服で身を固めた労働者や飢えた失業者との間で連日のように繰り返されるささいな衝突くらいにしか考えていない。あるいは、この政治家——ヒトラー——は、革命を、大都市郊外で拳銃を数発発砲することによって得られる選挙戦での勝利くらいにしか考えていない。

ケーニヒスベルク、シュトゥットガルト、フランクフルト、ケルン、デュッセルドルフ、エッセンで、突撃隊の将校達は、私に、「突撃隊はヒトラーの親衛隊にまで格下げされているように思われる」と語ってくれた。そして、彼らは、ヒトラーが、ヒトラーだけを信じて付き従ってきた仲間達を警察組織の網にかけるべく準備にかかっており、将来的には、この警察組織は、ドイツ国民をヒトラーの個人的な独裁に従わせるための道具となるだろう、とも語ってくれた。

ナチスの党中央においては、思想、信教の自由、個人の尊厳、知性、教養といった人間の基本的な価値は、三流の独裁者特有の、信じがたい野卑な憎悪の対象となっている。そして、これらの人間の基本的な価値は、その独裁者の憎悪によって迫害され続けている。ヒトラーはオーストリア人であるが、イエズス会のかつての規律が、現在のイエズス会においてすら、もはや時代遅れのものとなっていることを理解することができない。そしてヒトラーは、国民の自由のために戦うことを綱領としている党に、時代遅れの規律を適用することが、どれ程危険なことか理解することもできない。誇りを失い、卑屈になることに慣れきった兵士達によっては、自由の名のもとに始められた戦闘に勝利することなど、あり得ないのだ。

だが、ヒトラーが、その仲間達をおとしめるために用いた方法は、警察手段だけでもなければ、密告や偽善だけでもない。ヒトラーは、その仲間達を排除するために、意図的に編みだされたある戦術を用いた。その戦術は、突撃隊の性格を大きく変容させることになるだろう。

シュトレーゼマンの死後、ヒトラーの演説は、ますます聴衆を威嚇する激しいものになっていった。他方で、ヒトラーの戦術は、少しずつではあるものの、国家権力を議会手続の枠内で掌握する方向へ変化し始めた。この変化の最初の兆候は一九二三年までに遡ることができる。一九二三年、ヒトラー、カール、ルーデンドルフによるミュンヘン一揆(8)が失敗に終るや、ヒトラーの中では、国家権力を暴力によって奪うという考え方は少しずつ背後に退き、それに代って雄弁な演説により国家権力の掌握を目指すという考え方が前面に押し出されるようになった。ナチスの突撃隊は、徐々に、国王ヒトラーのための一種の王党派戦闘員(9)とも言うべき存在に姿を変えていった。ヒトラーは、少しずつ、暴力に対する嫌悪の念をあきらかにし始めた。銃撃音は、ヒトラーの耳に忌まわしく響いた。

だが、ヒトラーの党に、真の危機が生じ始めたのは、シュトレーゼマンが死亡した後のことである。この偉大な競争相手――シュトレーゼマン――だけが、ヒトラーにカードをテーブルの上に置かせ、ヒトラーのいかさまを阻止することができる人物であった。シュトレーゼマンは、ヒトラーを恐れていなかった。シュトレーゼマンは、温厚な紳士であったが、暴力という手段を用いることについて、ある程度の理解を示していた。一九二三年八月二三日、実業家達との会合で、シュトレーゼマンが行った演説の中で、彼は、「状況が切迫している場合には独裁的な手段に訴えることも辞さない」と公言している。一九二三年の時点では、突撃隊は、まだ国王ヒトラーのための王党派戦闘員、つまり親衛隊にはなっていなかった。この時点では、突撃隊は革命軍であり、祖国ドイツの自由のために戦う軍事組織であった。シュトレーゼマンが死亡したことにより、ヒトラーは、暴力的手段を用いる戦術を完全に放棄することが可能となった。この結果、ナチスにおける突撃隊の影響力は著しく小さなものになっていった。

もはや、突撃隊は、ナチスにとって、厄介者以外の何ものでもない。突撃隊は、ナチスの中の過激派であり、ヒトラーをおじ気づかせている。暴力を用いる戦術、それが突撃隊の力の源泉である。ヒトラーの戦闘部隊が今以上に強力になったならば、ヒトラーには用心しなければならない。そのときは、おそらく、クーデターということになるだろう。だが、そのクーデターは、必ずしもヒトラーによる独裁をもたらすものではない。クーデターを実行した部隊が、ヒトラーによる独裁を阻止するだろうから。

つい昨日までは、ドイツ帝国の奪還のために戦うと信じ込んでいた突撃隊員達は、国家権力を奪取するということが、コミュニストの労働者達と棍棒で殴りあうことでもなければ、彼らと銃撃戦を交わすことでもないことに気付き始めた。しばらく前から、ナチス内部に生まれていた反ヒトラー運動は、ヒトラーが言うような、下部党員の満たされない野心に由来するものではない。それは、ナチスの戦闘部隊が、ヒトラーの無能さを前にして抱いた根深い失望に由来している。

ヒトラーは、あきらかに、国家権力を奪取するという問題を、武装蜂起という領域に位置付けることができないでいる。そのような事実が、日一日とあきらかにされてゆくため、ナチスの戦闘部隊は、根深い失望にとらわれているのだ。ナチスは、一九三〇年九月の選挙戦で輝かしい勝利を収め、国民議会に百人程のナチス党員を議員として送り込むことに成功した。だが、それ以来、ヒトラーの日和見主義的な戦術に反対する人々は、ナチスの党内部においても、国家権力を奪取するため、武装蜂起という手段を用いるべきだという立場を鮮明に打ち出している。そして、このような立場を支持する人々は、次第に増えつつある。

ヒトラーを批判する人々は、ヒトラーが武装蜂起戦術という危険な手段をとるだけの勇気を欠いており、革命におじ気づいていると言って彼を非難している。事実、私がベルリンで出会った突撃隊の隊長の一人は、「ヒトラーは、徒歩で渡るにはあまりにも深いルビコン川のほとりで、泳ぐこともできないまま、ただ、たたずんでいるだけのジュリアス・シーザーのようなものだ」と語ってくれた。

ヒトラーは、彼を信じてきた仲間達に、残虐としか言いようのない態度で接している。だが、ヒトラーのこのような残虐な態度は、ヒトラーの、反対派に対する恐怖心の裏がえしと考えてよい。ヒトラーは、反対派の人々——過激派、突撃隊、革命熱に浮かされた人々など——から圧力を受け、意に反して、武装蜂起の途を選択せざるを得ない状況に追い込まれることを恐れているのだ。ヒトラーは、悩み続けている——どのようにすれば党内の過激派から身を守れるのだろうか、どのようにすれば突撃隊を抑えることができるのだろうか、どのようにすれば突撃隊を彼の意思に忠実な部隊に変えることができるのだろうか。

妥協を選ぶのか、蜂起を選ぶのか、二つの途の間で揺れ動くすべてのカティリナ主義者達と同様に、ヒトラーも、過激派に譲歩することができないわけではない。ナチス出身の国会議員による国民議会の放棄という出来事も、このような事情を背景として生じた事件と考えてよい。だが、ヒトラーが多少の譲歩を示したからと言って、ヒトラーが、彼の日和見主義（従前の武装蜂起戦術と一八〇度異なることはあきらかだろう）の最終目標——合法的な議会手続を経ることによって国家権力を掌握すること——を見失うことはありえない。

一方で、ヒトラーが、国家権力を奪取するための暴力や蜂起、そして武装闘争を断念すれば、革命に対する情熱を持ち続けている彼の仲間達が、以前にも増して、彼から離反してゆくことは確実である。他方で、ヒトラーが、革命という途を選択すれば、ナチスが議会手続の中で獲得してきたものすべてが失われることもまた確実である。ヒトラーは岐路に立たされている。ヒトラーが進むべき途を選択するうえで、決定的な要素となるのは、ヒトラーに対する国民の支持だろう。

ヒトラーは、現在においても、数えきれないほど多くの国民から共感を得ており、ヒトラーに対する共感は、ますます拡大しつつある。また、ヒトラーは、彼のプログラムについて、膨大な数の中産階級出身者から支持を獲得している。ヒトラーは、これらの選挙民からの共感や中産階級出身者による支持を無視することはできないだろう。そして、このような国民からの共感や支持は、ヒトラーが危険なカティリナ主義者の役割を放棄し、もっと安全な国民投票によって選ばれた独裁者の役割を演ずるうえでは不可欠の要素となるだろう。

結論的に言えば、ナチスをむしばんでいる危機とは、世間の人々が「ナチスの社会民主党化」と呼んでいるものと同一と考えてよい。それは、ナチスが合法性——正確に言えば、政治抗争の合法的形式及び政治抗争の合法的手段——へ向かって、ゆっくりと変容してゆく姿と言ってよい。ナチスでは、現在、革命を目指す軍隊が、巨大な選挙組織に変貌しようとしている。そして、その巨大な選挙組織は一種の国民連合と化していると言ってよいだろう。ナチスは、かつては、コミュニストの頭上に棍棒をふりかざしていたにもかかわらず、現在では、これを「若気の至り」——世間の人々から悪評を買っているにもかかわらず、打算的な結婚をせずにはいられない若者の誤ち——だから水に流してほしいと言っているのに等しいのだから。

結局のところ、ドイツという国を愛する人々は、ムッソリーニの言動をまともに理解することができないために、ムッソリーニのまがいもの——ヒトラー——の言動を信用する他ないのだ。昔からドイツでは、「愛国者とは、良きドイツ人の歪んだ姿だ」と言われているではないか。

3

最近、ヒトラーは、党内の過激派に譲歩するため、いくつかの約束をしている。そのような約束の中のひとつに、ミュンヘンに突撃隊のための学校を設立し、そこで突撃隊に蜂起のための戦術を教えるというものがある。だが、ヒトラーが言う蜂起のための戦術とは、いったいどのようなものなのだろうか。

ナチスの党首は、国家権力の奪取という問題を、マルクス主義者のようには理解していない。また、ヒトラーは、国家を防衛するために労働組合がはたす役割の重要性を過小評価している。ヒトラーは、労働組合のはたす役割を、マルクス主義者——端的に言えば革命を目指す人々——のようには考えていない。ヒトラーは、労働組合を、右翼あるいは反動グループの人々が考えるのと同様に考えている。つまりヒトラーにとっては、労働組合とは、あってなきがごとき存在なのだ。だからこそ、ヒトラーは、労働組合と闘うことなく、労働者そのものに襲いかかってゆく。ヒトラーのコミュニスト狩りは、労働者狩りそのものである。

なる程、ムッソリーニの黒シャツ隊は、労働者の組織に対し、暴力を用いるという戦術を行使した。だが、ムッソリーニが暴力的な戦術を用いた理由は、ゼネ・ストを阻止し、労働者階級に属する人々が、政府や議会と共同戦線を構築することを妨げるためだった。そのような目的を達成するためには、ムッソリーニは、すべての組織的勢力を一掃しなければならなかった。ムッソリーニが攻撃対象とした組織的勢力とは、政治的なものであれ、組合的なものであれ、また有産階級のためのものであれ、労働者階級のためのものであれ、およそ組織と言えるものすべてであった。中でも重要なものは、労働組合、協同組合、労働者クラブ、新聞社団体、労働組合センター、そして政党だった。

だが、ヒトラーの労働者に対する異常な、犯罪的とも言うべき憎悪を、合理的に説明しうる理由は、どこにも見出すことができない。もしそのような理由があるとすれば、ヒトラーは、労働者が労働者であるが故に憎悪している、とでも言う他ないだろう。

右翼あるいは反動グループが、民主的な国家の権力を奪取したいと望むならば、労働者に対する迫害は、絶対に避けなければならない。労働者に対する迫害は、権力の奪取を望む人々を、権力奪取のための道筋からはずれさせ、権力奪取という目的に一歩でも近づくことを不可能にさせるからである。

ヒトラーが、彼の党――ナチス――を組織集団による巨大な圧力から解放すべく指導しようとするならば、ヒトラーは――労働者を迫害するのではなく――労働組合組織と徹底的かつ系統的に闘わなければならない。

ドイツという国家の防衛が委ねられている組織は、ドイツ国防軍や警察だけではない。労働組合組織も、国家防衛のための役割をはたしうるのだから。現に、ドイツ政府は、ヒトラーの突撃隊から国家を防衛するため、コミュニストの赤衛隊や労働組合を、防衛戦術の一環と位置付けている。ストライキこそが、ドイツという国家を、ヒトラーによる危険から防衛するための手段なのだ。

ヒトラーの日和見主義は、ストライキ戦術により、意のままにふりまわされている。ストライキ戦術により、都市や地方の経済生活はすべて麻痺させられ、有産階級――ヒトラーは彼らの中から支持者を獲得している――の利益も、その心臓部に打撃を加えられている。ヒトラーに、労働組合組織へファシスト戦術を適用することをあきらめさせたもの、それは労働組合のストライキ戦術であった。そして突撃隊――国家権力を奪取するための組織としても十分に機能しうる――を、下町でコミュニストとこぜりあいをするためのボランティア警察にまでおとしめたもの、それもストライキ戦術であった。ストライキ戦術、それはナチスの突撃隊にとって、その背中に加えられた思いもよらない一撃であった。

現実に、下町で起きた突撃隊とコミュニストとの間のこうしたこぜりあいは、ほとんどの場合、労働者が労働者であるが故になされた労働者狩りでしかなかった。これが、一人の反動的な人物が、ムッソリーニのクーデター戦術を歪めて適用した結果生じた「ムッソリーニのクーデター戦術のなれの果て」の姿である。

ヒトラーは歩み続けている。ヒトラーの歩みを止めることができるものがあるとすれば、それは彼の日和見主義をおびやかすものだけだ。ヒトラーは、何度かムッソリーニの戦術を試みたが、いずれも失敗に終り、最終的には、労働組合にムッソリーニの戦術を適用することを断念した。その理由は、単に、党内における突撃隊の影響力――つまり突撃隊の革命軍としての役割から生ずる政治的影響力――を低下させようとすることだけにあるわけではない。ヒトラーは、ゼネ・ストを恐れていた。仮に突撃隊が労働組合を攻撃したならば、労働組合は、必ずやゼネ・ストという手段で対抗してくるだろう。労働組合がゼネ・ストに突入したならば、まず最初に、膨大な数の選挙民の利益が害されることになるだろう。だからこそ、ヒトラーはムッソリーニの戦術を労働組合に適用することを断念したのだ。

ヒトラーは、彼の選挙戦略の中で不可欠な要素となっている有産階級の人々からの支持を失うことを望んでいない。ヒトラーは、ドイツ国防軍を敗退させることによって国家権力を奪取しようとは考えていない。ヒトラーは、労働組合の巨大な力と衝突したいとは思っていない。労働組合と衝突すれば、ヒトラーの権力奪取への途は、労働組合によって阻まれることはあきらかだからである。ヒトラーは、選挙という場、あるいは合法性という領域で、ドイツ政府や労働組合と、国家権力奪取のための最終決戦に挑みたいと考えている。

ヒトラーの突撃隊は、毎日曜日、ドイツの大都市の郊外で、無意味な市街戦を繰り返している。だが、今後、突撃隊は、ナチスを支持する六百万人の選挙民やコミュニスト赤衛隊の武装部隊によって包囲されることになるだろう。突撃隊は、労働組合の巨大な組織や社会民主党の思うつぼにはまっている。のみならず、突撃隊は、ドイツ政府や膨大な数のナチスを支持する選挙民そして右翼政党の掌中に落ちている。勝ち誇るコミュニスト達には、誰かが、自制と謙虚さを教えてやらなければならないだろう。

だが、ヒトラーは、本当に、突撃隊が、いつまでも、革命軍の役割を放棄することについて甘んじていると考えているのだろうか？　突撃隊の役割は、下町の労働者街でコミュニスト赤衛隊とこぜりあいを繰り返すことにあるわけではなく、国家権力を奪取することにある。突撃隊がヒトラーによる残虐な、そして破廉恥な独裁に屈することを受け容れた理由は、ボリシェヴィキの危険を恐れる人々――つまり有産階級の愛国者達――や社会民主主義者のために、コミュニストの部隊と闘うことだけにあるわけではない。突撃隊は、ドイツ政府、議会、社会民主主義者、労働組合組織、その他革命への途を妨害するすべての勢力と闘うために、ヒトラーに膝を屈しているのだ。

だがヒトラー自身は、何を目指しているのだろうか……？　選挙戦で輝かしい勝利を収めたにもかかわらず、ヒトラーが、ワイマール・ドイツを掌中に収めるまでには、まだまだ長い道のりが残されている。労働者階級の勢力は、依然として無傷のままである。労働者階級という巨大な武装勢力――ナチスが革命によって国家権力を奪取するうえでは、恐るべき唯一の敵――は、ドイツ国民の自由を最後の最後まで守り抜くべく、かつてないほど強力となり、無傷のままヒトラーの前に立ちはだかっている。ただ機関銃だけが、ヒトラーが進撃するための突破口を切り拓くことができる。明日では、おそらく手遅れになっているだろう。

ナチスによる革命は、議会によって窒息させられようとしているのではないだろうか？　にもかかわらず、ヒトラーは何を待っているのだろうか？　何が起これば、ヒトラーは、彼の日和見主義――これが、革命を危険にさらしている――を放棄するのだろうか？　ヒトラーは「法外者」あるいは「公権喪失者」と宣告されることを恐れている。このムッソリーニのまがいもの――ヒトラー――は、自らを、スラであるともシーザーであるとも言っていない。また、クロムウェルやボナパルト、あるいはレーニンであるとも言っていない。ヒトラーは、自らを、ドイツという国を愛する人々を救うために現れた解放者であると称している。ヒトラーは、自らを、法の擁護者、民族の伝統の復興者、ドイツという国家の公僕であると称している。

だが、公僕を称する独裁者に対しては、常に警戒を怠ってはならない。将来、ヒトラーが、いかに公僕精神にあふれた英雄として振舞おうと、そのことが、当然に、革命家としてのヒトラーの過去の姿を美化することにはならないのだから。

ジョリッティは、ヒトラーについてこう語っている。「ヒトラーには将来性はない。ヒトラーに将来性があるとすれば、それは、彼が革命を目指していた過去にこそある」。ヒトラーは、革命に立ちあがる機会を何度逃してきたのだろうか！　ヒトラーが革命のために有利な状況を利用する術を知ってさえいれば、ヒトラーは、何度国家権力の奪取に成功したことだろうか！　なる程、ヒトラーは、演説にすぐれ、選挙戦に勝利し、その配下に蜂起のための部隊――突撃隊――を抱えている。なる程、ヒトラーという名前は、誰からも文句をつけられないほどに栄光に包まれ、彼の演説家としての姿、大衆の指導者としての姿、激しい、そしてためらうことのないカティリナ主義者としての姿は、今や伝説となろうとしている。なる程、ヒトラーは、彼の周囲に熱狂を巻き起こし、冒険心に富んだドイツの若者達の想像力をかきたて、彼らを危険な影響力の支配下に置こうとしている。このように、立ちあがりさえすれば、何時でも革命を起こすことができる状況があるにもかかわらず、ヒトラーはシーザーになろうとしない。

私は、モスクワで、一九一七年一〇月のクーデターの際、トロツキーによる蜂起戦術を実行するにあたり、中心的な役割をはたしたボリシェヴィキの話を聞いたことがある。彼は、ヒトラーについてユニークな評価を下していた。「ヒトラーは、単なる女性にすぎない」と。

4

現実に、ヒトラーの内面は、その深層部から、女性の心によって占められている。心ばかりではない。知性や野心、そして意思までも、ヒトラーには男性的な要素がまったく認められない。ヒトラーは意思の薄弱な人物である。ヒトラーの残虐さは、彼自身の無力さ、意外なほどの意思の弱さ、病的なエゴイズム、救いようのない高慢さを隠蔽するためのものにすぎない。

ほとんどすべての独裁者は、ある出来事について人を評価するとき、ある特徴的な判断基準を用いる。その判断基準とは嫉妬心である。独裁とは、単に政権の型式を意味しているにすぎないわけではない。政治的な観点、倫理的な観点、知的な観点、その他すべての観点から見て、独裁とは、嫉妬心のもっとも完成された状態を意味している。すべての独裁者と同様、ヒトラーも、その思想あるいは理念にもとづいて行動しているというよりも、その感情のおもむくままに行動しているにすぎない。

突撃隊は、ヒトラーのもっとも古くからの支持者であり、最初から彼に従い、不遇の中にあっても、彼に忠誠を誓い、屈辱、危険、投獄までをも共にし、今日のヒトラーの栄光と権力を築きあげてきた。その独裁者の特異な性格、つまり粗暴であると同時に極端なまでに臆病な性格を知らない人々は、ヒトラーの突撃隊に対する態度に驚かされるに違いない。ヒトラーの突撃隊に対する態度は、独裁者に特有な、ある心の動きによってしか説明できない。その心の動きとは、嫉妬心である。ヒトラーは、彼に力を貸し、彼をドイツの政治という表舞台の中央に押し出してくれた人々を、ねたましく思っている。他方で、ヒトラーは、突撃隊の人々の自尊心、エネルギー、戦闘精神、勇敢で私心のない強固な意思——これらが、ヒトラーの突撃隊を、権力奪取のための危険な道具と化している——を恐れている。ヒトラーは、突撃隊員の自尊心をおとしめ、彼らの思想・信教の自由を窒息させ、彼らの個人的名誉を闇に葬り、ヒトラーを信奉する人々を、誇りを失った奴隷と化するために、突撃隊員に対し、ありとあらゆる残虐な行為を加えている。

すべての独裁者と同様、ヒトラーも自分より劣ると思える人しか好まない。ヒトラーの野望は、何時の日にか、ドイツの自由、栄光、力の名において、全ドイツ国民を堕落させ、屈服させ、隷属させることにある。

ヒトラーの日和見主義にもとづく戦術の中にも、暴力革命に対する彼の嫌悪の中にも、そして、人間の自由や尊厳すべてに対する彼の憎悪の中にも、漠然とした、はっきりとしないものではあるが、病的な性倒錯を認めることができるように思われる。

戦争や侵略あるいは飢饉がもたらした惨禍によって国民が困窮の中にあるときは、何時の時代でも、大衆の中から一人の男が現れ、周囲に、彼の意思や野心そして恨みを押しつけようとする。その男は、彼の自由や力、そして幸福が失われたことの恨みを、すべての国民にぶつけ、その恨みを、すべての国民に向かって晴らそうとする。それは女性が、自らの不幸を、無関係な人々にあたり散らす姿に酷似している。ヨーロッパの歴史を見るならば、現在は、ドイツが、そのような状況にさらされている。ヒトラーは、ドイツに似合った独裁者であり、またドイツに似合った女性である。ヒトラーが勝ちとった成功、彼の大衆に対する影響力、彼がドイツの若者達の中に巻き起こした熱狂を説明しようとするならば、それはヒトラーの中の女性的要素がもたらしたものだと説明する他ない。ドイツの中産階級の人々の目には、ヒトラーは、非妥協的な人物または苦行者、あるいは熱狂的な身ぶり手ぶりで大衆を酔わせる宗教家のように映るだろう。それは、ある種の聖人の姿と言ってもよい。だが、人々がヒトラーに拍手喝采を送るのは、彼の中にカティリナの姿を見ているからではない。ヒトラーの中の女性的要素が、人々に拍手喝采を送らせているのだ。ヒトラーの伝記作者の一人はこう語っている。「ヒトラーは絶対に彼の女性関係に関するうわさを流させない」。

だが、独裁者について語るならば、こう言うべきだろう――「独裁者の人生の中に、男らしい骨のあるエピソードを見出すことはできない」と。

すべての独裁者を通じ、独裁者と呼ばれる人々の人生をふり返るとき、彼らの権力欲の深層に潜んでいる、よどんだ、そして病的な、あるいは性的な要素が明るみに出される瞬間がある。それは、独裁者達が危機に直面したときであり、そのとき、彼らの特徴である女性的な要素が、すべて白日のもとにさらされる。独裁者と支持者との関係にあっては、このような危機が顕在化するのは、ほとんどの場合、支持者が独裁者に反乱を企てたときである。支持者が反乱を企てたとき、独裁者は、それまで蔑視し、奴隷のように扱ってきた人々によって、今度は自分が支配されるのではないかという強迫観念にとり憑かれる。だからこそ、独裁者は、支持者の反乱から身を守るために全精力を傾ける。独裁者の中にある女性的要素が、彼を自己防衛に駆り立てるのだ。クロムウェルやレーニン、そしてムッソリーニもこのような危機を経験している。クロムウェルは水平派――一七世紀のイギリスにおけるコミュニスト類似の人々といってよい――による反乱を鎮圧するため、ためらうことなく武力による弾圧を実行した。レーニンは、クロンシュタットの水兵達が反乱を起こしたとき、これを弾圧するに際して、いささかの憐憫の情も抱かなかった。ムッソリーニは、彼が起こしたクーデターの直前まで、一年間も続いていたフィレンツェの黒シャツ隊の反乱を容赦しなかった。

意外なことに、ヒトラーは、今のところ、突撃隊による全面的な蜂起と闘う必要に迫られていない。現在、ドイツのあちこちで、ヒトラーの戦闘部隊の中で、突撃隊員による部分的な反乱が、次々と発生している。おそらくは、これらの部分的な反乱は、突撃隊による全面的な蜂起という避けることのできない危機の前兆にすぎないだろう。

革命のさなかにあっては、日和見主義は重罪に値する犯罪である。革命軍の司令官にまで昇りつめながら、クーデターの責任を前にして、たじろぐ独裁者に禍《わざわい》あれ！

こうした独裁者が、政治上の駆けひき、あるいは妥協により、合法的に国家権力を掌握することに成功するという事態も生じうる。だが、このような「連合」の結果生まれた独裁制は、独裁制としては不完全なものと言わなければならないだろう。そのような不完全な独裁制は長続きしない。独裁制の正当性は、革命を成功に導いた暴力の中にこそ存在しているのだから。言い換えれば、クーデターこそが、独裁制をゆるぎないものにするための原動力なのだ。

ヒトラーの将来は、おそらく、議会手続の流れに従い、妥協によって政権を掌握するというものになるだろう。だが、ヒトラーが、突撃隊による反乱を防ごうとするならば、突撃隊の進路を、国家権力の奪取という方向からそらせ、突撃隊の役割を、国内政治における革命軍から対外政策における戦闘部隊に変容させる他にないだろう。現に、ここ数ヶ月間、ヒトラーの演説の主要なテーマは、東部戦線の問題に集中しているではないか。

だが、重要なことは、ドイツの将来が、クーデターにではなく、議会手続の中の妥協にかかっているということである。国家権力を奪取するため、暴力を行使することに逡巡している独裁者は、西ヨーロッパの人々を恐怖に陥れることはできないだろう。西ヨーロッパの人々は、最後の最後まで、自由を守り抜こうと固く決意しているのだから。

一九四八年版への覚え書

これまで読者が読んでこられた章は、私が、一九三〇年一一月から一九三一年四月までの間、ヒトラーについて書き綴ったものである。それから一八年の時が流れた。だが、私は一八年前に書かれた文章について一切変更を加える必要はないと確信している。一九三三年一月、ヒトラーはクーデターによることなく、議会手続の中の妥協によって——言い換えれば、ヒンデンブルクとフォン・パーペンとの間で共謀することによって、——ドイツの政権を掌握した。一九三四年六月、私は、リパリ島の強制収容所に送られた。そこで、私は、新聞で、ヒトラーが、あの有名な「パージ」の中で、一番古くからの協力者や、いわゆる「強硬派」——つまり、ナチスの中の過激派——を処刑し、皆殺しにしたことを知った(1)。私は、この本の中で、ヒトラーの突撃隊の指導者達が企てるであろう反乱と、彼らを待ちうけている悲劇的な結末を予見していた。

私は、私の人生の中で、ヒトラーを目にしたこともなければ、ヒトラーに出会ったこともない。だが、私は、私の直観がとらえたままに、ヒトラーの人物像を描いた。そして一八年たった今も、私の描いたヒトラーの人物像は、そのままの姿であり続けている。

一九四八年版に付された著者マラパルテの経歴

マラパルテは、一八九八年六月九日にイタリアのプラトに生まれ、一九五七年ローマで没している。シコニーニ大学で学んだ後ダンヌンツィオに傾倒して文学を志した。一九一一年には、アルゴーヌのガリバルディ軍の残党に加わって参戦したが、一九一八年にブライニイで負傷した。この功により、武功十字章を受け、ヴェルサイユ会議などに随員として参加した。その後イギリス、フランスなどに滞在しながら広くヨーロッパをまわるが、一九三一年の本書と翌年の Le Bonhomme Lénine（『善人レーニン』、「善人の道は地獄に通じる」を含意している）で一躍文名をはせ、この二著は直ちに英訳、独訳されるほどの好評を博した。

この間一九二八年から一九三一年まで「スタンパ」紙の編集長となったが、一九三三年には政治上の立場から、ムッソリーニ政権により、リパリ島に追放されている（一九二二年にはファシスト党に登録されていた点も興味のある事実である）。一九四一年には特赦により帰国し、ウクライナ戦線、フィンランド戦線などで特派員として活躍した。

戦後は、もっぱら作家として活躍するとともに、映画監督としても名をはせた。晩年の傑作『トスカナ野郎』は、発表後、わずかの間に二十数版を重ねたが、これをみても、現代イタリアのもっとも良く読まれている作家であることがわかる。

次に主要作品をあげると、

(1) 小説では、Sodoma e Gomorra (1931), Fughe in Prigione (1936), Sangue (1937), Kaputt (1944), Il sole é Cieco (1947), La Peau (1948), Don Camaléo (1946)

(2) 随筆では、La Rivolta dei Santi Maledetti (1921), Le nozze degli eunuchi (1922), Technique du Coup d'État (1931), Le Bonhomme Lénine (1932), Il Volga nasce in Europa (1943), La Pelle (1950), Due Anni di Battibecc (1953–55) など多数がある。

このうち La Pelle は『皮』（岩村行雄訳、一九五八年、村山書店刊）として翻訳された。

(3)詩では、L'arcitaliano (1929) などがあり、
死後刊行されたものに
Io in Russia e in Cina (1958), Mamma marcia (1959), L'inglese in Paradiso (1960), Benedetti Italiani (1961) などがある。

彼の著作はいずれも、効果的なパラドックスや批評、皮肉といったものを縦横に駆使しており、読者をして痛快ならしめるところでもある。

訳註

一九四八年版 序 自由の擁護は《引きあわぬ》こと

(1) レッツ枢機卿(一六一三―七九)、パリのノートルダム教区付となったが、聖職に反発して放縦な生活を送った。一七歳の時 *"La Conjuration de Fiesque"*(フィースクの陰謀)を著し、時の宰相リシュリューをして危険な人物と言わせた。その後、野心家として権謀術策に終始し、フロンドの乱に暗躍、パリ副司教、枢機卿、パリ大司教となった。その後マザランにより投獄、追放されたが赦されて帰国隠棲した。

(2) シャップ(一八七八―一九四〇)、フランスの政治家。一九二七―三四年までパリ警視総監、その後モロッコへ配転されるが拒否、その後ヴィシー政権によりシリア総督に任命された。

(3) バルボ元帥(一八九六―一九四〇)、イタリア空軍の創立者として有名。第一次大戦にはアルプス軍をひきいる。その後ファシズム運動に入り、黒シャツ隊をひきいる。ファシスト国民軍将軍、航空相などを歴任したが飛行機事故のため死亡。

(4) ミラノの日刊紙。一八七六年創刊。一八九八年には一〇万部発行。イタリアの大新聞のひとつとして、政治的には中立的立場をとったがその政治的影響力は大きかった。戦後は、Corriere d'informazione となった。

（5）ラウシュニング（一八八七―　未詳）、政治家として活躍（ダンツィヒ知事など歴任）、ナチスに入党するが、一九三五年ヒトラーと対立してアメリカに亡命した。*Hitler m'a dit* (1939) のほか *Die Revolution des Nihilismus* (1938) などがある。

（6）ジャン・リシャール・ブロック（一八八四―一九四七）、フランスの作家、批評家。第一次世界大戦に従軍した後、多数の作品を発表する。一九二三年、ロマン・ロランらとともに雑誌「ウーロプ」(Europe) 誌を創刊した。一九三七年、ルイ・アラゴンとともに、日刊紙「ス・ソワール」(Ce soir) 紙の発刊に関与するとともに、フランス共産党に入党、反ファシズム文化運動に携る。一九四〇年、ヴィシー政権の誕生に伴い、一時的にモスクワに亡命した。第二次世界大戦後は、フランスにおいて「ス・ソワール」紙の発刊の任にあたると同時に、国民議会より共和国参事――コミュニストを含む左派グループを代表していた――に選出された。

（7）著者マラパルテが、この一九四八年版への序文（自由の擁護は《引きあわぬ》こと）を記した前年（一九四七年）の三月一五日、ジャン・リシャール・ブロックは逝去している。従って、この部分は亡きジャン・リシャール・ブロックへのオマージュと思われる。

（1）カティリナ派、カティリナ（前一〇八－前六二）は、ローマ共和政末期の貴族階級（パトリキ）出身の政治家で、前八二年の政変ではスラ（四一〇頁註（2）参照）の副官となり、政務官職を歴任、前六八年には法務官まで昇進した。さらに執政官（コンスル）の地位を求め、前六六年以降、選挙戦出馬の意向を示したが、立候補の断念、または落選を続けた。

前六三年、再び立候補するに際しては、貧困層（急進派）を取り込むべく、「借金の棒引」政策を公約に掲げた。しかしながら、「借金の棒引」政策は、債権者側に立つ富裕層、有力議員の反発を招き、再び落選した。この選挙によって、執政官の地位に就任（再選）したのがキケロである（キケロは、保守派の支持を得て、選挙戦に勝利している）。

このため、カティリナは、執政官職への就任をはたせず、彼のもとには莫大な金額の借金だけが残されることになった。

この結果、カティリナは、政治的にも経済的にも窮地に追い込まれ、もはや選挙による合法的な手続によっては政権獲得は望み得ず、政権獲得のために残された手段は武力行使によるクーデターのみとなっていた。

カティリナのクーデター計画には、キケロの暗殺計画まで含まれていたが、密告やおとり捜査により、実行前に、キケロ（直前の選挙により執政官に就任していた）に知られるところとなってしまう。

キケロは、カティリナを弾劾するため、元老院議会の議場で議員に語りかけ（前六三年一一月八日〈第一演説〉、同一二月五日〈第四演説〉、市民の集う広場で市民に演説した（前六三年一一月九日〈第二演説〉、同一二月三日〈第三演説〉）。

キケロは、カティリナらクーデター首謀者に対しては死刑をもって臨むことが相当と考えていた。これに対し、カエサルは、「ローマ市民に対する死刑判決は、元老院議会や執政官には、て構成される民会（裁判）によってのみなされるものであって、元老院議会や執政官には、死刑判決をする権限がないこと」を理由に、死刑に反対し、終身刑が相当と主張した。

元老院では、カエサルの主張を支持する人々が多かった。このため、キケロは、元老院議員に対し、死刑の妥当性を説明するため、前六三年一二月五日、元老院で、反カティリナ弾劾演説（第四演説）を行った。

第四演説でキケロが用いた論理は、「国家に対し反逆を企て、国家の敵となった者達は、もはやローマ市民ではあり得ず、従って、『ローマ市民に対する死刑判決の権限は、民会のみにある』というローマ法は適用されない」というものであった。

キケロの第四演説の後、キケロの意見を支持する小カトーの提案が採択され、即日、カティリナを除くクーデター首謀者達には死刑が執行された。

カティリナは、反乱部隊を率いて逃亡したが、翌年（前六二年）一月、三〇〇〇名の反乱部隊兵士とともに武力鎮圧され、闘死した。

なお、カティリナによるクーデター未遂事件で実績をあげたキケロに対してはその後、クーデター首謀者に対する死刑判断があまりに強権的であり、「ローマ市民に対する死刑判決は、民会の権限においてのみなされる」という原則に違反していることを理由に、批判が浴びせられ、キケロ自身もローマを追われ、国外への亡命を余儀なくされた。

本書では、たびたび「法外者」あるいは「公権喪失者」という言葉(原文は《hors la loi》)が登場するが、この言葉はキケロが、反カティリナ第四演説で用いた論理に由来している。

また本書にいう「カティリナ派」とは、「非合法的手段(暴力など)を用いて国家権力奪取を目論む集団」を、「カティリナ主義者」とは、その遂行者を意味する。

(2)ベラ・クン(一八八六―一九三九)、ハンガリー社会民主党創立後、第一次大戦でオーストリア軍に参加、捕虜としてロシアにいるうちに、ボリシェヴィキに参加。一〇月革命の後に帰国し、ハンガリー共産党を創立、ハンガリー革命を指導して、ブダペストにソヴィエト政権を樹立し、その首相となった(一九一九年三―七月)。その後、ルーマニア軍侵入のため政権は崩壊し、ソ連に亡命し、コミンテルン執行委員となる(一九二一―三六年)が、人民戦線への攻撃に反対し、粛清された。

第一章　ボリシェヴィキ・クーデターとトロツキーの戦術

(1)ルナチャルスキー(一八七五―一九三三)、一九〇五年革命に参加したのち、亡命生活を送る。ボリシェヴィキにおいてはレーニンの片腕として活躍したが、その後に亡命、その間、組織論上の問題などでボリシェヴィキを離れるが、二月革命後トロツキーなどと統一社会民主主義者としてボリシェヴィキに復帰した。一〇月革命後は初代教育人民委員となった。初代スペイン大使として在任中死亡。本文にもみられるごとく、トロツキーとは一時期同一歩調をとった点が、スターリン時代における彼の微妙な立場となっている。

（2）カーメネフ（一八八三―一九三六）、ジノヴィエフ（一八八三―一九三六）とともに、レーニンの武装蜂起戦術に反対した。後のスターリンとのトロイカとその離反はあまりにも有名である。かかる人脈のもとで生まれたカーメネフ夫人のスターリン体制下での立場は、公けにはスターリン支持であることも首肯できよう。

（3）本文で述べられているとおり、カーメネフ夫人はトロツキーの妹である。そして、トロツキーもカーメネフ（ただし、トロイカ離脱後のカーメネフ）も、スターリンの政敵である。そのような人間関係を考えるならば、カーメネフ夫人は、スターリンによって追放され、粛清されても少しもおかしくない。

だからこそ、カーメネフ夫人（トロツキーの妹）は、自身の身を守るため、スターリンのテーゼを擁護する立場をとらざるを得なかったのだろう。

カーメネフ夫人（トロツキーの妹）の人間関係からすれば、カーメネフ夫人がスターリンのテーゼを擁護するのはおかしいのではないかと思われる読者もおられることだろう。だが、カーメネフ夫人が生き残るためには、スターリンのテーゼを擁護するしか途は残されていなかった。そのような事情を考えれば、カーメネフ夫人（トロツキーの妹）が、スターリンのテーゼを擁護しても少しも「驚くにはあたらないだろう」とマラパルテは言いたいのだろう。

このような、もって回った表現の仕方、あるいは皮肉に満ちた表現の仕方はマラパルテの特徴のひとつであり、本書でも随所に見られる。

（4）スヴェルドロフ（一八八五―一九一九）、一九一七年ボリシェヴィキ第六回大会では議長、一九一八年全ロシア・ソヴィエト会議の議長、同年憲法制定会議委員長などを経て、全ロシア・中央執行委員会議長として党機関の有数の運営者であった。

（5）ブブノフ（一八八三―一九四〇）、一九一二年以来ボリシェヴィキ中央委員候補。革命後「プラウダ」の編集などに従事した。

（6）ウリツキー（一八七三―一九一八）、革命後は、臨時革命政府の選挙委員長、一九一七年全ロシア非常委員会へ党より派遣される。一九一八年ペトログラードで暗殺された。

（7）ジェルジンスキー（一八七七―一九二六）、ポーランド社会民主党員として出発。ロシア社会民主労働党第四回大会で中央委員に選出され、一〇月革命後、チェカ、のちにゲー・ペー・ウーの議長となる。その他、内務人民委員、最高国民経済会議議長等を歴任。

（8）一九一七年一〇月一六日に開かれた党中央委員会拡大会議では、即時蜂起の準備を続ける旨の決議を行い、会議終了後中央委員会の手によりこの委員会（「軍事革命センター」と呼ばれる）が組織されたが、それは、トロツキーを長とするペトログラード・ソヴィエトの軍事革命委員会の一部を構成するはずであった。しかし、この委員会の動きを待つまでもなく、蜂起の準備はほとんどペトログラード・ソヴィエト及び軍事革命委員会で行われていたのである。

（9）レーニンが指摘する一九一七年のロシアにおける四つの特殊な事情については、本書八四頁以下を参照されたい。

（10）一九二三年一一月八日から翌九日にかけて、ドイツのミュンヘンで、ルーデンドルフやヒトラーが企てたクーデター未遂事件（ミュンヘン一揆と呼ばれている）を指している。第一次世界大戦後、ヴェルサイユ条約はドイツに対し苛酷な賠償金を課したが、ドイツはこれを支払うことができず、このため一九二三年、フランス軍は、ドイツの主要な工業地帯であるルール地方を占領した（ルール占領）。ルール地方の炭鉱や工場の労働者は、ドイツ政府の呼びかけに応じ、ストライキに突入したが、フランスは自国の労働者により石炭を掘り出し、このストライキは効を奏しなかった。のみならず、ドイツ政府はストライキに参加した労働者に対し賃金を保証しなければならず、また石炭をフランスから購入しなければならないという窮地に追い込まれた。ドイツ政府は紙幣の大増刷により急場をしのごうとしたが、これにより、ハイパー・インフレーションが生じ、ドイツの経済は混乱をきわめた。このような背景のもとに、ルーデンドルフとヒトラーを中心に、ナチスはクーデターを企てたが（ムッソリーニによるローマ進軍を模し、ベルリンに進軍し、ドイツ政府を倒そうとしていた）、結果的に失敗に終った。このように、一九二三年のドイツでは、クーデターが起きてもおかしくない状況にあったにもかかわらず、ドイツ共産党は、蜂起しようとしなかった。なお、本書では、ヒトラーは、ミュンヘン一揆の失敗の後、徐々にクーデター戦術から離れ、議会内手続における政権奪取に向かったとされている（本書三六八頁以下）。

（11）本文にあるとおり、一〇月蜂起の直前の段階では、レーニンは、「国家権力の奪取について、ソヴィエト会議で過半数の支持を得ることが必要である」とは考えていない。レーニンは、蜂起に関する限り、即時決行論者であった。

では、何故、レーニンは「第二回ソヴィエト会議を気にかけないわけにはゆかなかった」のだろうか。

それは、蜂起を成功させた状態で、第二回ソヴィエト会議に臨めば、第二回ソヴィエト会議でメンシェヴィキを抑え込み、ボリシェヴィキの主導権を確立できるからである（本書八七頁）。だからこそ、レーニンは、第二回ソヴィエト会議が開催される日までに、蜂起を成功させることにこだわったのである。

(12) 第二回全ロシア・ソヴィエト会議は一〇月二〇日の予定が延期され一〇月二五日に開催されることになっていた。レーニンは即時蜂起を説得すべく一〇月一〇日、一六日、二〇日と三回の中央委員会に変装して乗りこんでいたのである。

(13) この中央委員会でジノヴィエフとカーメネフは即時武装蜂起に反対し破れたが、主なボリシェヴィキの組織全部に手紙を廻して決定に対する抗議を行った。この二人の反対に広汎な部分が同調する動きがあったのも事実であった。のちに、この二人は中央委員会を退き、レーニンらの強い抗議が行われたことは周知の事実である。

(14) アントノフ・オフセインコ（一八八四―一九三九）、一九一四年まではメンシェヴィキ。トロツキーに従ってボリシェヴィキ入党。一〇月革命当時はペトログラード軍事革命委員会書記、革命後の内戦に軍事人民委員として功績があり、赤衛軍政治部長などを歴任した。のちに外交官としてチェコ、ポーランドなどに赴任。その後スターリンによって粛清された。

(15)コルニーロフの反乱（一九一七年八月）に際してケレンスキーはこの計画に当初から加担していたといわれる。彼はコルニーロフらの逆手をとって大々的にコルニーロフ反乱を発表し、ボリシェヴィキに至るまで協力を要請した。レーニンはこれをうけ入れるとともに、労働者に武器を支給して赤衛軍を組織することに成功したのである。

(16)チェカ、反革命サボタージュ及び投機取締非常委員会の略称。一〇月革命後、軍事革命委員会は全ロシア中央執行委員会所属の一委員会に改組されるが、その任務の中の反革命活動の容疑で逮捕されたものの審理を行う特別の部門がジェルジンスキーのもとに設けられた。一九一七年一二月の人民委員会議後は「反革命及び怠業と戦う」ことを目的とするチェカとしてジェルジンスキー委員長以下八人の委員よりなった。一九二二年に内務人民委員部所属の国家保安局（ゲー・ペー・ウーと略称）に改組された。

(17)スモルニー学院、もともとは、一八世紀に女帝エリザヴェータ（ピョートル大帝の娘）により開かれた修道院であったが、エカテリーナ二世が女学校を開設し、その後ロシア革命の時代までロシアにおける女子教育を代表する場所であった。

一〇月蜂起の際には、ボリシェヴィキの本部が置かれた。

第二章　失敗せるクーデターの歴史——トロツキーとスターリンの対立

(1)トロツキーは翌年メンシェヴィキ支配下にあった党印刷所より「われわれの政治的任務」と題するパンフレットを発行したが、ここではレーニンの党組織論に与しえないことが表明されている。

(2) ルイコフ(一八八一―一九三八)、党中央委員としては有力なメンバーの一人。一〇月革命後はカーメネフ、ジノヴィエフと反対派を形成して一時辞任している。のち、内務人民委員、レーニン死後の人民委員会議長となる。

(3) カリーニン(一八七五―一九四六)、農民出身の有力党員、一九一二年中央委員候補、一九一七年三月再建「プラウダ」編集委員、一九一九年スヴェルドロフの死後全ロシア中央執行委員会議長。

(4) トムスキー(一八八〇―一九三六)、古くからの労組出身の党中央委員。金属労組議長。全ロシア中央労組議長などを歴任した。

(5) メンジンスキー(一八七四―一九三四)、ポーランド貴族出身、一〇月革命後財政人民委員となる。一九二三年ゲー・ペー・ウー副議長だったが、ジェルジンスキーの死後一九二六年議長となった。

(6) ルビアンカ、モスクワのルビアンカ広場にある黄色いれんが造りの大きな建物。もともとは、一八九八年に全ロシア保険会社の本社として建築されたものであるが、ロシア革命により、チェカ本部として使用するために接収された。一九二二年、チェカがゲー・ペー・ウーに改組されたことに伴い、ゲー・ペー・ウーの本部が置かれた。

(7) フランス革命におけるテルミドール九日(一七九四年七月二七日)のクーデターを指している。

その前日、ロベスピエールは、彼が腐敗議員とみなす者を糾弾するため、国民公会の議場に姿を現した。だが、ロベスピエールは、その腐敗議員の名前をあきらかにしなかった。その夜、反ロベスピエールの策謀がめぐらされ、翌二七日、ロベスピエールには発言の機会が与えられないまま、独裁者であるとの非難・攻撃が加えられ、ロベスピエールら五名の議員が議会内で逮捕された。同時に、ロベスピエール派とみられるパリ市議会の議員も逮捕された。

翌二八日、ロベスピエールら二二名がギロチンで処刑された。

テルミドール九日のクーデターの後、一七九五年八月、国民公会は共和国第三年憲法（九五年憲法）を採択した。九五年憲法により、それまでの一院制は二院制（元老院と五百人議会）に、また政府は五人の執政官（総裁）による集団指導体制（五執政官政府または総裁政府）に変容していく。

第三章　一九二〇年 ポーランドの体験

（1）ピウスツキ（一八六七―一九三五）、第一次大戦勃発後、ポーランド軍を組織した。その後一方的独立宣言（独・墺の支援のもとで）。一時独軍の手で監禁。第一次大戦終了後、一九一八年一一月大統領（及びポーランド軍最高司令官）就任、一九一九年六月にはヴェルサイユ会議でポーランド共和国が承認されている。

（2）スタンボリスキー（一八七九―一九二三）、ブルガリア王フェルディナンド一世の第一次大戦への参戦に反対、投獄された。終戦後、労働相、一九一九年一一月組閣、その徹底した農業改革などに対する軍部の反感から一九二三年六月のクーデターの結果、捕えられ銃殺されている。

（3）一九二六年五月、ピウスツキが起こしたクーデターを指している。一九二二年一二月にポーランドで初めての大統領選挙が行われたが、国家主席であったピウスツキは、大方の予想に反して出馬を見送り、一九二三年には政界を引退した。しかし、一九二六年五月、議会が軍事費の削減に動き始めると、これを不満としたピウスツキは、ムッソリーニのローマ進軍を模してクーデターを起こした。このクーデターは、当初、純軍事的な色彩を濃厚に帯びており、政府軍と反乱軍との間で戦闘が展開された。他方で、ピウスツキが、もと社会党幹部であったことから、ポーランド社会党は、ピウスツキを全面的に支援し、政府軍の輸送を阻止するため、ゼネ・ストを実行した。この結果、ピウスツキのクーデターは成功し、ピウスツキは、最終的には国会の承認を得て政権を掌握した（本書二八一頁以下）。このように、一九二六年五月のピウスツキのクーデターは著者が言うクーデターの現代的な技術（鉄道等の国家の技術的な機関の掌握）の要素の他に、軍事的な要素、議会内手続的な要素が複雑に絡みあっている。

（4）テセウス、ギリシャ神話でクレタ島の怪獣ミノタウロスを討ち、ヘラクレスに匹敵する英雄。のちにアテネの王となる。

（5）アリアドネ、ギリシャ神話でクレタ王ミノスの娘。ミノタウロスの退治の際、テセウスに糸を与えて、迷宮から脱出する道を教えた。難問を解く方法を「アリアドネの糸」という。

（6）パデレフスキ（一八六〇―一九四一）、一九一九年よりポーランド共和国の首相兼外相、ピアニストとしても高名でその宣伝力に政府は依拠する面が強かった。

(7) サペーハ(一八八一―一九六三)、一九一九―二〇年ロンドン大使、一九二〇―二一年には外相、のちに王党派の首領となる。

(8) ハーレル(一八七三―一九六〇)、第一次大戦中ポーランド義勇軍司令官として独墺側に立つ。のちにロシア軍に投じて(一九一八年)、フランスにポーランド亡命者よりなる青年団を組織、帰国後対ソ戦争を指導した。

(9) ブジョンヌイ(一八八三―未詳)、第一次大戦後赤色騎兵隊を組織して国内戦を闘った。

(10) グラプスキ(一八七四―一九三八)、国民民主党指導者、第一次大戦後パリより帰国、一九一九年蔵相、一九二〇年六月二三日―七月二四日首相、一九二三年蔵相、首相に再任。一九二六年のピウスツキのクーデター後は政界より引退。

(11) ヴィトス(一八七四―一九四五)、ポーランド農民党に属す。一九二〇―二一年、一九二三年、一九二六年と三度首相につく。

(12) ウェーガン(一八六七―一九六五)、フランスのポーランド派遣軍司令官、一九二〇年まで駐在する。

(13) ラッティ(一八五七―一九三九)、一九一七年以来、駐ポーランド教皇庁大使、その後一九二二年より教皇(ピオ一一世)となる。

第四章　カップ・三月対マルクス

（1）ラデック（一八八五―一九三九）、ポーランドのルヴォフ生まれ。一九〇四年ポーランド社会民主党入党。ロシアで捕えられ、のちに亡命。ポーランド、ライプツィヒ、ブレーメンで新聞編集に従事、ドイツ社会民主党左派として活躍した。二月革命後ボリシェヴィキ入党、ドイツ革命（一九一八年）に際しては、ロシアから共産党結成などに参加、ドイツ革命失敗の責任者として責任を問われ、スターリンによる粛清で暗殺された。

（2）カップ（一八五八―一九二二）、ニューヨーク生まれ、帰国後、東プロイセン農林省参事官、東プロイセン州務長官（一九一六―一七年）を歴任。七月革命（一九一七年）の国会の協調政策に反対し、ドイツ祖国党を結成。カップ一揆後はスウェーデンに逃亡。のちに帰国して内乱罪に問われた。

（3）フォン・リュトヴィッツ（一八五九―一九四二）、第一次大戦中は皇太子親衛軍司令官。一九一九年一二月二五日のスパルタクス反乱に際しての鎮圧軍司令官。一九一九年国防軍総司令官となった。カップ一揆においてその失敗は、カップ＝リュトヴィッツの指導者が一方ではドイツ・ブルジョアジーの、他方では軍部の一体的な支持が得られなかったことによるのは周知の事実である。戦術的な、運動論的な展開はまさに本文でヴィヴィッドに記述するところである。

（4）ノスケ（一八六八―一九四六）、ドイツ国内で社会主義的新聞を発行。その後、下院議員を経て、一九一八年キール暴動平定のための総督、翌年ベルリン軍司令官、スパルタクス団蜂起弾圧後は国防相（一九二〇年）。

（5）三月一三日に社会民主党は政府首脳であるバウアー、ノスケ、エーベルト及び党中央のオト・ウェルスの署名でカップ一揆に対して、全経済生活を麻痺させるゼネ・ストによって反革命を打倒するよう訴えている。これと同時に独立社民党、労働組合総連合もゼネ・スト宣言を発している。

（6）シュトレーゼマンについては、本書第八章（女性・ヒトラー）の訳註（5）を参照していただきたい。

（7）一揆鎮圧後、労働組合総連合のレギェンを中心に、ワイマール連立政府にかわって、社民党、独立社民党、自由及びカトリック系労組を軸とする労働者政府を樹立するよう要求する動きがあった。しかしゼネ・スト終了宣言によりこの企ては実現されず、散発的な労働者の蜂起（殊にルール地方）が逆に、カップ一揆で鎮圧されたはずのバルティック部隊（エアハルト師団）に弾圧される。

（8）カップ一揆後、労働者政権を実現しえなかった多数派社民グループはバウアー＝ノスケからミュラー＝ゲスラーの連立政権へと首のすげかえをするにとどまったのである。

第五章　ボナパルト　初めての現代的クーデター

（1）本書では、複数回にわたり、プルターク英雄伝の名前が引きあいに出されていることからあきらかなとおり、本書の基礎にはプルターク英雄伝があると考えてよい。

プルターク英雄伝が、イタリア文化圏、ラテン文化圏の中で古典の地位を占めている以上、マラパルテが本書を著述するにあたり、プルターク英雄伝を意識したとしても少しもおかしくない。

ところで、プルターク英雄伝では複数の英雄達の生涯や業績が語られているが、その中の幾人かについては、異なる時代、異なる場所に生きた英雄との比較が試みられている(「対比列伝」と呼ばれている)。たとえば、プルターク英雄伝の中のキケロ(本書でも、たびたび登場する)に関する章では、キケロと比較するため、デモステネスに言及されている。

本章では、ナポレオン・ボナパルトとバウアーとが対比されているが、これは、プルターク英雄伝の中の対比列伝の手法にならったものと思われる。

このように、異なる時代、異なる場所に生きた二人の人物を比較・対照することにより、描き出そうとしている人物(本章ではナポレオン・ボナパルト)の姿が、あざやかに浮き彫りにされてゆく。

(2) スラ(前一三八-前七八)、本文ではSyllaとしているが、Syllaは通常は、Sullaと綴る。初めマリウスの部下(財務官)としてユグルタの乱及びゲルマンとの戦争に功績があった。のちにマリウスと争い、元老院の勢力を背景に、マリウスに勝って東征を行う。帰国後、独裁官としてマリウス時代の民主的制度を制限、冷酷な恐怖政治をしいた。カティリナは彼の部下であった。

(3) 原文は《le quousque tandem》。キケロの反カティリナ弾劾演説(第一演説)のうち、

《Quo usque tandem abutere, Catilina, patientia nostra?》（「いったいどこまで、カティリナよ、われわれの忍耐につけ込むつもりなのだ」）を省略した言葉と思われる。

前六三年一一月八日、カティリナのクーデター計画を知ったキケロは、対応を協議するため、元老院議会を招集した。

ところが、意外なことに、当のカティリナも元老院議会の議場に現れ、クーデター計画を否定し、身の潔白を訴えた。

予想もしていない事態の展開に元老院議員達は困惑した。

その時、キケロがカティリナに対し厳然とした態度を示すために行ったのが、反カティリナ弾劾演説（第一演説）である。

冒頭の言葉（「いったいどこまで、カティリナよ、われわれの忍耐につけ込むつもりなのだ」）は反カティリナ弾劾演説（第一演説）の中で、もっとも有名な一節である。

（4）ブリュメール一八日のクーデター（一七九九年一一月九日）の際、五百人議会はナポレオンに対し、「法外者」あるいは「公権喪失者」と宣告しようとしていた。これに対し、ナポレオンは、「法外者」あるいは「公権喪失者」と宣告されることを免れるため、彼が率いていた兵士達（五百人議会の護衛部隊）に「武器をとれ！」と命じた。しかしながら、兵士達は彼の命令に従わなかった。兵士達の職務は五百人議会を護衛することにあり、五百人議会を攻撃することではなかったからである。そのまま事態が推移すれば、ナポレオンは、五百人議会から「法外者」あるいは「公権喪失者」と宣告され、カティリナと同等の運命をたどったであろう。

この状況下で、ナポレオンを救ったのは、彼の弟であるリュシアン・ボナパルト（五百人議会の議長の職にあった）である。リュシアンは、兄であるナポレオンに剣を突きつけ、兵士達に対し、「この兄にして、フランスの自由を傷つけるならば、誓ってこの胸を突き刺そう」と訴え、ナポレオンが「フランスの敵」でないことを語りかけた。兵士達も五百人議会の議長の職にあったリュシアンの言葉には耳を傾けざるを得なかった。その後、兵士達は、ミュラーに率いられて、五百人議会に向かい、これを解散させた。右の経緯からすれば、ブリュメール一八日のクーデターの際、リュシアンが、ナポレオンが待ち望んでいたキケロのような役割（本文によれば、ナポレオンは、「いつかきっと、キケロのような人物が自分の前に味方となってあらわれることになるだろう」と考えていたという）をはたしたと言ってよいだろう。

　ブリュメール一八日のクーデターの経緯については、本書二五六頁以下を参照していただきたい。

（5）ハンニバルのアルプス越えによるイタリア進攻は前二一八年秋に行われ、前二〇三年に至るまでイタリアを占領し続けた。ベリサリウスのイタリア征服は五三四年より行われている。

（6）テュレンヌ（一六一一―七五）、三〇年戦争中、フランス、イタリアでドイツ皇帝軍と戦って勝利をえた（一六三五―四〇年）。近代フランス最大の将軍といわれる。

（7）カール一二世（一六八二―一七一八）、一六九七―一七一八年までのスウェーデン王。北方戦争（一七〇〇―二一年）決戦でロシア、ザクセンの同盟軍を撃破した。殊にナルヴァの戦いにおいて一〇倍の兵力を持つピョートル大帝軍を破ったが、ロシア遠征で破れた後は、デンマーク、ザクセン＝ポーランド、ハノーヴァー＝イングランドの宣戦を受け、これをノルウェーで迎え撃ったが戦死した。結局、広大な領地を有したバルト帝国は同盟軍の手により縮小されたのである。

（8）フォッシュ（一八五一－一九二九）、第一次大戦で、マルヌの会戦（一九一四年）で勝利を得る。その後ソンムの会戦などを経て連合軍最高司令官となる。

（9）オッシュ（一七六八－九七）、革命戦争に際して、ダンケルク攻撃、ヴァンデー反乱鎮圧などに活躍した。のちに陸相となる。この時期では共和制にもっとも忠実な人物であると同時に、ナポレオン・ボナパルトのライバルであったといわれる。

一七九七年三月から四月にかけての選挙（一七九五年憲法のもとで最初に行われた選挙である）により、三分の一の議員が改選の対象となった。しかしながら、選挙の結果、この三分の一の改選議席の大半が王党派によって占められるという事態が生じた。

議会の右傾化・反動化を恐れた五執政官政府（総裁政府）は、フリュクティドール一八日（一七九七年九月四日）にクーデターを起こし、王党派議員の当選を無効とし、五三名の議員を流刑に処した。

このフリュクティドール一八日のクーデターの最大の特徴は、五執政官政府（総裁政府）が、クーデターのために軍隊を用いたことにある。

オッシュ（東部戦線の将軍）もナポレオン（イタリア戦線の将軍）も、このクーデターに関与していることは間違いないが、関与の仕方については、二人の間に大きな差異がある。

オッシュは、もともと五執政官政府（総裁政府）に近く、政府の意向に従って、すぐに軍隊を動かそうとした。これに対し、ナポレオンは、当時、オーストリアとの仮の和平条約の締結をめぐって、政府の不興を買っていたこともあり、表立って軍隊を動かしていない（クーデターの立案者は、総裁のバラス、クーデターの実行部隊はオッシュの軍隊とその士官達であり、ナポレオンは表立っては動こうとせず、その副官であるオージュローをパリに派遣し、指揮をとらせただけであった）。

五執政官政府は、フリュクティドール一八日のクーデターを成功させたが、国民の目から見るならばオッシュは、五執政官政府（総裁政府）に言わば「使われる存在」となってしまった。

この点をとらえて、著者は「オッシュの誤り」と表現しているのだろう。

(10) リュシアン・ボナパルト（一七七五－一八四〇）、五百人議会議長（一七九九年）として五執政官政府に対するクーデターを実際に計画し実行して（ブリュメール一八日のクーデター、同年一一月九日）、兄ナポレオンの軍事独裁の端緒を開いた。

ブリュメール一八日のクーデターの後、兄ナポレオンが第一統領になると、リュシアンは内務大臣となった。しかしながら、この頃から兄弟仲が悪くなり、リュシアンは、すぐに内務大臣を辞めさせられた。

リュシアンは、一八〇〇年には駐マドリード大使になり、その後、護民院議員、元老院議員に就任したが、またも兄ナポレオンと衝突した。

一八〇三年、リュシアンは再婚したが、再婚相手の女性（アレクサンドリーヌ＝ジャコブ・ド・ブレシャン）について、兄ナポレオンの不興を買い、一八〇四年には皇位継承権者から排除された。

本文二五二頁に「その微笑には、のちにリュシアンが、ボナパルトに対して抱く恨みを予感させるものが含まれていた」とあるのは、右の経緯を踏まえた記述と思われる。

（11）リュシアンは、ナポレオンが率いる兵士達（五百人議会を護衛するために派遣された兵士達である）の前で、兄であるナポレオンに剣を突きつけ、「この兄にして、フランスの自由を傷つけるならば、誓ってこの胸を突き刺そう」と演説し、ナポレオンが五百人議会が考えているような「フランスの敵」でないことを訴えかけた。

この結果、兵士達はリュシアンの言葉に従い、ミュラーに率いられて、五百人議会に向かい、五百人議会を解散させた。

ブリュメール一八日のクーデターの中で、もっとも有名な場面である。

（12）ミュラー（一七六七—一八一五）、ナポレオンの副官、ナポレオンの妹と結婚、のちにナポリ王。

（13）モントロン（一七八三—一八五三）、ナポレオン戦争に従い将官に昇進、ウォータローの戦いでは幕僚となり、ナポレオン没後はその遺言執行者となる。ナポレオンに関する著作を行った。

第六章　プリモ・デ・リヴェラとピウスツキ――宮廷人と社会主義将軍

（1）プリモ・デ・リヴェラ（一八七〇―一九三〇）、スペインの軍人・貴族であり、一九二三年から一九三〇年まで、スペインを独裁的に支配した。スペイン国王アルフォンソ一三世からは「余のムッソリーニ」と呼ばれていた。

第一次世界大戦後、スペインの経済は落ち込み、労働運動が先鋭化し、カタロニア地方やバスク地方では、自治・独立を求める運動が活発化し、スペインは経済的・政治的な危機を迎えていた。また、一九二〇年からは、スペイン領モロッコではベルベル人のリーフ族による反乱が起き、第三次リーフ戦争が始まっていた。

一九二三年九月一二日、こうした危機を打開するため、バルセロナ総督であったプリモ・デ・リヴェラは、軍部や教会、大土地所有者層の支持を得て、クーデターを成功させた。このクーデターについては、国王アルフォンソ一三世は内々に承認を与えており、国王は、プリモ・デ・リヴェラを首相に任命し、プリモ・デ・リヴェラによる長期独裁政権（一九二三年から一九三〇年まで）が誕生した。

プリモ・デ・リヴェラは議会を解散し、一八七六年憲法を停止し、言論統制を行い、独裁体制の強化を図った。また労働運動や地方自治運動を弾圧した。

経済政策としては、低金利政策を採用して中産階級の生活水準の向上を図ったり、公共事業によりインフラの整備を行ったりした。これらの経済政策は、成功したと評価してよい。

しかしながら、財政的には放漫財政と言わざるを得ず、国家財政は破綻寸前の状況にまで追い込まれていた。

一九二六年から通貨の下落が進んだことから、国内経済は不況に追い込まれ、支持層であった軍や地主・資本家の中からもプリモ・デ・リヴェラを見放す動きが生じ、クーデター未遂事件も起きている。

これに追いうちをかけるようにして、一九二九年に始まった世界恐慌の波が押し寄せると、通貨価値の暴落から、スペイン経済は、完全に行き詰まり、一九三〇年一月、国王アルフォンソ一三世が、情け容赦もなく、プリモ・デ・リヴェラに退陣を迫り、「健康の悪化」を理由に政権の座から追われた。

その数ヶ月後、プリモ・デ・リヴェラは亡命先のパリで、失意のうちに死去した。

(2) アルフォンソ一三世（一八八六―一九四一）、生後直ちにスペイン国王に即位、成年後親政を行った。

プリモ・デ・リヴェラによる長期独裁政権（一九二三年から一九三〇年まで）は、国王アルフォンソ一三世の承認のもとに成立した政権と言ってよい。

一九三〇年一月、プリモ・デ・リヴェラを失脚させたのち、国王アルフォンソ一三世は、ベレンゲル将軍を首相に起用して、立憲君主制を再び確立することを目論んだ。

しかしながら、共和制の実現を目指す左翼勢力の力が強く、国王はベレンゲル将軍に代えて、アスナル将軍に首相の地位を与えるなど、王制の確立に躍起となった。

しかしながら、国王が王制に執着すればするほど、共和制の実現を目指す左翼勢力の結束が強くなるという皮肉な結果が生じた。一九三一年四月、地方選挙が行われたが、その選挙の最大の争点は、スペイン国民に君主制、共和制のいずれを選択するのかを問うことにあった。この選挙の結果は、左翼共和派の勝利であった。

国王アルフォンソ一三世は、教会や軍部からの支持もあてにできないことを悟り、一九三一年四月、王冠を投げ出して、フランスに亡命した。

(3) 一九二六年五月のピウスツキのクーデターについては、本書第三章(一九二〇年ポーランドの体験)の訳註(3)を参照していただきたい。

第七章 ムッソリーニとファシスト・クーデター

(1) ザングウィル(一八六四―一九二六)、イギリスの作家、父はロシアの亡命ユダヤ人。ユダヤ民族主義者として活躍した。

(2) テオクリトス、前三世紀のギリシャ詩人。アレクサンドリアに居住し、その地の方言で詩を作った。

(3) フェビアン協会、一八八四年、ロンドンで設立された漸進的な社会改革を目指す団体。設立後、ジョージ・バーナード・ショウやH・G・ウェルズら社会主義に魅力を感じた多くの知識人を引きつけた。暴力革命によることなく漸進的な社会改革を目指す思想や運動をフェビアン主義(フェビアニズム)と呼ぶ。

（4）チェーザレ・ボルジア（一四七五―一五〇七）、イタリア貴族、ヴァレンシアの大司教、枢機卿となったが、権勢欲強く、ロマニア地方を征服してロマニア王となる。中部イタリア征服で教皇と対立し失敗して戦死した。マキァヴェリの『君主論』では好意的に扱われている。

（5）チェーザレ・ボルジアのことを指していると思われる。チェーザレ・ボルジアについては、その生前から「毒薬づかいのボルジア」という噂が流されていた。
　もっとも、その噂については、ボルジア家に敵対した人々による誇張が含まれている可能性もある。

　なお、一九世紀の歴史家ブルクハルトは、マキァヴェリと正反対に、チェーザレ・ボルジアのことを「血に飢えて飽くことを知らず、人を破滅させることに悪魔的な喜びを感じる人物」と評している。

（6）ニーチェ（一八四四―一九〇〇）、ドイツの哲学者。ニーチェの著作はマルクスの著作とともに、ムッソリーニの思想形成に大きな影響を与えている。
　ムッソリーニは、最初期に無神論を説いたニーチェを尊敬し、ニーチェの思想がキリスト教の欺瞞をあきらかにしていると考えていた。また、信仰心に対する代替物として提案されたニーチェの超人思想についても肯定的であった。

（7）一九二一年七月、トスカーナ地方の各地から集結した黒シャツ隊員約五〇〇人が、共産党の本拠地であるサルザンナの町を攻撃した。しかし、共産党と警察（住民も協力していた）により、黒シャツ隊は排除され、そのうえ、一八人もの黒シャツ隊員が惨殺されるという結果を招いた（本書三三四頁では「一五名程」となっている）。ムッソリーニはこの事件に衝撃を受け、翌八月には、社会党や労働総同盟との間で暴力を停止する旨の暫定的な協定を締結させた。黒シャツ隊の一部は、この協定に猛反発し、ファシスト運動は崩壊寸前の状態にまで立ち至った。ムッソリーニは、ファシスト運動からの離脱をほのめかした。運動の顔であるムッソリーニを失うという危機に直面した反対派は最終的にはムッソリーニに服することを表明し、反乱は終息した。本文で著者が語っている出来事とは、右の事件を指していると思われる。

（8）ダンヌンツィオ（一八六三―一九三八）、イタリアの詩人で小説家。世紀末耽美派の代表者。第一次大戦頃から愛国主義運動に参加し、晩年はファシズムに近づいた。

（9）ジョリッティ（一八四二―一九二八）、イタリアの自由主義的政治家。一八九二年五月から一八九三年一一月まで、一九〇三年から一九〇五年まで、一九〇六年から一九〇九年まで、一九一一年から一九一四年まで、そして一九二〇年から一九二一年七月までの五回にわたって首相を務めた。

小党派が乱立する当時のイタリア政界において、驚くべき才能により、極左から極右に至るまでの各党派と妥協し、また彼一流の選挙干渉を行い、政府の役人や議員の中に「ジョリッティ体制」を築きあげ、政界に支配的な地位を占めた。

一九二〇年にジョリッティが首相に就任（五度目の首相就任）した際、イタリアは深刻な不況下にあり、労働運動や貧農による暴動が激化していた。

ジョリッティは、穏健派の労働組合と妥協を重ね、事態を沈静化させた。

また、フィウメ問題をめぐって台頭していた強硬派（ダンヌンツィオら）を抑えることにも成功した。

総じて、ジョリッティは、左右の急進派を牽制して、中道的な自由主義者として振舞った。しかし、その中で、ムッソリーニの力を軽視し、ファシズムの台頭を許した。

（10）フィウメ、イストリア半島の東の付け根に位置する都市。フィウメの住民の大多数はイタリア系であったが、この都市がハンガリーの唯一の港であったことから、ロンドン条約の時点では国際的にはフィウメがイタリアに併合される予定はなかった。

しかしながら、クロアチア地方がハンガリーからユーゴに割譲されることになったとき、フィウメの住民は、民族自決権の原則を主張して、イタリアへの併合を求めた。

イタリア政府はフィウメの住民の要望を聞きいれれば、戦勝国でありながら、ロンドン条約の履行を要求することができなくなり、他方で、戦勝国としてロンドン条約の履行を要求すれば、フィウメの住民の要望を無視することになるという板ばさみの状態に置かれた。

一九一九年九月一二日、ダンヌンツィオは、このようなイタリア政府の弱腰に反発し、陸軍の反乱部隊を率いてフィウメを占領し、独立都市とした。ダンヌンツィオはフィウメの占領をローマへの進軍の第一歩と考えていたと言われている（本書三二二頁）。

（11）フィウメ問題と民族自決権の原則との関係については、本章の訳註（10）を参照していただきたい。

（12）黒シャツ隊は、拳銃、銃、短刀、手榴弾などを武器として用いていた。中でも、もっともよく用いられた武器は棍棒であった。

また、黒シャツ隊は、政敵の幹部に対しては、ひまし油（当時、子供の下剤としてよく用いられていた）を飲ませることも多かった。これは政敵の幹部の「腹の汚れを落とす」という意味で、黒シャツ隊独特のブラック・アイロニーである。

(13) サルザンナの大虐殺については、本章の訳註（7）を参照していただきたい。

(14) ボノーミ（一八七三―一九五一）、イタリアの政治家。国防大臣・財務大臣を経験したのち、一九二一年には連立政権で初めての首相に就任した。しかし、一九二二年の初頭、ムッソリーニのファシスト・クーデターにより連立政権は崩壊し、ファクタに首相の座を奪われた。一九二二年一〇月、ムッソリーニがローマ進軍により権力を掌握すると、ボノーミはイタリアの政界から引退した。
その後、一九四三年にムッソリーニが失脚すると、ボノーミにはイタリア首相の座が用意された。以降、一九四五年まで務めている。

(15) ファクタ（一八六一―一九三〇）、一九二二年二月、前首相ボノーミが失脚したのちイタリアの首相に就任したが、同年六月、ムッソリーニ率いるファシスト党に対する対応が不十分だとされ不信任決議を受け、罷免された。しかしながら、ファクタ以外に政権運営を任せられる人物はおらず、国王ヴィットーリオ・エマヌエーレ三世により首相に再任される。
ファクタは公然とムッソリーニを批判することをしなかった。だがムッソリーニのほうは、ファクタに対し辞任要求を突きつけていたし、ファクタは民衆の動きに対しても後手に回った。一九二二年一〇月、ムッソリーニが武装したファシスト党員（黒シャツ隊）を率いてローマ進軍を行うと、ファクタ政権は戒厳令を発する。しかしながら国王は、軍事的鎮圧が不可能と判断、戒厳令に拒否権を行使した。本書三五六頁では、ファクタ政権が戒厳令発令の際に国王の署名を求めたとき、「国王はこれを拒否したようであった」とされている。

立場を失ったファクタとその政権は崩壊し、首都ローマを掌握したムッソリーニは一九二二年一〇月、国王の認可を受けて新たな組閣を行うのだった。

(16) プーサン（一五九四―一六六五）、画家。近代フランス絵画の祖と言われている。

(17) ピエトロ・コッサ（一八三〇―八一）、イタリアの劇作家。

(18) カルドゥッチ（一八三五―一九〇七）、イタリアの詩人、古典文学者。国民的詩人とされ、一九〇六年にはノーベル文学賞を受賞した。

第八章　女性・ヒトラー

(1) バレス（一八六二―一九二三）、フランスの小説家、ジャーナリスト、社会主義者、政治家。ナショナリズムや反ユダヤ主義的な発言でも知られ、フランスにおけるファシズムの思想形成に大きな役割をはたした。政治思想のうえでは対照的なアナトール・フランスと人気を競った。

(2) フォード（一八六三―一九四七）、アメリカの自動車王。大量生産のシステムを確立したことにより、大衆車の量産を可能にした。フォードの経営理念にもとづく生産及び管理の合理化システムを、フォーディズムと言う。

（3）テイラー（一八五六―一九一五）、アメリカの技師。科学的な経営管理法を考案し、生産現場の作業及び管理の合理化の方法を開発した。

（4）ヒルト（一八四五―一九二七）、ドイツの中国学者、中国に入り上海統計課勤務、のちにコロンビア大学教授となる。

（5）シュトレーゼマン（一八七八―一九二九）、ドイツのワイマール共和政期の政治家。

ドイツからの賠償金の取り立てを目論むフランス軍がルール地方を占領し、ハイパー・インフレーションが亢進している中（ルール占領については、本書第一章（ボリシェヴィキ・クーデターとトロッキーの戦術）の訳註（10）を参照していただきたい）、一九二三年八月に首相に就任し、デノミネーションを実施、インフレの沈静化を成功させた。

しかしながら、同年一一月に勃発したミュンヘン一揆の首謀者らに対する処遇が問題視され、また右派勢力の強いバイエルン州には友好的だったのに対し、左派勢力の強いザクセン州に対しては敵対的であったことから、三ヶ月で首相を辞任した。

その後は、複数の内閣に外務大臣として入閣し、フランスとの関係改善に努めた。一九二四年には、ドーズ案によって賠償金の減額に成功し、一九二五年には、イギリス・フランス・イタリア・ベルギーとの間でロカルノ条約を締結し、相互不可侵を約し、ドイツの国際連盟への加盟が承認された。

このロカルノ条約の締結に尽力したことにより、翌一九二六年、フランスの外相アリスティード・ブリアンとともに、ノーベル平和賞を受賞した。

一九二九年一〇月三日、五一歳の時に、脳卒中のため急死したが、その直後に世界大恐慌が始まり、彼の死は、経済恐慌と結びつけられて、ワイマール共和国の平和な時代の終焉を告げる画期としてとらえられている。

(6) 一九二八年五月国会選挙では、わずか八〇万票一二議席であったナチスは、一九三〇年九月選挙では六四〇万票一〇七議席へと一気に躍進した。

(7) ナチスの突撃隊については、「一九四八年版への覚え書」の訳註(1)を参照していただきたい。

(8) ミュンヘン一揆については、本書第一章(ボリシェヴィキ・クーデターとトロツキーの戦術)の訳註(10)を参照していただきたい。

(9) 原文は《camelots》(「新聞売子」の意)、《Camelots du Roi》(「王党派の新聞売子」の意)の略語。《Camelots du Roi》の由来は以下のとおりである。

一八九四年一二月に発生したドレフュス事件は、フランスの国論を二分した。一八九九年八月、反ドレフュス派に属する哲学教授アンリ・ヴォジョアや文芸批評家モーリス・ピュジョは、機関紙「アクション・フランセーズ」を創刊し、反共和主義の立場から運動を展開した。その後、この運動には、シャルル・モーラス(文学者、ジャーナリスト)、レオン・ドーデ(作家アルフォンス・ドーデの息子)、ジャック・バンヴィル(歴史家)、ジョルジュ・ヴァロワ(経済学者)などが加わり、反共和主義とともに次第に王制支持を掲げるようになった。同紙は文化面記事の評判がよかったことから、同紙の右傾的な立場を嫌う人々をも読者として獲得した。

団だったが、反共和主義、王制支持を掲げる暴力組織に変貌し、共和主義者や左翼団体に攻撃を繰り返し、恐れられた。

一九四八年版への覚え書

(1) 一九三四年六月三〇日から七月二日にかけてナチスが行った、突撃隊に対する粛清事件を指す。同事件は「長いナイフの夜」とも呼ばれている。

突撃隊はナチスの私兵部隊であり、党勢拡大とともに巨大化していった。ナチスが政権を掌握した一九三三年には、エルンスト・レームの指揮下、総員四〇〇万人、そのうち武装兵士は五〇万人の規模に達していた。一九三四年六月、そのレームを中心とした突撃隊員の一部が、ヒトラーや軍部に対して反抗を企てているというデマが流された。事態を重くみたヒンデンブルク大統領は、ヒトラーに対して、「大統領権限で戒厳令を発し、軍に処置させる」と通告してきたので、首相権限の形骸化を恐れたヒトラーはついに、粛清に踏み切ったのである。殺害された者は当時の公式発表で七七名、実際には一一六名に達した。なお、レームによる反乱計画はゲーリングやヒムラーらによる捏造だったとされる。

著者マラパルテが本書第八章（女性・ヒトラー）を書いたのは、一九三〇年一一月から一九三一年四月までの頃であるが、この時点でマラパルテは、やがてレームや突撃隊員を襲う悲劇を予想していたことになる。

訳者あとがき（二〇一五）

手塚和彦

本書はCurzio Malaparte, Technique du Coup d'État, 1931, Parisの全訳で、一九七一年のイザラ書房版（前訳とする）を全面的に改訂し、新訳として上梓する。この書はクーデターという極端な現象を理解するための好著であり、政治と歴史を見ていくうえで、世代を超えて繙《ひもと》かれるべき一冊であることは疑いようがない。書かれてから一世紀近くの歳月がたったというのに、少しも鮮度を失っていないばかりか、現代政治の諸現象を見ていくうえでも重要な観点を提示し続けている。本書に宿された、将来を見通す正確な予測眼の賜《たまもの》であろう。

この書は発刊された時代にあっても、クーデターに対する見解を示したものとして稀有の作品とされ、数か国語に訳出されてきた。わが国でも、すでに戦前、木下半治教授の手により『近世クーデター史論』(改造社、一九三二年)として訳出されている。木下訳は、前訳のさいに参照させていただいたが、当時の出版規制のもとで伏字、削除などが頻出し、訳出そのものに困難が伴ったことをうかがわせる。なお、前訳をおこなった頃は大学紛争の時代で、訳者もその真只中でさまざまな悩みを抱きつつ、新しい道を模索しながら翻訳に取り組んだのであった。

今回、新たな訳業を終えて、著者マラパルテの分析力と洞察力には改めて驚嘆せざるを得なかった。本書がヨーロッパをはじめ世界中で古典としての位置を築いているばかりではなく、今日的な書としても定評があることは、この新訳を読み通してくれた慧眼の方々に同感いただけることだと思っている。資本主義の行き詰まりの後には社会主義の時代が来ると観念してきた世代の人々にも、戦後になって覇権的社会主義を批判して新たな変革を求めた世代の人々にも、そして、二一世紀の若き世代の人々にも、本書はさまざまな示唆を与え続けるだろう。

この書はナポレオンの権力奪取をクーデターの先駆的なモデルとして設定するとともに、一九世紀後半から二〇世紀前半におけるクーデター現象に対して、個別的に見事な分析をおこなっている。とりわけソヴィエト革命やドイツのカップ一揆を「クーデターの技術」から立ち入って解析し、労働組合との関わりなども絡めて論じたところは、きわめて興味ぶかい。労働組合の存在と活動は社会主義革命の一基軸であるとの認識は、日本でも長い間、当然のことと考えられてきたが、これが間違いであったことは本書の指摘でもはっきりする。

前訳当時から、今回の新訳時へと向かう時代の流れの中で、マラパルテが考察の対象としたヨーロッパは大きく変化した。欧州経済共同体（EEC）が冷戦の終結を挟んで、欧州共同体（EC）を経て欧州連合（European Union：EU）へと発展していった。日本同様、第二次世界大戦の敗戦国としてきびしい時代を経てきたドイツは、東西統合をはたし復興の道を着実に歩んだ。それらの過程を同時代に体験しつつ、ヨーロッパが歴史の進展とともに多様な矛盾に直面するのを目にしながら、本書を再訳出する機会を得たことは訳者にとってありがたいところであった。

昨今、わが国では、歴史の見直しがさまざまなレベルでおこなわれている。「戦後民主主義」の中で、かつてソヴィエト革命の礼賛者となり、ソ連とスターリン（主義）の実情があきらかになったのちは中国の礼賛者となり、その社会の問題点があきらかになると自主独立の社会主義国家北朝鮮（朝鮮民主主義人民共和国）に範を見出し、その余韻も無くならないうちに今度は「慰安婦問題」等を持ち出して日本の戦争責任の論及者に変わる。かくなる変幻自在の姿を見せた日本の左派は、いま言説に説得力を失いつつあるようだ。こうした時期に刊行となったのは、本書上梓の意味のひとつであろう。

なお、本書には、ヒトラーを女性的であると記し、女性的なことを否定的に用いている箇所や、ユダヤ人であるトロツキーなどに関して、その失敗がユダヤ人であるからとした箇所もあるが、これらの記述について訳者は同意しない。こうした表現は本書の時代的な制約であるとして読者にお許しをいただきたいと願う。

このたびの新訳作業に際しては、鈴木純が全体を見直し、手塚和彰が担当部分を見直しつつ解題等をおこなった。解題中のフランスにおける本書評価に関しては、同国在住の浜田志津子氏に特段の協力をいただいた。そして、中央公論新社の横手拓治氏には本書の出版・編集にご尽力いただいた。記して御礼申し上げる次第である。

（二〇一五年二月）

訳者あとがき（二〇一九）

鈴木　純

一　自由で民主的な社会で生きる人々にとって、ファシズムもコミュニズムも忌まわしい。それらは、人間の自由を制約し、最後にはこれを圧殺するに至るイデオロギーだから。

だが、そのファシズムとコミュニズムの嵐が吹き荒れた時代と地域がある。第一次世界大戦の末期から第二次世界大戦にかけてのヨーロッパの国々である。

そして、ファシズムの信奉者あるいはコミュニズムの信奉者が政権を獲得するとき、必ずと言ってよい程用いた手法がクーデターである。

それ故、自由で民主的な社会で生きる人々の目には、クーデターは、ファシズムやコミュニズムと同様に忌まわしいものに映っただろう。

二　本書の斬新さは、その忌まわしいクーデターを、同じく忌まわしいファシズムやコミュニズムといったイデオロギーから切り離し、さらにクーデターを価値中立的な技術——テクニック——として考察した点にあるだろう。

　イデオロギーとテクニックを分離するという手法は、今日の政治学の方法論からすれば、あたりまえのことなのかも知れない。

　しかしながら、マラパルテが本書を執筆した一九三〇年代には、そのような手法は、決して普遍的なものではなかったし、だからこそ、イデオロギーとテクニックを分離するというマラパルテの手法は、当時の人々の目には瞠目すべき斬新な手法と映ったのではないだろうか。

　ジャン・リシャールブロック氏は、そのような経緯について、次のように述べている。「私は、現代が始まろうとしているこの時期——近代が死に瀕している時期——において、知識人がまずなすべきことは、事物を位置づけること、精神の身だしなみをととのえること、精神から死語や使い古された概念や賞味期限ぎれの思考方法を追いだすこと、完全に生まれかわった世界を正確に表現するための概念を獲得する道を開拓していくことだと信じております」、「革命の綱領と蜂起の戦術——

イデオロギーとテクニック——という二つの観念を分離することによって、貴兄は、問題領域をクリアにされたのです。貴兄は、われわれにいくつかの事件を理解することを可能にし、しっかりと把握することを可能にしてくれたのです。新しい時代というものについて、われわれがはっきりとしたヴィジョンをもつことに寄与されたのです」（本書六四頁）。

三　それでは、イデオロギーとテクニックを分離し、クーデターを価値中立的な技術とみなすことによって、何が見えてくるのだろうか。

第一は、クーデターといっても、そこには様々な態様があることである。本書では両大戦間に生じたいくつかの政変が語られているが、そのような政変をもたらしたクーデターの態様は、大まかに言えば「物理的な力（軍事力あるいは警察力など）を用いるもの」（たとえば、一九二〇年三月のカップによるベルリン占拠、本書二一八頁以下）と「物理的な力を用いることなく、国家あるいは社会の神経系統（たとえば鉄道、通信手段など）を掌握するという方法を用いるもの」（たとえばロシアにおける一九一七年一〇月の蜂起、本書九七頁以下）に分かれる。

そのような差異が鮮明に見えてくるのは、クーデターを価値中立的な技術と見ることによって生ずる第一の帰結だろう。

第二は、クーデターというともっぱら「政権を奪取しようとする者達」が用いる手法と理解されがちであるが、実は「政権を防御しようとする者達」も、往々にしてクーデターという手法を用いることがあることに気付かせてくれる点である（なお、朝日新聞平成三〇年（二〇一八）三月二五日版の「日曜に思う」によれば、一七世紀のヨーロッパでは、クーデターという言葉は、「権力の座にある者が、公益を守るためと称して、民衆をだまし、ときには暴力的手段を用いること」と理解されていたようである）。本書第二章で述べられているスターリンがトロツキーを失墜させるために用いた手法、あるいは本書第四章で述べられているバウアーによる労働組合に対するゼネスト要請などは、政権を防御しようとする者達によるクーデターといってよいだろう。

第三は、政権を奪取しようとする者達が用いるにせよ、政権を防御しようとする者達が用いるにせよ、近代国家において、クーデターという手法を用いる者は、必ず、そのクーデターが合法的なものであることを装うということをあきらかにしていることである（たとえば、ナポレオンによるブリュメール一八日のクーデター、本書二四八頁以下）。

もともとクーデター（coup d'état）という言葉は「国家あるいは国家体制に対する一撃」を意味しており、従って、クーデターが合法ということはあり得ない。しかしながら、クーデターによって政権奪取あるいは政権防御に成功した者は、必ず、そのクーデターは、法によって許容されたものであると主張する。それは、近代国家の基礎に「法の支配」という基本原則が存在するためだろう。しかしながら、政権奪取あるいは政権防御に成功したからといって、もともと非合法なクーデターという手法が合法なものに生まれ変わることなどあり得ない。

だからこそ、マラパルテは、「現代において、ブリュメール一八日のクーデターの特徴を見出すとすれば、それは議会手続を利用したクーデターを起こそうとする場合、必ずやブリュメール一八日のクーデターに含まれていた構想上そして実行上の誤りと同じ誤りを避けて通ることができないという点にあるだろう」（本書二三八頁）と述べ、「議会を利用したクーデターは始まったばかりだった。憲法を独裁制の道具と化してしまった事件や、反乱の寛大なる協力者であったプロレタリア民主主義国ポーランドを社会主義者の敵に回してしまった事件、その他幾多の出来事を経た今日、つまりあまりにも多くの共同謀議とあまりにも繰り返された幻滅を経た今日にあっても、まだピウスツキは暴力と合法性を矛盾なく調和させる術を見出していない」（本書二八六頁）と述べているのだろう。

四　それでは、マラパルテが本書で読者に伝えようとした最大のメッセージは、どのようなことにあるのだろうか。

おそらく、それは自由で民主的な社会に暮らす人々に対し、その社会が自由であればある程、そしてその社会が民主的であればある程、その社会は、クーデター――それは政権奪取を目指す者達が企てるものかも知れないし、政権防御を目指す者達が企てるものかも知れない――に対し、脆弱であることについて警鐘を鳴らすことにあったのではないかと思われる。

マラパルテは、このように語っている。「議会制民主主義の弱点は、近代ヨーロッパの産物の中で、議会制民主主義ほど脆弱な制度は存在しないにもかかわらず、『自由は必ず勝利する』という過剰な信頼を基礎として制度設計されていることにある」（本書二七七頁）。

だからこそ、本書は、多くの国々で、広く「自由防衛教本」と位置付けられているのだろう（本書五九頁）。

マラパルテは、一九四八年版序の末尾を、次のような言葉で結んでいる。「人間の本質は一九三六年に私がリパリ島から書いたように『自由の中で自由に生きることではなく、牢獄の中でも自由に生きること』にあるのだから」（本書六八頁）。マラパルテが本書で読者に伝えようとした最大のメッセージが、「人間の自由の擁護」にあることは、右の言葉からあきらかだろう。

五　私が本書に出逢ったのは、昭和四四年（一九六九）頃、当時、東京大学社会科学研究所の助手であられた手塚和彰先生から本書の下訳を依頼されたことがきっかけである。二〇歳をほんの少し過ぎたばかりの私にとっては、本書の下訳作業は荷が重かった。特に、時折出てくるラテン語には苦しめられた。

結果的に、曲がりなりにも私の手で下訳できたのは、本書第一章、第二章、第三章、第四章、第六章だけだったと記憶している。私が下訳しきれなかった一九四八年版序、初版序、第五章、第七章、第八章については、大変申しわけないことに手塚先生にお願いすることになってしまった。昭和四六年（一九七一）一二月、矢野秀のペンネーム（もちろん、手塚先生と私のペンネームである）でイザラ書房から、本書を刊行することになったが、今から思うと、誤訳も少なからずあり、赤面ものであった。当然のことながら、イザラ書房版は、世間から姿を消していった。

その後、四十数年を経過した。不思議な縁により、中公論新社の横手拓治様が本書の存在を知られるところとなり、横手様は、手塚先生と私に対し、本書の再度の翻訳と出版をすすめて下さった。

望外の喜びであった。再度の翻訳にあたっては、イザラ書房版の手塚先生の訳文、私の訳文を基礎に、文体の統一の観点から私が全面的に訳文を見直した。従って、訳文に関しては、全面的に私に責任がある。

こうして、平成二七年（二〇一五）三月、中公選書の一冊として本書が刊行された。

中公選書版が刊行されてから四年を経過し、横手様から中公文庫化のお話をいただいた。とびあがりたくなる程、嬉しかった。

中公文庫化に際しては、再度訳文を見直し、読者の理解を少しでも容易にするため、必要に応じて訳註をふやした。

中公文庫版の「クーデターの技術」が読者にどのように迎えられるのか、不安に駆られる一方、人間の自由の擁護を主張する本書が、一人でも多くの読者から好評をもって迎えられることを願わないではいられない。

最後に、「クーデターの技術」という素晴らしい書籍の存在を教えていただいた手塚和彰先生に、心から感謝させていただきたい。そして、何度も本書の訳文を見直す機会を作っていただいた中央公論新社の横手拓治様に、深甚よりお礼の言葉を捧げたい。

本当にありがとうございました。

（二〇一九年五月）

文庫版のためのあとがき

手塚和彦

『クーデターの技術』が今回、文庫版によって出版されることは、以下に記すように重要であり、喜びに堪えない。

第一として、本書は、原著刊行から九〇年近く経つ時点においても、古びることのない作品だからである。本書は二〇一五年に中公選書版で刊行されて以来、意外に広い方にお読みいただき、積極的な評価を得てきた。そして評者のなかには、本書の知見を援用しつつ、アクチュアルな問題に言及する方も少なからずいる。

たとえば、未だ一党独裁の支配下に置かれている中国への政治的分析に関連して、「あの国はクーデターが起きなくては体制が変わらないのではないか」という見解が、本書をふまえて述べられている。けだし中国では、古来、いくつかの王朝が入れ替わったが、その過程はある種のクーデターによることが、ほとんどであった。中国だけでなく、現代アジアにおいては、タイの軍部によるクーデターをはじめ、現在でも、クーデターによる体制変革が問題となっている。

本書は一九世紀から二〇世紀にかけての、ヨーロッパの事例を、ルポルタージュの手法も用いながら解析したものだが、現代のアジアについても、そしてアフリカや中東に関しても、政治的現象の言及のために素材になるというのだから、その議論は、普遍的かつ世界史な意味を後代に発信しているといえよう。本書の影響を受けて、マラパルテと同様、現場での経験豊かな筆者が、現在の論壇に登場することも期待できよう。その意味においても、手に取りやすい文庫版での本書の二次刊行は、実に意義深い。

第二に、日本においても、歴史を見ていく視点のなかで、本書の果たす役割は大きいと考えるからだ。戦前の日本では軍部のクーデターが繰り返し起きた。五・一五事件や二・二六事件がその代表である。これらの事件は反対者をテロにより殺害し、後者は首都の一部を占拠して政治を震撼させたが、権力を握るまでには至らなかった。しかし、両事件による政治家、経営者、官僚の恐怖は、軍部の独裁（つまり、あらゆる政治機構を軍部が占め、その支配下におくという）を導く一因となった。それが、日中戦争から太平洋戦争へと悲劇の最大の原因の一つになったことは疑いがなく、中途半端で失敗したクーデターは歴史を変えたのである。

こうした事実を近代史のなかに抱く日本にとっても、本書『クーデターの技術』の綿密な分析手法は大いに注目される。実際本書は、伏せ字だらけの戦前版（木下半治訳。解題参照）が出版されている。とはいえ、ヨーロッパ生まれのこの有力なクーデター分析の本は、言論・出版の自由が保障された戦後の民主主義下においても、なかなか陽の目を見なかった。その理由には、第二次大戦後も、この書を警戒するスターリンの影響下にあった日本の左翼が、とりわけ、出版やアカデミックな世界に大きな影響を持っていた事態が背景にあるとの推測は、十分成り立つのである。

なお、スターリンを批判する吉本隆明にしても、この書を批判している（吉本隆明全集第一二巻、「情況への発言」、一九七二。この書を推挽する山崎カヲル氏を批判する中でのことである）。吉本は左翼の立場から、感覚的にお気に召さなかったようで、あるいはこの書を精読していないかと思った次第である。このように、本書は戦後においても、広く忌避の対象になっていたのだった。

これらの事情もあって、日本においては、本書が正当な論考の素材になることは、稀である。すなわち本書は、古典的作品でありながら、二〇一五年に至り、中公選書版の登場によってはじめて、その存在をより明示的にしたわけだ。単なる古典とは若干異なる登場史をもった本書は、むしろこれから幅広く参照されるべきであり、その点でも、文庫化はきわめて望ましいのである。

本書は早い時期において、スターリンの独裁を予見し、告発した本だといえるが、同類の重要書の作者としてジョージ・オーウェルがいる。その著書論文が、戦後七〇年を経て、ようやく最近ようやく、ブリティッシュ・カウンシルが彼に原稿を依頼しておきながら、かつ、この間等閑に付したことに対して、公式の謝罪があったと、最近報じられている（『毎日新聞』二〇一九年二月九日）。『１９８４年』[1]や『動物農場』[2]も、ペンギンブックスなどで公刊され一般にはよく知られていたが、公的にはあまり認められなかった。

オーウェル自身が指摘するように、当時、イギリスでは、「英国の知識人――少なくともその大部分は、ソヴィエトに対してナショナリスチックな忠誠心を抱くようになった結果、すこしでもスターリンの叡智を疑ったりするのは冒瀆行為だという気持ちを、心の底に抱くようになった」のであり、「1936年から8年にかけての粛正における無数の処刑には、生涯、死刑廃止論者だった人びとが喝采を送っており、インドの飢饉は公表するのが当然なのに、ウクライナの飢饉は秘密にするのが当然だとされた」のであった（引用の詳細は、一五頁）。

こうした事情もあり、オーウェルは冷遇され、その処遇は、ファシズムが倒れ、スターリニズムが否定されて、肝心のソ連も崩壊に至った歴史の大変化を経ても、惰性のように続いたわけであって、正当な地位を回復したのは、二〇一〇年代になってからだというのは改めて驚かされる。

本書『クーデターの技術』は、そのオーウェルとよく似たテーマを扱った本である。『1984年』や『動物農場』に関心をたれる読者は、ぜひ、本書を手にとってほしいと願ってやまない。実際本書は、オーウェル作品と同様、予言的な本であって、ベルリンの壁の崩壊や、東ドイツの崩壊からソ連邦の解体までのヨーロッパの変革を一世紀前に予告するような論点を含み、かつ、執筆時に同時進行中のヒトラーのナチズムの帰趨を、歴史的にも正確に読み切っており、感銘すら覚えるところがある。

今回、本書の文庫版出版については、共訳者の鈴木純氏の丹念な検討により、より完全な訳になった。また、この出版については、中央公論新社の横手拓治氏の御配慮によることを記し、感謝申し上げる次第である。

二〇一九年四月

（1） George Orwell, 'Nineteen Eighty-Four', London, 1949. 邦訳は、高橋和久訳『一九八四年』（ハヤカワｅｐｉ文庫〈新訳版〉、二〇〇九）ほか。

（2） George Orwell, Animal Farm, London, 1945. 邦訳は、開高健訳『動物農場』（ちくま文庫〈新版〉、二〇一三）ほか。

『クーデターの技術』二〇一五年三月、中公選書

中公文庫

クーデターの技《ぎ》術《じゅつ》

2019年6月25日　初版発行

著　者　クルツィオ・マラパルテ

訳　者　手《て》塚《づか》和《かず》彰《あき》
　　　　鈴《すず》木《き》純《じゅん》

発行者　松田陽三

発行所　中央公論新社
〒100-8152　東京都千代田区大手町1-7-1
電話　販売　03-5299-1730　編集　03-5299-1890
URL http://www.chuko.co.jp/

印　刷　三晃印刷
製　本　三晃印刷

Published by CHUOKORON-SHINSHA, INC.
Printed in Japan　ISBN978-4-12-206751-6 C1131

各書目の下段の数字はＩＳＢＮコードです。978－4－12が省略してあります。

中公文庫既刊より

タ-9-1
帝政論
ダンテ
小林公 訳
人間に平和、正義、自由をもたらす政体とは何か。教皇派、皇帝派入り乱れ抗争する状況の中、哲学、論理学を駆使して、霊的統治と世俗的統治の分離を行う。
206528-4

マ-2-4
君主論 新版
マキアヴェリ
池田廉 訳
「人は結果だけで見る」「愛されるより恐れられるほうが安全」等の文句で、権謀術数の書のレッテルを貼られた著書の隠された真髄。〈解説〉佐藤 優
206546-8

エ-5-1
痴愚神礼讃 ラテン語原典訳
エラスムス
沓掛良彦 訳
痴愚女神の自慢話から無惨にも浮かび上がる人間の愚行と狂気。それは現代人にも無縁ではない。エラスムスの奇跡的な明晰さを新鮮なラテン語原典訳で堪能されたい。
205876-7

テ-2-1
方法序説・情念論
デカルト
野田又夫 訳
私は考える、ゆえに私はある――デカルトの学問的自叙伝ともいうべき「方法序説」に、欲望などの情念制御の道について考察した「情念論」を加える。
200076-6

ウ-10-1
精神の政治学
ポール・ヴァレリー
吉田健一 訳
表題作ほか「知性に就て」「地中海の感興」「レオナルドと哲学者達」の全四篇を収める。巻末に吉田健一の単行本未収録エッセイを併録。〈解説〉四方田犬彦
206505-5

ウ-9-1
政治の本質
マックス・ヴェーバー
カール・シュミット
清水幾太郎 訳
ヴェーバー「職業としての政治」とシュミット「政治的なるものの概念」。この二十世紀政治学の正典を合わせた歴史的な訳書。巻末に清水の関連論考を付す。
206470-6

ハ-12-1
改訂版 ヨーロッパ史における戦争
マイケル・ハワード
奥村房夫
奥村大作 訳
中世から現代にいたるまでのヨーロッパの戦争を、社会・経済・技術の発展との相関関係においても概観した名著の増補改訂版。〈解説〉石津朋之
205318-2